SENSIBILIDAD RELIGIOSA DE
GABRIELA MISTRAL

BIBLIOTECA ROMÁNICA HISPÁNICA

Dirigida por DÁMASO ALONSO

II. ESTUDIOS Y ENSAYOS, 233

MARTIN C. TAYLOR

SENSIBILIDAD RELIGIOSA DE GABRIELA MISTRAL

VERSIÓN ESPAÑOLA DE
PILAR GARCÍA NOREÑA

PRELIMINAR DE
JUAN LOVELUCK

BIBLIOTECA ROMÁNICA HISPÁNICA
EDITORIAL GREDOS
MADRID

© MARTIN C. TAYLOR, 1975.

EDITORIAL GREDOS, S. A.

Sánchez Pacheco, 81, Madrid. España.

Depósito Legal: M. 31588-1975.

ISBN 84-249-0651-9. Rústica.
ISBN 84-249-0652-7. Tela.

Gráficas Cóndor, S. A., Sánchez Pacheco, 81, Madrid, 1975. — 4421.

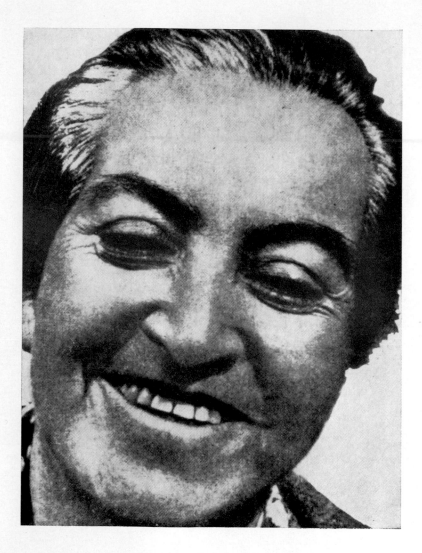

En memoria de Manuel Olguín,
maestro y amigo.

PRELIMINAR

En la «Excusa de unas notas», para presentar las que cierran *Tala*, apuntó Gabriela Mistral la doble naturaleza del crítico: el que es «capaz —llamémosle monsieur Sage— y el ... eterno don Palurdo». Don Palurdo, disfrazado de terrorista literario o encubierto tras el historicismo documentalista, no era un desconocido para la poetisa. Bien sabía ella de los destrozos que en sus predios pudo causar la incomprensión del fenómeno poético; o del saqueo sin misericordia de «la lógica» cuando invade ésta los territorios de la poesía y le pide cuentas en nombre del «sentido común». Tan singular estado de alarma frente a las invasiones de la crítica destructora se explicaba en la poetisa por causa concreta: cierto libro —de los olvidables— en que se «explicaba» su creación y cuyas páginas se convirtieron en otra prueba de que obra y vida suyas estuvieron bajo el signo común de la desposesión, el ataque abierto o disimulado, las incomprensiones hechas hábito sin mudanza.

El libro del profesor Martin C. Taylor —que nos complace presentar en su versión española, tan esperada— pertenece al otro modo de exégesis, en que saber e intuición, acierto y controlada simpatía se combinan en justa y beneficiosa alianza. En un momento en que hay más parálisis que progreso [1] en las indagaciones sobre la escritora de Chile, obras como la de Martin C. Taylor han de ser bienvenidas, más allá de toda preocupación nacionalista o continental. Por otra parte, se hace en estas páginas una tarea de justicia con la gran poesía hispanoamericana, que no es cosa de hoy ni acarreo de ningún *boom:* en los años del decenio veinte-treinta ocurren en dicha lírica singulares asedios a la lengua, fenómenos de expansión, de profundización —y también de destrucción experimental— preparatorios de un reconocimiento universal. En tiempos en que la estimación del llamado *boom* de la narrativa llega a su punto más eminente, es labor de equilibrio decir y repetir que, entre 1920 y 1930 ó 1935, ciertos poetas nuestros fueron los iniciadores, los que en verdad abrieron el camino de la tardía y verdadera independencia verbal y artística: cuando ya no fue posible, asumido el plano expresivo, confundir a un escritor peninsular con uno de tierras americanas. Tales poetas, verdaderos nuncios de la nueva era, son: Gabriela Mistral, César Vallejo, Pablo Neruda, Oliverio Girondo, Jorge Carrera Andrade, Vicente Huidobro, entre otros de singular figuración. Las primeras palabras de libertad definitiva en el orden de la escritura poética emanaron de esas voces, casi todas extinguidas hoy.

* * *

La extraordinaria mujer del Valle de Elqui, vaticinadora de su «muerte callada y extranjera», por raro azar o por

---

[1] El propio profesor Taylor se ha ocupado de este asunto en su nota sobre «Parálisis y progreso en la crítica mistraliana», que aparece en la Memoria del XIV Congreso Internacional de Literatura Iberoamericana, *El ensayo y la crítica literaria en Iberoamérica*, Toronto, Universidad de Toronto, 1970, pp. 185-190.

uno de esos sostenidos misterios que ella misma pugnaba por atrapar, recibió del mundo foráneo —antes que de su propio país— los apoyos mayores y las consagraciones más duraderas. El sentirse trasterrada, rebanada de su propio lar, no era en ella un simple tema de arrastre literario, una flor estimable que ella arrancó al árbol de la tradición. Así se entenderá mejor lo permanente de su errancia, que inicia en 1922 y que mantiene —casi con terquedad— hasta el año de su muerte en Long Island.

México primero —a través del entonces ministro José Vasconcelos—, al invitarla en 1922 para atender su reforma educacional primaria, la consagra de modo continental cuando era ya leidísima, a pesar de no haber publicado aún libro alguno con sus poemas o sus prosas. Por esa misma fecha, un español ilustre, don Federico de Onís, la divulga en una conferencia dictada en New York y propone, para aprovechar el entusiasmo de los que oyen los versos de Gabriela, la edición del libro inicial de la poetisa: *Desolación* (New York, Instituto de las Españas, 1922), venciendo el ánimo de ella de no apurar su publicación. Suecia, lustros más tarde, le confiere el Premio Nobel, en 1945, antes de que el magro Premio Nacional de Literatura chileno le llegue como consagración tardía, casi inoportuna. En consonancia, la crítica extranjera y no la de Chile —descontados un «Alone» justiciero, Gastón von dem Bussche y Luis Vargas Saavedra, entre otros— es la que con más constancia se ha ocupado de ella y con más sostenido acierto: Margot Arce de Vázquez, Hans Rheinfelder, Sister Mary Ch. A. Preston, Hans Flasche y ahora Martin C. Taylor.

Parte de lo anterior, como en el caso de Alfonsina Storni, Delmira Agustini, María Eugenia Vaz Ferreira o Emily Dickinson en lengua inglesa, se explica por una especie de fuerza del sino epocal, dificilísima de vencer si no se lleva dentro el empuje del vendaval. Esa fuerza afectó a Gabriela Mistral desde el momento en que el Padre Munizaga, en La Serena, le impidió el ingreso en la Escuela Normal de Preceptoras y, por ende, le cerró posibilidades profesionales a una joven de quince años. Grave cosa su condición de mujer —y de mujer con mucho que decir— en tiempos en que no se perdonaba fácilmente la intromisión femenina en el arte o el «profesionismo»: a lo más, unas pocas lecciones de piano o algunas de pintura, es decir, barnices culturales, reducidos esplendores de salón. La mujer, al tinelo. Cuando más, es tolerada —en competencia con los adornos florales— en el salón literario o en los «clubes de señoras» como aquellos que, por necesidad, Gabriela debió frecuentar en Santiago u otras ciudades. ¡Pero una mujer pujante de ideas y de voluntad de realizarlas, capaz de figurar con decoro en organismos internacionales y hasta de opacar a ciertos varones sin relieve intelectual, que aconseja y guía a escritores y que, por añadidura, no se prende de los comentarios y las envidias escritoriles, eso es otra cosa y mucho!

* * *

El título de este libro señala y enmarca con claridad el aspecto de la poesía mistraliana que preocupa al profesor Taylor. También el título es indicativo de cuánto queda por hacer en estos terrenos, cuando ni disponemos siquiera de unas obras completas de la poetisa. Las llamadas *Poesías completas*, editadas varias veces en Madrid, no lo son ni se aproximan a serlo, además de estar faltas del aparato erudito pertinente, de las indicaciones de variantes —si éstas aparecen como significativas—, o de las simples notas léxicas que aclaren, por ejemplo, chilenismos o arcaísmos del español de Chile, que el lector de otros países no alcanza.

Por ello, es razonable el contenido del capítulo inicial: observa en él Taylor la situación general de la exégesis mistraliana, apegada con exceso a patrones de tipo tradicional o retórico, a reglas fijas e inconmovibles que no hacen sino malherir el producto poético: «La crítica mistraliana continúa encadenando la poesía con la existencia de la autora y ha consistido en el reacomodo de su obra a propósitos biográficos y psicoanalíticos, además de la sustitución indiscriminada de la ideación artística por las creencias reales de la escritora. Ciertamente muchos críticos consideran la vida personal y las obras caritativas de la Mistral más significativas que su poesía».

A la introducción siguen cuatro capítulos, meollo del libro: «Abnegación personal y realización espiritual», «La tradición hebraica», «La búsqueda de la armonía religiosa» y, el más extenso de todos, acaso el central de la obra por la contribución que entraña: «La poética del sacrificio». A la «Conclusión» suceden cuatro apéndices de varia utilidad. La larga estancia de Taylor en Chile le permitió entrevistar a amigos de la poetisa, consultar epistolarios no frecuentados, todo lo cual proporciona recuerdos, informaciones y derroteros precisos sobre los intereses y lecturas de Gabriela Mistral. Sus frecuentaciones teosóficas, por ejemplo, están registradas con bastante precisión e iluminan de modo conveniente las formas de «orientalismo» y «espiritualismo» epocales.

El capítulo sobre la abnegación personal y la plenitud de espíritu, desentraña nociones básicas de la existencia de la Mistral como biografía dolorosa, pero sin llegar a la beatificación común en estas clases de obras. El sufrimiento y la dilatada experiencia de la angustia no son en las creaciones de la autora chilena meros asuntos literarios, invocados o heredados. Al contrario, constituyen una mantenida poetización de un temple de ánimo —revelado sobre todo en *Desolación*— cuyo signo básico es lo luctuoso y sombrío de la entera cosmovisión. Con toda licitud, Taylor rastrea en la biografía de la escritora, desde los primeros años, cuando es «lapidada» en la plaza de Vicuña por unas compañeras de curso (presunto «robo» de papel y útiles escolares), y más tarde declarada «débil mental» por la propia maestra que azuzó a las perseguidoras. Así, Taylor relaciona una cadena de sucesos desventurados que fueron plasmando psíquicamente a la Mistral como «perseguida», trasterrada y desposeída. La permanente y agresiva envidia de las «criollas» (como ella las designaba), ejemplar en su constancia y en el asedio con anónimos de viles relieves; el fracaso con las colaboraciones literario-periodísticas enviadas a Santiago —otro modo de «estar» en Chile durante sus ausencias—, cierre de puertas duro y descortés que atribuyó ella a *vendetta* política; algún libro miope e injusto sobre su poesía; el tardío reconocimiento «oficial» de sus méritos; la suspensión, durante el primer gobierno de Ibáñez, de sus sueldos —sueldecillos, no exageremos—, etc. La suma de tales circunstancias invitaría a pensar que el país olvidó o postergó a la escritora («el pago de Chile», decimos en nuestros lares). Como bien puntualiza el profesor Taylor, la hostilidad de Gabriela Mistral y la amargura de sus juicios —públicos o privados— no traducen con exactitud una especie de «persecución nacional» contra ella. Ni ocurrió en su caso —agreguemos— nada peor de lo que sufrieron en sus días otros grandes postergados de Hispanoamérica, como César Vallejo. ¿No es amargo pensar que el mundo «oficial» peruano corona —y con corona de oro— al rimbombante Chocano, mientras le da con la punta del pie a las hambres del autor de *Poemas humanos*? Nada de eso conoció Gabriela Mistral.

El autor enumera lo que Chile, a través de sus gobiernos y dirigentes, dio a la escritora, y con oportunidad: premios que significaron reconocimiento a su arte; cargos directivos en importantes establecimientos de educación; pruebas de confianza en su capacidad profesional y nombramientos ante instituciones internacionales como la Liga de Naciones, o bien puestos consulares —de magra renta— a la medida de sus apetencias geográficas o acordes con su voluntad de errancia. En lo externo, es bueno recordar los regresos apoteósicos de la poetisa a Chile, sobre todo el anterior a su muerte.

Lo que importa es la determinación de claves internas que expliquen la visión atormentada de la escritora. La ausencia del padre, andariego y olvidadizo, aunque poeta popular, y la desconfianza ante el varón orientan mucho acerca de su «conducta poética»: la deserción del padre la arroja a un ámbito primitivo de mujeres solas y sin protección masculina, universo de faldas y de mujeres agricultoras en que crece y desde el cual empieza a mirar y sopesar el mundo. Asimismo, la nunca bien precisada relación con Romelio Ureta, que concluye con el suicidio de éste y que, como hecho poetizado, constituye la fuente primaria de un gran segmento de su poesía, sobre todo en *Desolación*. Más tarde, la muerte de su madre, en 1929, como muerte no vista ni acompañada (como la del suicida de Coquimbo) se convierte en asunto obsesivo. La madre muerta, mientras Gabriela reside en Europa, se transfigura en la «larga y sombría *posada*», en una zona de sombras, metáfora espacial del sufrimiento, en «un *país* en que viví cinco o siete años». Este hecho luctuoso determinará una «volteadura» del alma de la escritora «en una larga crisis reli-

giosa», como ella afirmó en una nota explicativa de *Tala*.
Por último, otro suicidio, otra muerte violenta, la de su so-
brino-hijo, Juan Miguel Godoy, «Yin-Yin», ocurrida en Brasil, poco antes de recibir ella el Nobel, episodio todavía
borroso que le robó las alegrías del galardón: «Ahora, ¿para
qué?».

Básica contribución del libro es su capítulo tercero, sobre el hebraísmo mistraliano. Como se sabe, es éste una
especie de lugar común que casi nunca se aclara de modo
conveniente o preciso. Textos poemáticos («Mis libros»), o
páginas en prosa como las que anotó Gabriela en una de sus
Biblias (la que obsequió al Liceo de Niñas número 6, de Santiago) o su desconocido artículo «Mi experiencia con la Biblia» (Buenos Aires, 1938), son un seguro derrotero para
extender la exploración de tan delicado asunto como el hebraísmo espiritual o las alusiones —tan frecuentes en la
escritora— a sus ancestros judíos. Con mucho tino crítico,
Taylor pone límites al tema y considera que el contacto frecuente con la Biblia —desde que era una niña a quien le
leían esas páginas— no nos lleva a concluir una singular
preocupación de ella por los judíos ni, por otra parte, nos
prueba su hipotético ancestro o su identificación con el
judaísmo contemporáneo. Lo que sí precisa Taylor son «tres
diferentes relaciones paralelas, a menudo descuidadas, que
contribuyen a una total comprensión de las posturas de la
poetisa frente al judaísmo»: el nunca interrumpido estudio
de la Biblia la condujo a una gran afinidad con sus personajes y proveyó la base para tal tipo de alusiones en su
obra; la preocupación por los problemas judíos contemporáneos fue parte de sus sentimientos humanitarios ante
desterrados y perseguidos «y no una identificación con el
judaísmo». Y, por fin, los sufrimientos personales de la escritora y el creerse perseguida y desposeída de modo per-

manente —causa de vagabundaje y descastamiento— llegaron a asociarse en su mente con el pueblo judío, metáfora del destierro, del «rebanamiento» del suelo propio. No es difícil, así, asociar a sus mantenidos contactos escriturarios el propio mundo de la infancia elquina, la «blanca memoria» infantil: los pequeños *reinos bíblicos* llenos de ensueños de mar («Todas íbamos a ser reinas...») que forman el empobrecido, polvoriento valle de sus niñeces, relación que se ha hecho frecuente en la crítica mistraliana. «Gabriela unió el mundo del Valle de Elqui con el de Job y Ruth —leemos— y éste llegó a ser un mundo en el cual fue ella espectadora, partícipe y finalmente creadora». Son, en el mismo capítulo, contribuciones de valor, informativas y de lograda exégesis «Las mujeres del Antiguo Testamento», «Los hombres del Antiguo Testamento» y «Jehová y Jesús».

Aporta el capítulo cuarto un perfil poco explorado de la autora de *Lagar*: sus preocupaciones religioso-sociales y la razonada crítica a la iglesia tradicional chilena e hispanoamericana. Un artículo de la Mistral, «Cristianismo con sentido social», publicado en 1924, podría republicarse hoy con mucha oportunidad. La situación y participación de la Iglesia en los conflictos sociales de Iberoamérica en la tercera década de este siglo —palpada en vivo por Gabriela en sus días mexicanos— explica, y bien, por qué ella buscó en otros reductos espirituales —teosofía, budismo— lo que le negaba un asumir lineal del catolicismo como religión institucionalizada, quietista: no le quedó otro camino a su espíritu crítico y poco conformista que una solución combinatoria, imbricada y ecléctica de distintos credos, si bien a veces son notorias las «temporadas» religiosas, propias de una búsqueda sin fatiga. El desencanto de la escritora por la exigua labor del clero y feligresía católicos en planos de efectividad social está bien razonado por ella cuando sostiene: «nuestro catolicismo no ha hecho nada por el campesino chileno, con salarios inverosímiles, viviendas insalubres, alimento insuficiente».

Palabras de 1924: no se acuñaba aún la viajada expresión «reforma agraria».

Se explica así que de las creencias teosóficas, mezcladas con conceptos cristianos y budistas, tomara la poetisa aquello que mejor respondía a sus urgencias espirituales. Sobre todo «la idea de la unidad de todas las cosas y criaturas; la investigación intelectual y racional en el funcionamiento de las religiones; la necesidad de contemplación y meditación; la creencia de que hay una vía de acción que, seguida, libra al hombre del dolor físico; el sentimiento de que la muerte, al desprender del lastre temporal, permite al individuo el encuentro de la paz eterna». Lo que logra más relieve es precisar cómo tan arduo conjunto de inquietudes espirituales y religiosas recibe una determinada plasmación artística en la creación mistraliana. A ello se refiere Taylor —al ampliar la indagación del capítulo— en «Tagore y la armonía universal» y «Nervo y Bergson: una nueva síntesis». Asuntos son éstos que interesan al estudioso de la poesía hispanoamericana de los años veinte, pues lo mismo iluminan la lírica de Nervo que las inquietudes creadoras de Pedro Prado y otros.

El capítulo acerca de «La poética del sacrificio» es, como indicáramos, una aportación principalísima en el trabajo del profesor Taylor. La exégesis afronta la variedad que en la lírica de Gabriela Mistral logra la imagen o metáfora cristológica, verdadera columna vertebral de dicha creación, ya sea en su proyección religiosa, ya en su dimensión desacralizada: el hablante lírico se ve traicionado por el ser que ama y se convierte en un Cristo amoroso («Me vendió el que besó mi mejilla; / me negó por la túnica ruin...»).

En este punto el profesor Taylor determina, entre otras, la influencia de una prosista leidísima por G. Mistral y sus coetáneos: Annie Besant. La persistencia de la metáfora sacrificial en la imaginación creadora de la poetisa, así asociada a conceptos básicos de la teosofía, no sólo es un manadero de invención lírica, sino una fuente de alegría personal, además de camino ascensional y purificador, a lo que alude largamente en sus escritos la señora Besant. La poética del sacrificio es estudiada por Martin C. Taylor en su completo registro de imágenes, motivos, léxicos y alusiones predominantes: traición, aparente abandono divino, silencio de Dios, Cristo y el sufrimiento, la cruz, los árboles y la madera simbólica, la sangre, el agua, sal y sudor, el vino, etc.

* * *

En las páginas que siguen comprobará el lector que es mérito sobresaliente del libro de Martin C. Taylor —libro hecho *con amore*— explorar hasta límites exhaustivos un aspecto poco estudiado de la creación lírica mistraliana. Queda mucho por hacer en el amplio universo poético de la escritora chilena: digamos —por lo menos— que este libro señala un derrotero y establece un ejemplo de crítica en que don Palurdo —Gabriela *dixit*—, por suerte, no tiene cabida.

JUAN LOVELUCK

Universidad de South Carolina
Columbia, South Carolina, EE.UU.

PREFACIO

La sensibilidad religiosa de Gabriela Mistral, primer Premio Nobel de Literatura de Sudamérica, variaba a lo largo de su vida, llevándola a examinar continuamente su catolicismo inicial y a interesarse por el judaísmo, el budismo y la teosofía. Gabriela, en su búsqueda por un Dios compasivo, o por un sistema religioso inteligible y ennoblecedor o por un alivio a su dolor ontológico, bebía, como veremos, en diversas fuentes filosóficas y literarias. Pero su sentimiento religioso nunca quedó aislado de su conducta personal, o de los hilos decorativos y anecdóticos de su vida (naturaleza, canciones para niños, etc.) o de su creatividad en prosa y poesía. Mi propósito, entonces, ha sido el de unificar su vida y su obra de forma tal que se descubra su sensibilidad religiosa, un aspecto muy discutido pero oculto bajo distintas apariencias.

Desgraciadamente, hay muchas zonas oscuras con respecto a esta figura preclara, y el crítico se siente obligado a menudo a «suponer», «inferir» o «sospechar» la verdad. Hasta el mismo origen de «Gabriela Mistral» (seudónimo de Lucila Godoy Alcayaga), por ejemplo, sigue prestándose a la controversia. Aún más, los libros han repetido hasta el cansancio (incluso éste) el «enlace amoroso» entre ella y

Romelio Ureta sin mencionar la posibilidad de otra [quizás otras] aventura más profunda. Antes de poder emprender un estudio completo y sistemático de su estilo, tienen que publicarse la segunda parte de *Lagar* y los innumerables artículos que están sin recoger en periódicos y revistas dispersas.

La mayor contribución al entendimiento de Gabriela Mistral puede hacerla la Srta. Doris Dana, última secretaria de la difunta poetisa y actualmente albacea de sus bienes relictos. Siendo la única autorizada para publicar sus obras, sea el microfilm archivado en la Biblioteca del Congreso (Washington) —que nadie puede consultar sin su permiso—, sean los mentados artículos inéditos, la Srta. Dana guarda celosamente para sí el control de toda obra original o traducida. La heredera mantiene, sin duda, una obligación legal y asimismo un cariño total en proteger la memoria de Gabriela. Es preciso indicar, sin embargo, que la ordenación del microfilm, eso solamente, exigirá la cuidadosa atención de profesionales, porque existen múltiples problemas de caligrafía, ilegibilidades, abreviaturas, cronología e interpretación. Con todo respeto sugiero que Doris Dana permita al crítico capaz, a Monsieur Sage y no a Don Palurdo, según el dicho de Gabriela, acceso al microfilm, a la biblioteca particular, a la correspondencia, a los baúles llenos de *memorabilia*. Gabriela Mistral murió ya hace tres lustros. Es tiempo de olvidarse de los rencorcillos para rendir a la memoria de este literato eminente un tributo apropiado, acto que sólo se efectuará con la cooperación de la intelectualidad hispanoamericana en un ámbito libre de investigación.

En esta edición ampliada, corrijo erratas y errores que ocurrieron en la primera, titulada *Gabriela Mistral's Religious Sensibility*, vol. 87, Series in Modern Philology (Berkeley: University of California Press, 1968). Por su permiso de traducirla, expreso mi agradecimiento a don Auguste Frugé, director de la Prensa Universitaria, Berkeley. Quiero agradecer el estímulo y la ayuda que, durante un largo período de tiempo, me han proporcionado mis maestros, colegas y amigos. Durante mi estancia en la Universidad de California, Los Ángeles: Donald Fogelquist, John Crow, Joseph Silverman, Marion Zeitlin. En Washington: Margaret T. Rudd, Francisco Aguilera y la Fundación Hispánica; Arthur Gropp, director de la Biblioteca Colón; la Organización de los Estados Americanos. En la Universidad de Michigan: Enrique Anderson Imbert, Juan Loveluck, la Fundación Horace H. Rackham. En la Universidad de California, Berkeley: Luis Monguió, Rina Benmayor, Antonio Bombal, María Eugenia Castillo de Armstrong, Arnoldo Ramos. En España: Valentín García Yebra y Pilar García Noreña. En Chile: Mario Bahamonde, Isolina Barraza de Estay, Alfonso M. Escudero, Guillermo Gómez Marzheimer, José Santos González Vera, Augusto Iglesias, Gerardo Infante, Luisa Kneer, Enrique Lafourcade, Ricardo Michell, Carlos Parrau Escobar, Roque Esteban Scarpa, María Urzúa y Luis Vargas Saavedra. Espero haber justificado, a través de esta obra, la confianza que todos ellos y otros sin nombrar han puesto en mí.

M. C. T.

I

INTRODUCCIÓN

La crítica que enfrenta la poesía de Gabriela Mistral ha estado dominada casi exclusivamente por la tradición: las interpretaciones han sido moldeadas por manuales de retórica que relacionan el valor poético con la adhesión a reglas fijas. El legado de la tradición es evidente también en numerosos ejemplos de lo que Ivor A. Richards llama «respuestas clisé» y «adhesiones doctrinales» que valoran su poesía de acuerdo con la moralidad del crítico o usan la obra del poeta como pretexto para digresiones personales [1]. Más aún, la crítica mistraliana continúa encadenando la poesía con la biografía. El efecto ha sido un paralelismo servil del texto con la vida además de un reacomodo de su obra para propósitos biográficos o de psicoanálisis, así como una sustitución indiscriminada de la ideación artística por las creencias reales de la poetisa. En fin, muchos críticos consideran su vida personal y sus obras de caridad más significativas que su poesía.

---

[1] I. A. Richards, *Practical Criticism: A Study of Literary Judgment* (Nueva York, 1955), pp. 12, 13.

La biografía no ha sido rechazada como un instrumento de la crítica literaria ni ha sido excluida de este estudio. Por el contrario, la biografía se utiliza aquí para examinar las creencias religiosas de la poetisa como anticipación a un estudio serio del empleo de los símbolos, las metáforas y las imágenes religiosas. Descartar completamente los aspectos humanos y personales sería una parodia de la crítica literaria porque la poesía, como bien la explica Gabriela, se configura en armonía íntima y recíproca con el propio ser y sus experiencias: «Darás tu obra como se da un hijo: restando sangre de tu corazón»[2]. El poeta Louis MacNeice lanza una idea semejante: «Un poema, aunque es una cosa individual, nace de la vida y tiene que ser referido a ella, lo que quiere decir, en primera instancia, la vida del poeta. De la misma manera la vida del poeta, aunque es también singular y única, deriva de la vida circundante y tiene que ser referida a ella»[3]. Y puesto que la obra refleja al autor, la búsqueda de la esencia de la expresión literaria de Gabriela Mistral debe comenzar en la persona porque ella ha determinado de antemano las bases de su método de creación y al mismo tiempo ha sugerido los medios por los que esa creación puede ser mejor comprendida. Sólo después de una exposición de los datos biográficos e históricos pertinentes procederá el presente trabajo a un directo análisis de la poesía.

Aunque es posible encontrar en la poesía rastros de la fe religiosa del poeta y su adhesión a doctrinas teológicas formales, esta perspectiva justifica la poesía solamente en términos de religión. Esta aproximación nos lleva a la pregunta: ¿es la poesía buena o mala Teología? ¿Está en ar-

---

[2] *Desolación* (2.ª ed., Santiago, 1957), p. 288.
[3] Louis MacNeice, *The Poetry of W. B. Yeats* (Londres, 1941), p. 17.

monía con los pronunciamientos formales de los teólogos? Raúl Silva Castro, por ejemplo, denuncia un apasionado verso de Gabriela que pide perdón a Dios por un suicida como un «nuevo y más grave error teológico»[4]. A menos que el objeto de un poeta sea la Teología, parece ocioso medir la poesía en relación con la doctrina religiosa formal. Hacer eso despojaría al poeta de su derecho de elegir lo que le parece más apropiado para las condiciones de su arte. Del mismo modo que la religión, cuando se practica sin coacción, impone una búsqueda personal cuya meta es el propio conocimiento, así la expresión poética individual es la culminación del deseo del poeta de exteriorizar lo inconsciente. Un pasaje de *Emergence from Chaos* ilustra este punto: «No se suscita aquí la cuestión de la verdad de una religión o de sus dogmas, porque una religión no se justifica por su verdad sino por su eficacia. Una religión es algo que guía al hombre por la vida, y al ser vivida encuentra su verdad, que, porque es existencial, es irrefutable»[5]. André Gide lo afirma con brevedad exacta en *Les Faux Monnayeurs:* «Faire, et en faisant, se faire». Los apologistas de la crítica tradicional condenan patrones nuevos, y por eso consideran «grave error teológico» lo que para mí es, al menos en este caso particular, la libertad de Gabriela para acudir a Dios en cualquier momento, a propósito de cualquier cuestión, sin necesidad de una invitación formal o de la intercesión de la casta sacerdotal. Para ella, la validez del llamamiento a Dios deriva, no de Santo Tomás de Aquino, sino de la necesidad del poeta de un encuentro personal con Dios, necesidad nacida en su propia alma.

---

[4] Raúl Silva Castro, *Estudios sobre Gabriela Mistral* (Santiago, 1935), p. 127.
[5] Stuart Holroyd, *Emergence from Chaos* (Boston, 1957), p. 15.

Me parece más fructífero, por lo tanto, considerar las alusiones religiosas de la poesía de Gabriela Mistral como manifestaciones de su búsqueda personal para expresar su significado de la verdad religiosa. Su poesía es arte religioso en el sentido de que está dedicada a temas trascendentales y ontológicos. La poetisa habla a Dios a su manera; a Jesucristo le concede la suprema reverencia; se ensalzan el amor, la caridad y la humildad. Su arte, por haberse desarrollado sin constricciones ni dogmas religiosos y haber evitado así las incongruencias de una religión formalizada, es capaz de transmitir una réplica responsable al problema de Dios, Jesucristo, la vida, la muerte y el universo. En cierto sentido su *arte* es su religión. Y así conserva esas virtudes que cualquier religión puede poseer.

II

ABNEGACIÓN PERSONAL Y REALIZACIÓN ESPIRITUAL

El dolor y la angustia reaparecen constantemente, casi con exceso, en la poesía de Gabriela Mistral. Sin embargo el sufrimiento no fue para ella meramente un tema literario sino que impregnó todo su ser durante años. El dolor hacía su existencia insoportable y, paradójicamente, en su ausencia la vida carecía de sentido. Al mismo tiempo que luchaba desesperadamente por alcanzar la serenidad, parecía deleitarse en el dolor y enorgullecerse de la servidumbre que el martirio, el exilio y el ascetismo le imponían. Se mantuvo sola y aparte, como mártir y como paria, celosa de una actitud estoica que interiorizaba su angustia y hacía imposible el consuelo. Así el ciclo se renovaba.

Gabriela daba la impresión de su ascetismo al evitar el adorno y el maquillaje. Se recogía el cabello tirante hacia atrás en un moño o lo dejaba corto, lo cual reforzaba sus facciones desvaídas, casi masculinas, realzadas por una nariz aguileña y unos ojos verdes penetrantes. Sus ropas eran toscas, sueltas y monótonamente pardas o grises como un sayal de monje. Una descripción de ella a la edad de cincuenta y ocho años pone de relieve su habitual austeridad: «Aquella mañana llevaba un chal sobre los hombros y un vestido marrón que le quedaba flojo, medias de algodón y zapatos de hombre. No había en su persona un solo adorno femenino, ni un dije, ni una joya. Y aun así parecía ser una mujer bella, en su franciscana sencillez»[1]. Gabriela Mistral evitaba la artificialidad, tanto en su poesía como en su forma de vestir[2]. Otras razones pueden aducirse como causa de su severidad: expiación a lo largo de toda una vida, renuncia al deseo carnal y una insistencia en purificarse continuamente. La autohumillación y el propio rebajamiento eran características no sólo en su manera de vestir, sino en referencias a sus humildes orígenes[3]. Pero Gabriela no fue una asceta recluida y demacrada; no tuvo visiones ni trances, y nunca pretendió ser mística o santa. Fumaba, le gustaban el vino y la Coca Cola, y le agradaba comprar libros bellamente encuadernados; consideraba esto y el viajar sus únicos lujos[4]. Los mundanos la habrían considerado asceta y los ascetas mundana.

Mucha gente la santificó porque había tratado de llevar una vida ejemplar y porque su apariencia física inspiraba

---

[1] Ver Arturo Torres Rioseco, «Gabriela Mistral, Nobel Prize Winner, at Home», *Hispania*, XXIX (1946), 72-73. Cfr. también Virgilio Figueroa, *La divina Gabriela* (Santiago, 1933), p. 160. De acuerdo con el relato de Matilde Ladrón de Guevara, *Rebelde magnífica*, muy informativo, pero declaradamente subjetivo y personal, Gabriela nunca se vestía de negro. En cambio Manuel Pedro González en «Profile of a Great Woman», *Hispania*, XLI (1958), 428, cita a Waldo Frank que dice que siempre iba de negro. Estas contradicciones sobre características aparentemente obvias señalan la naturaleza legendaria de la bizarra personalidad de Gabriela.

[2] La austeridad en el vestir y en la poesía se dan paralelamente, según afirma Alberto Gerchunoff en «Gabriela Mistral», *Repertorio Americano*, 6 de julio 1925, p. 265.

[3] Ladrón de Guevara, *Rebelde*, p. 34.

[4] *Ibid.*, p. 125.

respeto. La hermosa y poética oración de despedida de Pedro Prado en 1922, cuando ella dejó Chile para ir a Méjico
a colaborar en las reformas educacionales de aquel país,
fue precursora de muchas subsiguientes hipérboles [5]. Vale
la pena citarla porque las comparaciones auguran una nueva Gabriela en su primera misión internacional. Desde aquel
momento, no pertenecería sólo a Chile sino al mundo, y su
reputación la formarían los que veían en ella cualidades
apostólicas e incluso divinas.

La veréis llegar y despertará en vosotros las oscuras nos-
talgias que hacen nacer las naves desconocidas al arribar a
puerto; cuando pliegan las velas y, entre el susurro de las
espumas, siguen avanzando como en un encantamiento lleno
de majestad y ensueño.

Llegará recogido el cabello, lento el paso, el andar meción-
dose en un dulce y grave ritmo.

... ...

Cuencos llenos de agua que la noche roba a las estrellas,
claros, azules, verdes y grises, sus ojos brillan con el suave
fulgor de un constante amanecer.

Tiene la boca rasgada por el dolor, y los extremos de sus
labios caen vencidos como las alas de un ave cuando el ímpetu
del vuelo las desmaya.

... ...

Último eco de María de Nazareth, eco nacido en nuestras
altas montañas, a ella también la invade el divino estupor de
saberse la elegida; y sin que mano de hombre jamás la man-
cillara, es virgen y madre; ojos mortales nunca vieron a su
hijo; pero todos hemos oído las canciones con que le arrulla.

---

[5] Como ejemplo ver *La divina Gabriela* de Figueroa; «Santa Gabriela Mistral» de Benjamín Carrión, *Letras del Ecuador*, X, 100
(1954), 3, 4, 52. Ver también la continuación de Carrión, «Sí, Santa
Gabriela Mistral», *Cuadernos Americanos*, XVI, 3 (1957), 238-244. La
poetisa declinó la deificación que hacía de ella el crítico ecuatoriano
en «Cartas de Gabriela Mistral a Benjamín Carrión (1927-1955)», *Letras del Ecuador*, XI, 105 (1956), 10-11.

¡La reconoceréis por la nobleza que despierta!

... ...

No hagáis ruido en torno de ella, porque anda en batalla de sencillez.

... ...

Los taciturnos montañeses de mi país no la comprenden, pero la veneran y la siguen ¡oh! ingenua y clara ciencia [6].

Desde el comienzo hasta el fin de su carrera el rostro de Gabriela, como el de una estatua desgastada por el tiempo, revelaba sus aflicciones. Tenía la mirada fija en una lejana estrella y, aunque rodeada de muchos que trataban de sondear su naturaleza, permaneció aparte: «la elegida», como la llamó Prado.

El «elegido» es siempre envidiado por los desafortunados y los incompetentes. Consta que Gabriela Mistral, accidentalmente o por elección, estuvo en desacuerdo a menudo con la opinión general, y fue frecuentemente objeto de la persecución de sus compatriotas. Toda su vida llevó consigo las cicatrices de los malos tratos no porque fuera incapaz de perdonar y de olvidar, sino porque las humillaciones fueron atroces. Es importante examinar el origen de su sufrimiento porque los incidentes que lo causaron desempeñaron un gran papel en la conformación de su actitud hacia la vida y el arte.

El crítico Hernán Díaz Arrieta opina que el acontecimiento más decisivo de la vida de Gabriela Mistral sucedió a la edad de nueve años cuando su maestra la acusó injustamente de haber robado hojas de papel pertenecientes a la escuela. La maestra, doña Adelaida Olivares, que dicho sea de paso era ciega, repentinamente olvidó su larga amistad con la familia de Gabriela y reparó en la supuesta falta. En

---

[6] Pedro Prado, «Al pueblo de México», prólogo a *Desolación*, 2.ª ed., Santiago, 1957, pp. 11-12.

un ataque de cólera, echó a Gabriela de la clase, incitó a los niños a que le tiraran piedras, e informó oficialmente de que era una «débil mental». Dolorida y traumatizada, la niña corrió a su casa. El crítico resume:

> Sean como hayan sido las cosas en esa Escuela semirrural donde Gabriela tiene la revelación de la crueldad humana, es allí donde aprende, con las primeras letras, el dolor, la injusticia y los trágicos errores de que está lleno el mundo. Una envenenada espina se le hunde en las carnes y sangrará para siempre. Será, desde entonces, la eterna perseguida, la ofendida y humillada, la pobre y débil criatura contra la cual se conjuran las potencias exteriores y que no halla a dónde volver los ojos para pedir auxilio [7].

Por un curioso giro del destino, Gabriela se hallaba en Vicuña en 1938 cuando doña Adelaida murió. Según un amigo, Santiago del Campo, se acercó al féretro en la iglesia, colocó encima unas violetas y cuando le preguntaron si recordaba a su maestra de antaño replicó: «Claro está que la recuerdo; yo nunca olvido». En 1951 la atormentó de nuevo el incidente de su niñez al recibir —seis años después del Premio Nobel— el Premio Nacional de Literatura. La embarazosa situación se produjo cuando el gobierno chileno gastó los 100.000 pesos (1.108 dólares) del premio en una biblioteca en Vicuña que llevaría su nombre. La elección del lugar fue desafortunada: «¡Pensar que mi Valle de El-

---

[7] Hernán Díaz Arrieta, «Interpretación de Gabriela Mistral», *Anales*, CXV, 106 (1957), 16. En otra versión, la niña reprochó a los estudiantes haber robado el papel, y ellos se vengaron apedreándola. Una rectificación: Díaz Arrieta sitúa la escuela en La Unión, en realidad estaba en Vicuña. A los doce años, otra maestra la expulsó por falta de atención, afirmando que tenía más condición para los «quehaceres domésticos». Ver Ladrón de Guevara, *Rebelde*, p. 134. Ver también José Santos González Vera, «Comienzos de Gabriela Mistral», *Anales*, CXV, 106 (1957), 22.

qui, mi Monte Grande, donde me crié de cuatro a diez años que es mi único recuerdo dulce de esa infancia, nada va a tener; todo se lo darán precisamente a la ciudad donde fui echada de la escuela y apedreada en su plaza por ... unas diez condiscípulas azuzadas por una maestra ciega!» [8]. Nunca perdonó ni quiso olvidar esas pedradas. Solía relatar el episodio para demostrar el desdén de Chile para con ella.

Sin duda, en varias ocasiones trataron a Gabriela con hostilidad en Chile, e irónicamente, otros países reconocieron con más rapidez sus talentos. Cierta vez las «criollas», como llamaba ella a ciertas vengativas mujeres de Santiago, la insultaron en setenta cartas anónimas y viles [9]. Los periódicos *El Mercurio* y *El Diario Ilustrado*, a los que había enviado artículos durante años, se negaron a publicar sus colaboraciones. La razón fue que había atacado al régimen de Gabriel González Videla (1946-1952) por perseguir al Senador Pablo Neruda, el eminente poeta, y por tachar de comunistas y despedir sumariamente a cientos de empleados públicos. Gabriela comentaba: «Ya le conté que, con toda elegancia, M. [Maluenda] me ha cortado de *El Mercurio*. Leer el diario da de un lado tedio, del otro sonrojo». Y añadía: «¿Sabe Vd. que a mí me han echado de ese diario sin una sola palabra, no publicándome lo que les mando? Así, después de 28 años, como a una sirvienta. Estoy segura, AUNQUE SIN DATOS, de que la orden ha debido

---

[8] Ladrón de Guevara, *Rebelde*, pp. 100, 118-120, 134. La gente de Vicuña hace poco caso de la actitud negativa y rencorosa de Gabriela Mistral. Don Pedro Moral y D.ª Isolina Barraza de Estay, ciudadanos influyentes y amigos de la poetisa, se excedieron en sus esfuerzos por conservar el modesto museo a ella dedicado.

[9] *Ibid.*, pp. 53, 159. Desgraciadamente no se da el contenido de las cartas.

venir de lo alto... es decir de Lo Bajo [González Videla]» [10].
Los *Estudios sobre Gabriela Mistral* de Raúl Silva Castro
la hirieron como un golpe de muerte. El crítico la ridicu-
lizaba repetidamente y demostraba una escasa comprensión de la poesía a pesar de sus arrogantes pretensiones de
lo contrario [11]. El único volumen de poesía de Gabriela Mistral que apareció primeramente en Chile fue *Lagar;* don
Federico de Onís hizo que el Instituto de las Españas pu-
blicara por primera vez *Desolación* en Nueva York en 1922
(la segunda edición apareció en Santiago en 1923); *Tala*
vio la luz en Buenos Aires en 1938; *Ternura* (1924); las
Poesías completas (1958), y el *Poema de Chile* (1967) se im-
primieron en España.

El que Chile en un principio no expresase adecuada-
mente su admiración decidió a Gabriela Mistral a aceptar
el ofrecimiento de José Vasconcelos de ser huésped de honor de Méjico y, después de la Revolución Mejicana (1910-
1917), a tomar parte en el plan para establecer nuevas escuelas y bibliotecas. La Biblioteca Gabriela Mistral de Méjico es un tributo a su espíritu. Así empezó su exilio voluntario a la edad de treinta y tres años; excepto breves visitas
de vuelta en 1925, 1938 y 1954, sus últimos treinta y cuatro
años los pasó fuera de Chile. Escribió: «Me lanzaron, y

---

[10] Ver «Cartas de Gabriela Mistral», *Las Noticias de Última Hora*,
25 de marzo de 1962, p. 4. La expulsión debió de ser breve o imagi-
naria, pues Alfonso Escudero en «La prosa de Gabriela Mistral:
Fichas de contribución a su inventario», *Anales*, CXV, 106 (1957), 250-
256, revela una serie casi ininterrumpida de artículos mensuales en
El Mercurio. En el año en cuestión, 1948, se le publicaron cinco artículos. Pero no hay ninguno anotado desde junio hasta noviembre.
El Apéndice B ofrece nuevas perspectivas sobre este tema tan com-
plejo.

[11] Raúl Silva Castro, *Estudios sobre Gabriela Mistral*, Santiago,
1935, p. 27. Díaz Arrieta la defiende en *Gabriela Mistral*, Santiago,
1946, pp. 57-66.

como tengo un fondo de vagabundaje paterno, me eché a andar y no he parado más»[12]. Se refería a sí misma, con cierto orgullo, como «la descastada», para contrastar el desprecio que esa palabra adquiría en los labios de aquellos chilenos que la habían acuñado para burlarse de ella. En el mismo tono, su repugnancia por lo que Chile representaba la llevó a afirmaciones como ésta: «No regresaré a la tierra mía que amo, porque allá me hicieron sufrir muchísimo»[13]. Estas palabras reflejan su actitud al final de su carrera, pero incluso en 1922, en vísperas de su marcha a Méjico, dominaban su personalidad una amargura y una angustia sin tregua: «Despedazándome he luchado por la paz y la he adquirido incompleta después de largos padecimientos; y ha llegado un poco tarde. Vivo días serenos y apacibles; ya nada temo, ni nada espero. ¿Penurias? Las he conocido tan desesperantes. ¿Desengaños de las gentes? Ya han rebosado mi vaso de amarguras»[14].

«Nocturno de la consumación» recoge la soledad de Gabriela y su desesperación como un grito de angustia que recuerda al de Jesucristo: «... despojada de mi propio Padre / ¡rebanada de Jerusalem!»[15]. Chile es la Jerusalén de Gabriela. El poeta, como Jesús, ha sido atacado por el populacho y ha sufrido el ostracismo. El verbo «rebanar», usado también dos veces en el siguiente párrafo de una carta, es muy apropiado para sugerir el violento cisma entre ella y el Presidente de Chile:

---

[12] Ladrón de Guevara, *Rebelde*, p. 159. El «fondo de vagabundaje» es una alusión a la vida errante del padre de Gabriela.
[13] *Ibid.*, p. 53. Gabriela prefería Italia a todos los otros países.
[14] Figueroa, *La divina Gabriela*, p. 96, cita una interviú para *El Diario Ilustrado*, junio 22, 1922.
[15] *Poesías completas de Gabriela Mistral*, ed. Margaret Bates (2.ª ed. rev., Madrid, 1962), p. 384. En el texto aparecen otras referencias a esta obra.

... mi jubilación rebanada por el Sr. Ibáñez... Y viví. Dios
es grande, es el amigo de los abandonados y de los perseguidos. Ya vuelve el Sr. Ibáñez, ídolo de la chilenidad, y yo
volveré a vivir el trance de que me rebanen del presupuesto [16].

Gabriela aludía, en 1952, a un incidente olvidado hacía
tiempo por muchos, pero todavía importante para ella. El
Presidente Ibáñez había cancelado su pensión por seis meses durante su primera presidencia (1927-1931). Su propósito ostensible era ahorrar dinero para el Tesoro, casi en
bancarrota. En realidad quería castigar a Gabriela por algunas observaciones que había hecho contra su gobierno
dictatorial. Sin embargo, su temor de que Ibáñez fuera a
suspender su pensión en 1952, cuando fue elegido para un
segundo mandato, resultó no tener fundamento. En cualquier caso, a causa del estipendio del Premio Nobel y los
derechos de muchos libros, no tenía motivo para alarmarse.
Lo importante aquí es que en 1930 el Presidente Ibáñez cortó
los lazos que la unían a la patria y, retrospectivamente, ella
asociaba esta ruptura con su tierra nativa con el abandono
que Jesucristo sufrió en Jerusalén.

Las expresiones de hostilidad de Gabriela Mistral deben
ser valoradas a la luz de la evidencia de que Chile no la
abandonó. En 1914 los Juegos Florales de Santiago (donde

---

[16] Ladrón de Guevara, *Rebelde*, p. 128. Durante seis meses, Eduardo Santos, propietario de *El Tiempo* de Bogotá, y una inglesa, Mrs.
Eloise Lewin, le proporcionaron fondos y una casa en Provenza, según afirma Josué Monsalve en *Gabriela Mistral: La errante solitaria*,
Santiago, 1958, pp. 76-77. La carta de Gabriela a Zacarías Gómez del
20 de octubre de 1951 (ver, para más detalles, Apéndice B) registra
su negativa a volver a Chile: «No quiero volver a 'toparme' con aquel
soberbio Señor que me trató con [ilegible] en Brasil ... Y casi lloro
cuando leo que el próximo patrón es, precisamente, aquel otro que
me destituyó del cargo de Cónsul hace años; fue 'mi Coronel'. Parece que Chile pierde más y más su sensatez y... su memoria histórica ...».

ganó el primer premio por «Los sonetos de la muerte») la lanzaron en su carrera literaria. Fue directora de escuelas en Punta Arenas en 1918, en Temuco en 1920 y en Santiago en 1921. Por un acta especial del Congreso chileno, recibió una pensión a la edad de 36 años. Representó a Chile en la Sociedad de Naciones en 1926 y también en otras funciones oficiales. Fue nombrada cónsul en Nápoles en 1932, y en Madrid y Lisboa en 1933. Después, como ministro plenipotenciario, no tenía sede definitiva sino que ejercitaba sus poderes desde el lugar que eligiera. Un cargo diplomático que no la confinara a un país armonizaba con la vida vagabunda; viajó con frecuencia a través de Europa y las Américas y fue festejada en todas partes. En sus raras visitas a Chile, tanto los críticos como los amigos peregrinaban a su hogar, ansiosos por escucharla. Fiestas y banquetes se celebraban en su honor. Cuando murió en 1957, el Presidente Ibáñez, olvidando el profundo resentimiento mutuo, declaró un día de luto nacional. Solemnes ceremonias oficiales ensalzaron su grandeza y estuvo de cuerpo presente mientras miles de personas —amigos, enemigos y extraños— desfilaron junto al féretro cubierto de flores para ver a «la Mistral» legendaria. Es posible censurar a ciertos individuos por su arrogancia y cortedad de miras, pero existe evidencia abundante para probar que los gobernantes, los críticos y el pueblo de Chile generalmente respetaron a su más prestigioso poeta. Es claro que el elogio debió haber llegado antes, con más frecuencia y mayor fervor; pero, en justicia, una persona que cultiva el descontento, recuerda los chismes y exige atención, no es fácil de recompensar [17].

Al mismo tiempo Gabriela Mistral hizo gala de un inmenso amor por Chile, el Chile de sus sueños, de su niñez

---

[17] Díaz Arrieta, «Interpretación», pp. 15-18, da un equilibrado informe sobre este delicado asunto.

en Monte Grande, el Chile idealizado y poético que sólo
puede existir después de una ruptura violenta, de una separación en el tiempo y en el espacio. Su herencia poética
es chilena: el lenguaje rural, las alusiones a la naturaleza,
las dedicatorias, los temas, las personas. El libro *Poema
de Chile* demuestra ampliamente el amor del poeta por su
tierra [18]. Metódicamente y con esmero, divide este poema
geórgico en zonas y enumera los chilenismos peculiares de
cada región. Después inventa a un niño que viaja por las
diferentes provincias aprendiendo a cada paso la grandeza
de su país. A pesar de su destierro voluntario, Gabriela
nunca abandonó Chile espiritualmente; su poesía, su lenguaje personal y sus sueños de grandeza chilena, ofrecen un
elocuente testimonio de que se sentía orgullosa de su ascendencia.

No todos los sufrimientos de la poetisa se debieron a
falta de reconocimiento, a las lenguas burlonas de los envi-
diosos o a un malicioso criticismo literario. Además, cuatro
tragedias personales exacerbaron su dolor, dejándola en
una profunda soledad: su padre abandonó a la familia, un
supuesto novio se suicidó, su madre murió y un sobrino
pereció inesperadamente.

La primera crisis concierne a Juan Jerónimo Godoy Villanueva, que se casó con Petronila Alcayaga, viuda de Molina, y madre de una muchacha de catorce años llamada
Emelina [19]. El padre de Gabriela trabajaba como maestro

---

[18] *Poema de Chile*, ed. Doris Dana (Barcelona, 1967), fue publicado demasiado tarde para que yo lo pueda discutir en este estudio.
Ver, sin embargo, en *Poesías completas*, «Trozos del 'Poema de Chile'», pp. 495-509. Como resumen autorizado ver Margaret Bates, «Gabriela Mistral's 'Poema de Chile'», *The Americas*, XVII (1961), 261-276.
También mencionan el poema Ladrón de Guevara en *Rebelde*, pp. 52,
53, 128, y González en «Profile», p. 430.

[19] Margarita Paz Paredes ha trazado un esquema de los detalles
de la primera vida familiar y educación de Gabriela y del carácter

de escuela y por afición tocaba la guitarra, contaba historias extravagantes y pretendía ser poeta[20]. En 1892 dejó el hogar en busca de nuevas aventuras, volviendo de vez en cuando hasta su muerte en 1915: «... su padre dejó el hogar, acaso por gustarle la vida errante, tal vez porque su mujer, de temperamento nervioso, solía alterar sus ensueños con quejas y recriminaciones copiosas que, fuera de impacientarlo, le ahuyentaban rimas singulares casi en el instante de asirlas»[21]. Al marcharse, la herencia que dejó a su hija de tres años consistió en un puñado de poemas románticos, sus antecedentes de maestro de escuela elemental y su alma vagabunda[22]. La deserción de Godoy Villanueva produjo serios cambios en la vida de Gabriela, pero es curioso que ella no lo culpe directamente por su sufrimiento. Ningún poema se refiere a él por su nombre, tal como las secciones de poesías que describen a su madre, a Romelio Ureta y a Juan Miguel Godoy Mendonza[23]. A pesar

---

de D.ª Petronila en «Gabriela Mistral», *Cultura: Revista del Ministerio de Cultura*, n.º 17 (octubre-diciembre 1959), pp. 162-168.

[20] Germán Arciniegas cuenta anécdotas sobre el padre en «Gabriela, la fantástica chilena», *Cuadernos Israelíes*, n.º 4 (1960), p. 23.

[21] González Vera, «Comienzos», p. 22. En oposición a las biografías corrientes, la fecha que se da de la muerte de Godoy Villanueva es el 29 de agosto de 1911 (de neumonía en el Hospital de Copiapó) en «Vida y obra de Gabriela Mistral» de María Sonia Estay Barraza, *Climax*, 10 enero 1960, p. 17.

[22] Ladrón de Guevara, *Rebelde*, p. 29, hace notar que Gabriela compartía el espíritu errante de su padre: «Así somos los Godoy, vagabundos del alma». Para información general, ver Silva Castro, *Estudios*, pp. 3-4; también Augusto Iglesias, *Gabriela Mistral y el modernismo en Chile: Ensayo de crítica subjetiva* (Santiago, 1949 [1950]), pp. 14-19. Figueroa transcribe una canción de cuna del padre en *La divina Gabriela*, p. 42; y Monsalve, *Gabriela Mistral*, pp. 9-14, inventa cierto diálogo imaginario entre los padres de Godoy Villanueva, y añade que el último amaba de verdad a su hija.

[23] Las referencias a «padre» en «Poema del hijo», p. 104, pueden ser autobiográficas. La heroína del poema no siente ya no haber

de que esta falta de atención pudiera implicar indiferencia,
en realidad la ausencia de su padre le infligió una honda herida. Su madre, doña Petronila, trató de preservar a su hija
del desprecio que ella misma sentía por su marido. Gabriela Mistral recordaba, en 1953, que el silencioso martirio
y la estoica resignación de su madre causaban angustia en
las dos, como se manifiesta en el lenguaje acusador de este
intento de vindicación:

> ... siempre creí que mi madre debía haberse ahorrado los
> sufrimientos que le dio mi padre. ...siempre ella se rehusó al
> divorcio [para] no despojar al esposo de sus derechos de
> padre y en esperar una reacción en sus hábitos. Esto no llegó,
> pero yo no oí jamás una sola queja de esa mujer... tampoco
> un solo juicio contra el compañero ingrato. Ella evitó siempre
> el que yo creciese alimentando un resentimiento amargo en
> mi espíritu. En la aldea donde crecí era común el caso del
> padre ausente o ligado a otra mujer y la reacción de las víc-
> timas era la misma de mi madre, es decir, un silencio «per
> vita» [24].

En 1933 se refiere a su padre de una forma que evidencia las dos órbitas emocionales de su propia vida: amargura y enajenamiento: «Mi recuerdo de él pudiese ser amargo por la ausencia, pero está lleno de admiración de muchas
cosas suyas y de una ternura filial que es profunda» [25]. A

---

dado vida al hijo de su amante, que había deseado tan ardientemente, porque el niño podía haberla abandonado como hizo él y
podía haberse vuelto contra ella (como afirma haber hecho ella con
su padre) por haberle dado la vida: «Y el horror de que [mi hijo]
un día con la boca quemante / del rencor, me dijera lo que dije a
mi padre: / '¿Por qué ha sido fecunda tu carne sollozante / y se
henchieron [sic] de néctar los pechos de mi madre?'»

[24] Estos pensamientos forman parte de un ensayo sobre el amor,
el sexo y el divorcio en Iberoamérica. Ver Gabriela Mistral, «'Un
viejo tema': La poetisa chilena comenta el informe de Kinsey», *Life
en Español*, 26 octubre 1953, p. 32.

[25] Figueroa, *La divina Gabriela*, p. 43.

falta de un padre verdadero buscó consuelo en el inmutable «Dios Padre» que era a la vez severo y amante, justo y compasivo. Su padre se escapó de un ambiente opresivo en el hogar para satisfacer placeres físicos y para intentar el refinamiento de un talento mediocre; en sus andanzas la hija vivió modestamente, ayudó a los otros y trabajó con tenacidad inflexible para triunfar como poeta y como maestra, las dos ocupaciones en que su padre había fracasado.

La ausencia de protección masculina determinó en Gabriela su confianza en sí misma y, consecuentemente, la hizo dudar de la fidelidad del varón. Durante el largo período de escasez económica que siguió a la partida de su padre, Emelina, su media hermana, contribuyó con su modesto salario de maestra a sustentar a la familia. Lucila se vio forzada a buscar trabajo a los quince años, también para aportar apoyo financiero. Lamenta haber tenido que vender su alma:

> Para que tenga mi madre
> sobre su mesa un pan rubio,
> vendí mis días lo mismo
> que el labriego que abre el surco.
>
> («Coplas», p. 108)

Cuando murieron inesperadamente el marido y la hija de Emelina, ésta, doña Petronila y Lucila vivieron juntas y, como su abuela paterna había dejado la casa porque su abuelo mantenía relaciones con la sirvienta, Lucila creció entre viudas y esposas frustradas quienes la hicieron sentir la impresión de que el varón era inconstante. Nunca se casó, a pesar de ser solicitada por varios pretendientes. El amor espiritual le ofrecía más compensación y menos angustia que el deseo carnal, pero Gabriela no concibió que el amor físico pudiese incluir también amor espiritual. Reaccionó contra la falta de responsabilidad de su padre respecto a los hijos, llegando a ser la perfecta maestra y, simbólicamente, «la virgen madre» apasionadamente preocupada del bienestar de los niños [26]. Vale la pena repetir un trozo del elogio de Pedro Prado:

> Último eco de María de Nazareth, ... a ella también la invade el divino estupor de saberse la elegida; y sin que mano de hombre jamás la mancillara, es virgen y madre; ojos mortales nunca vieron a su hijo; pero todos hemos oído las canciones con que le arrulla [27].

Suele citarse como explicación de la infelicidad de Gabriela su singular y trágica relación con Romelio Ureta. Desgraciadamente la leyenda ha oscurecido los hechos y, como la poetisa, por prudencia o modestia, esquiva siempre los detalles, sólo podemos conjeturar en las cuestiones pertinentes [28]. La recomposición de la historia revela que Lucila Godoy conoció a Ureta en 1906 en La Serena, donde él trabajaba como revisor de ferrocarriles y encargado de equipajes. Más adelante, en el mismo año, se encontraron en una pensión en La Cantera donde ella estaba de maestra. Es imposible decir si el encuentro fue accidental o pro-

---

[26] Es ésta una desviación de la interpretación tradicional de que Gabriela asumió el papel de «virgen-madre» como consecuencia de un amor frustrado. La visión tradicional tiene una validez parcial, pero los gérmenes de su fracaso en el amor físico se dan ya en su vida familiar antes de conocer a Romelio Ureta. Su trágica aventura amorosa y otra a la que alude Margot Arce de Vázquez (ver nota 36, más abajo), solamente confirmaron su decisión de desconfiar del amor físico y hallar en los niños el sustitutivo al hecho gozoso de ser madre.

[27] *Desolación*, p. 11.

[28] Figueroa, *La divina Gabriela*, pp. 81 y siguientes, reproduce una importante carta de un amigo y maestro anónimo que la conoció en La Serena; en esta carta están las bases de muchas de las afirmaciones que se hacen aquí.

puesto. Lucila acostumbraba a guardar un sitio en su mesa
para Ureta; fuera de ese pequeño detalle, nadie ha determinado la naturaleza de su relación. Incluso su hermana
ignoraba la profundidad del amor de Gabriela por Ureta.
El 25 de noviembre de 1909, Ureta se disparó un tiro en la
cabeza; en su cuerpo se encontró una postal con el nombre
«Lucila Godoy». Luego se supo que un amigo a quien había
prestado dinero del ferrocarril se negó a pagar y, seguramente, Ureta eligió el suicidio como salvación de su honor.
El efecto que sobre ella causó esta muerte sólo se vislum-
bró el 22 de diciembre de 1914, en los Juegos Florales en el
Teatro Santiago, cuando se recitaron por primera vez sus
«Sonetos de la muerte».

Desde aquel entonces, se han investigado los antecedentes en busca de indicios. El más obvio, no necesariamente
el correcto, es la poesía de Gabriela Mistral. Guiados por
eruditos como Julio Saavedra Molina, los críticos han in-
tentado hilar los acontecimientos de su vida a través de los
«Sonetos» y los otros poemas de la sección llamada «Dolor»,
en una serie lógica que corresponda a sus conjeturas [29]. Su
arte y su vida coinciden de hecho en varios puntos, pero la
poesía no puede ser juzgada únicamente en relación a su
conformidad con la biografía. La poesía no es biografía,
pues si lo fuera sólo nos daría hechos e información, res-

---

    [29] Julio Saavedra Molina, «Gabriela Mistral: Vida y obra», *Revis-
ta Hispánica Moderna*, III (1937), 110-135. Este mismo tema se repite
en otros artículos de Saavedra Molina: «La patética historia de Lucila Godoy», *Antártica*, n.os 15-16 (noviembre-diciembre 1945), pp. 106
y siguientes; «Gabriela Mistral: Vida y obra», *Anales*, CIV, 63, 64
(1946), 23-104. Este último está publicado también como «Gabriela
Mistral: Su vida y su obra», en *Poesías completas*, pp. XXXIX-LV.
El relacionar la poesía con la vida puede ser arriesgado y embara-
zoso sobre todo porque existe una clara posibilidad de que la poesía
pertenezca a dos situaciones diferentes.

tándole por tanto su valor único [30]. Otro dato es la postal.
Pero es difícil decir hasta qué punto este dato es conclu-
sivo, ya que en dicha postal estaba escrito solamente su
nombre [31]. Como queriendo disociar a Gabriela de un asunto turbio, Erna Fergusson llama a Ureta «enfermizo» y hace
notar que era inferior a Gabriela intelectualmente [32]. Dulce
María Loynaz concluye a base de información de Gabriela
que existía un amor mutuo, si bien platónico, y que, en
vísperas de casarse con otra mujer, Ureta se suicidó para
guardar la promesa de no desposar a nadie sino a Lucila.
La señorita Loynaz acepta alegremente que Ureta se mata-
ra, porque sin su sacrificio —hubiera o no una relación
amorosa— nunca se habría escrito *Desolación* ni habría sido
creada «Gabriela Mistral» [33]. La autorizada opinión de Au-

---

[30] Según René Wellek y Austin Warren («Literatura y biografía»
en *Teoría literaria*, trad. de José María Gimeno Capella, Madrid,
1953, p. 128), «incluso cuando existe íntima relación entre la obra de
arte y la vida del autor nunca debe interpretarse en el sentido de
que la obra de arte sea simple copia de la vida».

[31] Iglesias *(Gabriela Mistral*, pp. 231, 193-237 *passim)* tiene una
nueva teoría pero que no prueba nada: «Se habla de una *tarjeta
postal* que se habría encontrado entre los papeles del joven luego
de su nefanda decisión; pero en ese tiempo las tarjetas postales eran
casi un deporte y se coleccionaban al igual que el 'hobby' filatélico».

[32] Erna Fergusson, *Chile* (Nueva York, 1943), p. 25.

[33] Dulce María Loynaz, «Lucila y Gabriela», prólogo a *Poesías
completas* (Madrid, 1962), pp. CXXV-CXXIX, CXXXII. Los comentarios de Laura Rodig son similares («Presencia de Gabriela Mistral»,
Anales, CXV, 106 [1957], 284): «Muere él y renace en ella la fe en su
siempre profundo amor y es como un gran viento que le anima:
nace *Gabriela Mistral*». Los críticos no están de acuerdo respecto al
origen del seudónimo. Hay un grupo que sostiene que Gabriela com-
binó el nombre de pila de Gabriel D'Annunzio con el seudónimo de
Frédéric Mistral. Algunos exponentes de esta teoría son Silva Castro,
Estudios, p. 17; Rafael Heliodoro Valle, «Gabriela Mistral en mis recuerdos», *Anales*, CXV, 106 (1957), 68; Juan de Luigi, «Gabriela Mistral en su primera época», *Anales*, CXV, 106 (1957), 43. Este último
no se siente muy seguro porque la poetisa en *El Mercurio*, 20 de

gusto Iglesias es que Gabriela, inspirada por sus lecturas y su pasión por lo dramático, tejió una fantasía, un mito que asumió una vida propia, independiente de los hechos. Este mito o «ensueño», transfigurado por el proceso de creación, se convirtió en la verdad, una verdad poética más duradera y genuina que ningún hecho concreto: «No obstante, la obra de arte sobrevive a su creador, por ingrato que éste sea con su propia creación, y es superior, por eso mismo, a los caprichos del artífice» [34].

febrero de 1946, ha rechazado esta interpretación en favor de «un nombre de arcángel con apellido de viento». Pero aun antes de que apareciera este artículo ya otros autores habían observado dentro del seudónimo la fusión de una esencia divina materializada y una materia terrena invisible: Jorge Mañach, «Gabriela: Alma y tierra», *Revista Hispánica Moderna*, III (1937), 108; Figueroa, *La divina Gabriela*, p. 72; y Norberto Pinilla, «Obra de Gabriela Mistral», *Conferencia*, I, 3 (1946), 37. Hay otros dos críticos que creen que Dante Gabriel Rossetti y Frédéric Mistral hicieron nacer el nombre literario. Son Gastón Figueira, *De la vida y la obra de Gabriela Mistral* (Montevideo, 1959), p. 10; y Eugenio Labarca, «Literatura femenina chilena», *Atenea*, I, 10 (1924), 358. Nótense también otros seudónimos: Alguien, Alma, X, Soledad. En la edición en inglés, incluí a «Gabriela Mistraly» entre los seudónimos; quiero corregir este error, que se originó con Raúl Silva Castro, en su *Producción de Gabriela Mistral de 1912 a 1918*, Santiago, 1957, pp. 10 y ss. Las firmas de los periódicos muestran que Gabriela usó una rúbrica que, por una ilusión de óptica, se parecía a una «y» griega. Cuando ella simplificó su firma, la «y» griega no desapareció, porque no había existido en primer lugar. Silva Castro sospecha que «esta anomalía no parece imputable a la voluntad de la autora, sino a su caligrafía». Entonces, cuesta comprender por qué Silva Castro, a sabiendas, confundió al lector mandando escribir «Mistraly» al final de sus versos.

[34] Iglesias, *Gabriela Mistral*, pp. 198, 236. Díaz Arrieta («Interpretación», p. 17) también se muestra escéptico respecto a la importancia que tuvo Romelio Ureta para la poetisa: «El sujeto pudo ser de nula importancia. Temperamentos como el suyo crean su propio fantasma y resulta secundario que haya o no existido quien lo provoca. Se afirma incluso que los sonetos nacieron de una historia oída, que constituyen un tema retórico. No importa: el clamor traduce una herida profunda y sus huellas ensangrentaron toda su ju-

Que se confirme o no la opinión de Iglesias, no es probable que cambie el punto de vista de que el suicidio de Romelio Ureta fue una fuerza conmovedora que despertó y cristalizó sentimientos latentes de soledad y desesperación. Quizá la muerte de este joven recordase a Gabriela dolorosamente el abandono de su padre. En el plano literario, los escritos de José María Vargas Vila y Gabriel D'Annunzio sobre la muerte y el erotismo, se habían grabado indeleblemente en su imaginación[35]. En un nivel más práctico y consciente, Gabriela tal vez comprendiese que el artista que aspira a la eminencia debe concentrarse en un tema —en su caso el dolor por el amante muerto— para transformar un suceso particular en un motivo universal. Todas estas fuerzas deben haberse conjugado después de 1914, año en que ganó los Juegos Florales por «Los sonetos de la muerte». Empezó a percibir las posibilidades artísticas de sus «Sonetos»: cómo podrían ampliarse y abarcar la desilusión por su frustrada maternidad, el conflicto entre el juicio cristiano tradicional sobre el suicidio y el suyo propio, la actitud de Dios hacia los muertos y los desesperados, y la apoteosis final del amado. De esta manera, el suicidio de Romelio Ureta unificó y canalizó sus primitivas emociones,

---

ventud. Sea cual fuere el origen del sufrimiento, hay una atormentada doliente, una víctima abrazada a la cruz, una mujer para quien la existencia se presenta como puro dolor.»

[35] Iglesias, *Gabriela Mistral*, pp. 193-194. José María Vargas Vila, un poeta colombiano excéntrico y pendenciero, tuvo muchos seguidores entre los jóvenes románticos. Sus exhortaciones a la muerte y al suicidio estaban en desacuerdo con su propio deseo de vivir la vida lo más plenamente posible. Iglesias (p. 53) cita el famoso aforismo de Vargas Vila: «Cuando la vida es una carga, el suicidio es un derecho; cuando la vida es un escarnio, el suicidio es un deber». Gabriela, fortificada por estos razonamientos, pudo haber contemplado la muerte de Romelio Ureta como una necesidad personal.

y su muerte suministró el tema central de su poesía en _Desolación,_ especialmente en la sección titulada «Dolor» [36].

En 1929, veinte años después del suicidio de Romelio Ureta, murió la madre de Gabriela. La muerte de doña Petronila merece ser destacada porque dio a Gabriela la oportunidad de censurar al gobierno chileno el retenerla en el extranjero en una conferencia internacional mientras su madre estaba moribunda: «Yo salí de Chile 'obligada y forzada' por don Jorge Matte, Ministro de Educación. A causa de aquel nombramiento para el Instituto de Ciencias Internacionales de París. Quería quedarme con mi madre hasta su muerte» [37]. Se le antojó a Gabriela vituperar a los funcionarios chilenos de insensibles e incomprensivos. Sin embargo, la prolongada enfermedad de su madre la habría permitido regresar a tiempo, si así lo hubiese deseado. La verdad se encuentra, probablemente, en un término medio entre sus exageradas pretensiones de persecución, y el tratamiento cada vez más severo del gobierno, cuya política ella criticaba abiertamente. El gobierno chileno desatendió en su mayor parte el genio de su más famosa poetisa. Y Ga-

---

[36] Una información confirmada en carta personal que me escribió Margot Arce de Vázquez (20-X-1961) y que había mencionado antes en su libro _Gabriela Mistral: Persona y poesía_ (San Juan, Puerto Rico, 1958), pp. 43-44, insinúa «otra historia de amor», dando a entender «la más decisiva». Pero por respeto a los deseos de la poetisa, oculta los nombres de personas todavía vivas. Loynaz, «Lucila y Gabriela», _Poesías completas,_ pp. CXXXVI-CXXXVIII, corrobora esta historia. Más aún, ambos críticos mantienen que la poesía de _Desolación_ supone dos distintos incidentes. Margaret Rudd, que está escribiendo la biografía de Gabriela Mistral, reveló en una conversación que la otra persona era probablemente el poeta chileno Jorge Hübner. La posibilidad de este segundo o verdadero amor no estorba la crítica de la poesía; no añade ni resta nada a la intensidad que logra su obra poética, considerada como resultado de una aventura aunque sea dudosa.

[37] Ladrón de Guevara, _Rebelde,_ p. 159.

briela, por su parte, siempre alimentó un rencor latente contra la institución del gobierno; la muerte de su madre agravó esa ira. Perdido el lazo más fuerte que la unía a su país, desapareció también el incentivo de volver a Chile. Permaneció desde entonces en su exilio voluntario imposibilitando así la reconciliación.

Lo mejor de la poesía de Gabriela conmemora la muerte de su madre. En la primera parte de *Tala*, «Muerte de mi madre», la poetisa espera que Dios sea tan benévolo con su madre como lo fue con las mujeres bíblicas que subieron al cielo [38]. La muerte y la resurrección de Jesucristo inspiran una exhortación dirigida a Él, pidiéndole que dispense a su madre todo dolor porque en su pureza puede ser comparada a la madre de Cristo. Aunque no desea su propia resurrección, para evitar el dolor que a la carne le corresponde como herencia, Gabriela cree que doña Petronila merece un destino más sublime por haber llevado una vida ejemplar en su sencillez y honestidad. Rotas las ataduras físicas, madre e hija comulgan en estos poemas en un mudo lazo espiritual de penitencia y perseverancia [39].

Hubo otra tragedia en la vida de Gabriela menos documentada que las tres anteriores, la cual, examinada a fondo, promete ser igualmente significativa. Se trata de Juan Miguel Godoy Mendonza, apodado Yin-Yin, a quien Gabriela cuidó como una madre desde su infancia hasta su muerte a la edad de dieciocho años. Conocido públicamente como un «sobrino» o un «ahijado», era en realidad el nieto de su padre de una relación extramarital. Estando de cónsul en Bedarrides (Francia) en 1929, Gabriela se enteró de que un tal Carlos Miguel Godoy, acompañado de un niño, soli-

---

[38] «Lápida filial», *Poesías completas*, pp. 380-381.
[39] «La fuga», *ibid.*, pp. 377-379.

citaba un visado para Chile. La relación del niño con el padre de Gabriela, don Jerónimo Godoy Villanueva, pronto quedó clara. Más tarde, su medio hermano, Carlos, le entregó a Gabriela voluntaria y definitivamente al niño para que lo cuidara, ya que su madre, Martha Mendonza, había muerto de tuberculosis en Barcelona [40]. Este sobrino huérfano, al que Gabriela mostró gran afecto, colmó sus necesidades maternales y su nostalgia de un hijo. De este modo se realizó, si bien vicariamente, en la maternidad, lo que le había sido negado por su promesa de permanecer fiel a un amante inalcanzable y por su desconfianza frente al amor físico [41].

Después de la muerte de Yin-Yin, el 14 de agosto de 1943, en Petrópolis, Brasil, la causa de su muerte quedó oscurecida en una batalla entre Gabriela Mistral, que insistió continuamente en que había sido asesinado, y la policía, que certificó un envenenamiento voluntario con arsénico. Las secretarias de Gabriela, Consuelo Saleva, Palma Guillén y María Urzúa —es decir, las personas más cercanas a ella—, atestiguaron el suicidio del joven, infeliz porque no había logrado adaptarse a la lengua portuguesa y porque la ley brasileña le obligó a repetir varios estudios escolares, ya terminados en Francia. Manuel Bandeira, el poeta brasileño, sugiere que una deformidad de la columna vertebral le producía un estado nervioso que le llevó finalmente a su

---

[40] Estoy en deuda con D.ª Isolina Barraza de Estay por el permiso para transcribir los antecedentes sobre Juan Miguel de su copia del Certificado de Óbito, n.º 01492, hoja 12, libro 5 del Registro de Óbito 3.128, de Petrópolis, Brasil. En una carta dirigida a mí, fechada el 10 de octubre de 1965, Luis Vargas Saavedra me informa de que un capítulo de su tesis doctoral para la Universidad de Madrid trata de Juan Miguel.

[41] Es un punto de vista que comparte Arce de Vázquez, *Gabriela Mistral: Persona y poesía*, p. 118.

propia destrucción [42]. Un comentario negativo de Gabriela sobre una novela escrita por el muchacho destrozó su propia estimación y le hizo romper el manuscrito; él la llamaba «Buda» por su actitud glacial y su forzada rectitud y pureza. A estas razones se debe añadir la del doble suicidio de sus vecinos, los Stefan Zweig, en 1942, el cual había afectado al muchacho tan profundamente como a la poetisa [43]. El día después de la muerte de Juan Miguel, un artículo en un periódico local daba a entender que estaba destinado a un fin trágico:

> Morrera o Godoy, êsse companheiro dedicado das bancas escolares em todas as horas, fiel expressão de um predestinado a viver, no alvorecer dos anos, os grandes dramas íntimos que caracterizan os sofredores de todos os tempos. Paradoxalmente, êsse menino louro abrigava um espírito avançado, como se os meses se houvessem transformado em anos, e êstes, por sua vez, em lustros intermináveis. Este, sem dúvida alguma, o destino daqueles que anelam no coração as dores da terra, as múltiples paixões das almas inquietas e trazendo no olhar amortecido aquele mistério insondável que tanto desafia a argúcia dos que blasonam surpreender ou desvendar os sofrimentos alheios. O Godoy morreu ôntem... orfão de mãe e divorciado dos carinhos paternos, óra em terras distantes ... quisemos falar dêle e para êle, como una homenagem á sua tristeza e ao seu grande drama íntimo, drama que é o reflexo de mil e um males coletivos, definindo-se como símbolo das grandes tragédias de todos os dias [44].

---

[42] Información recogida de entrevistas con María Urzúa en Santiago el 24 de octubre de 1966, y con Manuel Bandeira en Río de Janeiro en diciembre de 1966.

[43] «El autoatentado del autor de 'Amok' y de su mujer era un golpe rudo y difícil de olvidar» según Efraím Szmulewicz, *Gabriela Mistral: Biografía emotiva* (Santiago, 1958), p. 101.

[44] V. M., «Jean Michel Godoy», *Tribuna de Petrópolis*, 15 de agosto de 1943, p. 2.

Contra las declaraciones oficiales y el testimonio de amigos y testigos, Gabriela mantenía tenazmente que el muchacho gozaba de buena salud, física y emocional, y por lo tanto, no tenía ninguna razón para suicidarse. Según ella, un joven atormentado por su conciencia le contó que una banda de muchachos neo-nazis, las llamadas «Mocidades», habían atacado a Juan Miguel por su rechazo a unirse a ellos, su piel blanca y la riqueza y reputación de su familia; finalmente le llamaron «bastardo»[45]. En una interviú, Gabriela Mistral acusó a la escuela adonde asistía Juan Miguel porque «estaba llena de muchachos negros y mulatos que hostilizaban a los pocos blancos que había». Declaró que Juan Miguel volvía de la escuela

lleno de moretones a causa de los golpes de los demás. Y era porque vivía rodeado de comodidades que los demás no tenían. Esto despertó la envidia de sus compañeros, el deseo de vengarse de lo que se llamaba «la banda». Una noche me lo trajeron muerto. Dijeron que era suicidio, pero yo supe que lo mató «la banda», porque no podían perdonarle que él poseyera lo que ellos no tenían[46].

Según la opinión de Gabriela, Juan Miguel fue asesinado por aquel grupo de fanáticos. En lenguaje velado narró esta intriga en un artículo que previene contra los peligros de la xenofobia[47].

---

[45] Víctor Alba, «La Mistral vista por su amiga y secretaria», *Anales*, CXV, 106 (1957), 93. El Apéndice B contiene una carta que obscurece aún más la conclusión.

[46] Éstos son los comentarios de Gabriela en una entrevista con Lenka Franulic, «Recado sobre Gabriela Mistral», *Ercilla*, 27 de mayo de 1952, p. 18.

[47] Gabriela Mistral, «Sobre la xenofobia», *La Nueva Democracia*, XXIX, 1 (1949), 22-26. Originalmente «Mensaje enviado por Gabriela Mistral desde Fortín, Veracruz, a la Conferencia Pro Paz organizada por los Amigos en Palmira, Morelos, diciembre, 5 al 12 de 1948».

La crisis sobre la causa de la muerte la amargó para siempre [48], y el choque produjo un vacío interno que no pudo llenar ni aun con la noticia del Premio Nobel: «¿Para qué lo quiero ahora?» [49]. Para mitigar su pena, Gabriela viajó cada vez más con el fin de extender sus obras caritativas. Puesto que fracasó en salvar a su sobrino, lo mismo que treinta y cuatro años antes había sido incapaz de salvar a Romelio Ureta, guardó su imagen y su amor por él en la poesía titulada «Luto» (págs. 703-722). La muerte del muchacho le inspiró un retorno a la poesía del sufrimiento divino; le compara al arcángel San Miguel que fue transportado al cielo para alcanzar a los ojos del poeta una belleza celestial.

La precaria salud de Gabriela desempeñó un papel significativo en su actitud hacia la vida, la muerte y el sufrimiento. Antes de que los médicos diagnosticasen su diabetes en 1930, había sufrido misteriosas y graves enfermedades. Enferma del corazón, estuvo a punto de morir en 1948:

> [Sufrí] un colapso hepático-cardíaco. Viví el más dulce estado que yo haya concebido en este mundo, todo eso antes de la adrenalina que me resucitó. Ya no tendré ningún miedo de la muerte. Estoy mucho mejor y me cuidan de más.

---

[48] Si es verdad que Juan Miguel se suicidó, es curioso que la Iglesia Católica aceptara celebrar el servicio religioso y el entierro. Aporta un detalle interesante Mariná de Moraes Sarmento, de Petrópolis, quien, cuando visité su Sala de Letras e Artes Gabriela Mistral, en diciembre de 1966, trató de no ofender el punto de vista de la poetisa. Pero defendió firme y calurosamente la buena reputación de la ciudad dando a entender que los ciudadanos nunca podrían ser acusados de actuar bárbaramente. En efecto, hay muchas cosas que no se han dicho, especialmente en Petrópolis, donde los periódicos no dieron los antecedentes respecto a la causa de la muerte. Para más opiniones sobre esta muerte ver Jorge Inostroza, «96 horas con Gabriela Mistral», *Vea*, 15 septiembre 1954, p. 16.

[49] Alba, «La Mistral», p. 93.

Tres años más tarde se refería a una incurable pérdida de la vista que le causó mucho dolor y consternación:

> Hay días, mi amigo, en que todo el mundo es para mí borroso como una nube. Dicen que esto viene de una circulación muy mala de la sangre en los ojos [50].

Finalmente, sucumbió de un cáncer de páncreas.

Debido, en parte, a sus debilidades físicas necesitaba de una compañera de viaje que se cuidara de sus comidas, medicinas y bienestar general. En 1922, por ejemplo, no pudo quedarse en la ciudad de Méjico durante largos períodos a causa de los 7.000 pies de altura. Por esta razón, desde la zona costera se ocupaba de la administración de las escuelas rurales y de la organización de bibliotecas de Méjico. Si viajaba constantemente no era sólo para huir del tedio y lograr satisfacciones espirituales, sino también para buscar un clima hospitalario. Encontró quizá tres lugares propicios: Petrópolis, Nápoles y Santa Bárbara (California).

Cada enfermedad comprometía su vida, así resulta asombroso que viviera sesenta y siete años y que pudiera mantener una carrera activa. Un incidente ocurrido en 1953, cuando asistía al Congreso de Escritores Martianos en La Habana, nos da idea de su continua vigilancia contra el error. La fatiga le había impedido leer ella misma su intervención y, cuando estaba aparentemente medio dormida de agotamiento, interrumpió al locutor que había leído mal un verso de su poesía. Cuando en 1954 volvió a Chile para recibir el Premio Nacional de Literatura, era un fantasma de sí misma. Su discurso de aceptación revelaba que el

---

[50] Ambas citas están sacadas de cartas a Zacarías Gómez (ver Ap. B) del 10 de diciembre de 1948 y del 2 de noviembre de 1951 respectivamente. Gabriela contestaba sus cartas a lápiz (siempre se excusaba por ello) para distinguir más fácilmente las palabras.

bienestar de los campesinos, de los mineros y de las madres
era lo que más retenía sus pensamientos, identificándose
con la causa de los desheredados. Perseveró a pesar de sus
debilidades y tragedias, y se forzó más allá de su capacidad
física, preocupándose y dando siempre sus cuidados a los
más necesitados. Uno de sus primeros poemas refleja la
esencia de su lucha para sobreponerse a las limitaciones
que le imponían sus defectos físicos. De acuerdo con este
poema, para regenerar la esperanza y el amor a los hombres, la acción debe fundarse en la fuerza de voluntad, en
la actividad creadora y en la fe en Dios:

> Creo en mi corazón, ramo de aromas
> que mi Señor como una fronda agita,
> perfumando de amor toda la vida
> haciéndola bendita.
>
> Creo en mi corazón, el que no pide
> nada porque es capaz del sumo ensueño
> y abraza en el ensueño lo creado
> ¡inmenso dueño!
>
> Creo en mi corazón, que cuando canta
> hunde en el Dios profundo el flanco herido,
> para subir de la piscina viva
> como recién nacido.
>
> ....
>
> Creo en mi corazón siempre vertido,
> pero nunca vaciado.
>
> («Credo», pp. 31-32)

III

LA TRADICIÓN HEBRAICA

La Biblia fue para Gabriela Mistral la principal fuente literaria de instrucción moral y de inspiración poética durante el período formativo de su vida, es decir, los años decisivos en que una persona adquiere impresiones y hábitos imborrables [1]. Le ofrecía una firme regla de conducta en el sentido de que ensalzaba el deber, la honradez y la obediencia. Los Profetas le enseñaron lo que Dios exige de cada hombre: conducirse con justicia, amar la misericordia y obrar con humildad. La ira terrible y poderosa de Dios, y su venganza contra los descreídos y malhechores solían inspirarle temor. La niña Lucila no podía menos de sentirse impresionada por el rígido código moral y religioso de la Biblia. Escucharía con horror la narración de las la-

---

[1] Raúl Silva Castro reprocha a Gabriela no haber tenido una educación seria. Afirma con condescendencia que sólo la Biblia y otros libros de «modesta importancia» influyeron en ella. *(Estudios sobre Gabriela Mistral* [Santiago, 1935], p. 13). Gabriela aclaró brillantemente el significado de su formación bíblica en un artículo que descubrí en la Sociedad Hebraica Argentina en Buenos Aires: «Mi experiencia con la Biblia», *Revista S.H.A.*, 1 y 15 de mayo, y 1 de junio de 1938. Ver el Apéndice D.

mentaciones de Job a un Dios justiciero. La gesta heroica de David, la huida de Jonás, la leyenda de Jacob y José y las aventuras de Rut habían de ser historias maravillosas para aquella muchacha sensible e imaginativa.

Lucila llegó a amar la Biblia y a creer en ella a través de personas de su confianza. Su abuela paterna, doña Isabel Villanueva[2], su propio padre, don Juan Jerónimo Godoy Villanueva[3], y su hermana de madre, Emelina Molina[4], se la leían constantemente para que llegara a aprenderse de memoria pasajes enteros. Más tarde la poetisa llevaba siempre consigo una Biblia que había comprado en Antofagasta, Chile (donde vivió desde 1911 a 1912)[5]; este volumen se había convertido en su «libro de cabecera»[6]. En la primera página de esta Biblia hay varios párrafos de su puño y letra que indican claramente cómo la poetisa encontró en las Escrituras el amor, la fortaleza, el consuelo y la sabiduría que buscaba con tanto afán:

[2] José Santos González Vera, «Comienzos de Gabriela Mistral», *Anales*, CXV, 106 (1957), 22-23. Este amigo personal de la poetisa dice que «La abuela, persona altiva y voluntariosa, recibe los domingos a su nieta y le lee, o la hace leer, el Eclesiastés, el Cantar de los Cantares, las Lamentaciones de Jeremías. Así entona el espíritu de la joven maestra».

[3] Ver Matilde Ladrón de Guevara, *Rebelde magnífica* (Santiago, 1957), p. 29.

[4] González Vera, «Comienzos», p. 22, relata: «Apenas pudo entender, su hermana Emelina empezó a contarle episodios de la sagrada historia. Tanto le gustaron que hubo de repetírselos».

[5] En una discusión personal que tuve con Enrique Lafourcade en Los Ángeles en agosto de 1961, el novelista chileno observaba que Gabriela usaba la Biblia traducida del hebreo por Casiodoro de Reina en 1569, y revisada y corregida por Cipriano de Valera en 1602, i.e., la Biblia protestante en lengua española. Julio Saavedra Molina en el prólogo de *Poesías completas de Gabriela Mistral*, ed. Margaret Bates (2.ª ed. rev., Madrid, 1962), menciona esto en la página LXXXIX. Utilizo la versión de Casiodoro de Reina, revisión de 1690, publicada por las Sociedades Bíblicas de América Latina.

[6] González Vera, «Comienzos», p. 23.

Libro mío, libro en cualquier tiempo y en cualquier hora, bueno y amigo para mi corazón, fuerte, poderoso compañero. Tú me has enseñado la fuerte belleza y el sencillo candor, la verdad sencilla y terrible en breves cantos. Mis mejores compañeros no han sido gentes de mi tiempo, han sido los que tú me diste: David, Ruth, Job, Raquel y María. Con los míos éstos son toda mi gente, los que rondan en mi corazón y en mis oraciones, los que me ayudan a amar y a bien padecer. Aventando los tiempos viniste a mí, y yo anegando las épocas soy con vosotros, voy entre vosotros, soy vuestra como uno de los que labraron, padecieron y vivieron vuestro tiempo y vuestra luz.

¿Cuántas veces me habéis confortado? Tantas como estuve con la cara en la tierra. ¿Cuándo acudí a ti en vano, libro de los hombres, único libro de los hombres? Por David amé el canto, mecedor de la amargura humana. En el Eclesiastés hallé mi viejo gemido de la vanidad de la vida, y tan mío ha llegado a ser vuestro acento que ya ni sé cuándo digo mi queja y cuándo repito solamente la de vuestros varones de dolor y arrepentimiento. Nunca me fatigaste, como los poemas de los hombres. Siempre eres fresco, recién conocido, como la hierba de julio, y tu sinceridad es la única en que no hallo cualquier día pliego, mancha disimulada de mentiras. Tu desnudez asusta a los hipócritas y tu pureza es odiosa a los libertinos. Yo te amo todo, desde el nardo de la parábola hasta el adjetivo caudo de Los Números [7].

La cita precedente sugiere la existencia de una esencial unidad entre la poetisa y la Biblia, lo que se confirma no sólo en su poesía, sino también en su lenguaje cotidiano.

---

[7] Gabriela regaló esta Biblia al Liceo n.º 6 de Niñas de Santiago, que había dirigido en 1921. Aunque no pude ver la Biblia cuando estuve allí, encontré un artículo que copia el prólogo de Gabriela y cita algunos de los pasajes bíblicos subrayados y anotados por la poetisa. Ver Carlos Zurita, «La Biblia fue fuente de sabiduría y permanente inspiración para Gabriela», *La Nación*, 13 enero 1957, p. 16. Ver también Tomás Lago, «Gabriela y el nardo de Las Parábolas», *Anales*, CXV, 106 (1957), 96.

En efecto, muchos críticos han comparado a Gabriela con personajes bíblicos. Las observaciones de José Santos González Vera reflejan y corroboran los propios sentimientos de la poetisa respecto a su conexión con el mundo bíblico: «Por instantes son Josué, Job, Moisés... quienes reviven en las palabras». Y de nuevo, para describir su pesimismo, su resistencia a someterse a la realidad, su martirio voluntario, y también, quizá, el sentido de misión y profecía que caracterizaba su vida, González Vera afirma que «Jeremías sopla en su espíritu»[8]. Hernán Díaz Arrieta, amigo entrañable de la poetisa, observa: «... después, predilecciones íntimas y quién sabe qué secreto atavismo la llevaron definitivamente hacia la fuente encendida de la Biblia, y tuvo a Job en la carne y el *Cantar de los cantares* en la sangre»[9]. Al mismo tiempo, con acierto, Díaz Arrieta hace observar dos hechos complementarios: Ella es la víctima de Yahvé que se mantiene firme en su amor a Dios a pesar de las cargas injustificadas que Él le impone; y es la desposada de Cristo, unida a su dolor y entregada a las obras de misericordia y caridad que Él predicó. Berta Singerman, a quien Gabriela expresó repetidas veces su amor por el Antiguo Testamento, la compara en su firmeza de carácter a Rut la Moabita y a la profetisa Débora[10]. Las comparaciones anteriores no son gratuitas, ni deben ser interpretadas como adulatorias.

---

[8] González Vera, «Comienzos», p. 25. Enrique Espinoza discute la influencia de la Biblia en la poetisa en «Gabriela Mistral y el espíritu de la Biblia», *Anales*, CXV, 106 (1957), 100.

[9] Hernán Díaz Arrieta, *Panorama de la literatura chilena durante el siglo XX* (Santiago, 1931), pp. 69-70.

[10] «Llevaba siempre una Biblia y me dijo a propósito de ella: 'Berta, estoy con el Viejo Testamento. Estoy todo el tiempo leyéndolo y releyéndolo'. Me citó un capítulo de memoria». (Ver Berta Singerman, «Recuerdos de Gabriela Mistral», *Cuadernos Israelíes*, n.º 4 [1960], p. 6; se trata de un número homenaje.)

Representan solamente una parte de muchos comentarios serios en la misma vena y ofrecen, además, una visión interior del espíritu de Gabriela Mistral, espíritu conformado por una constante devoción a la Biblia:

> ¡Biblia, mi noble Biblia, panorama estupendo,
> en donde se quedaron mis ojos largamente,
> tienes sobre los Salmos las lavas más ardientes
> y en su río de fuego mi corazón enciendo!
> Sustentaste a mis gentes con tu robusto vino
> y los erguiste recios en medio de los hombres,
> y a mí me yergue de ímpetu sólo el decir tu nombre,
> porque de ti yo vengo he quebrado al Destino.

(«Mis libros», pp. 33-34)

Existen opiniones divergentes sobre el posible origen judío de Gabriela Mistral. Es cierto que su madre era de ascendencia vasca y que su padre era hijo de españoles. Nada definitivo se conoce sobre sus afiliaciones religiosas pero se supone que sus padres eran católicos. Sin embargo, a la abuela paterna, doña Isabel Villanueva Godoy, se le achacó que fuese de extracción judía. Esto se debe a que la mujer, de enérgico temperamento, exigía a su nieta recitar de memoria capítulos enteros del Antiguo Testamento. Se opina que la influencia de esta abuela determinó el interés de la poetisa por los judíos [11]. El crítico Germán Arciniegas se opone a las teorías de su origen judío y llama a Gabriela «una mujer alucinada», inclinada a exagerar y ampliar su propio mundo imaginativo: «Cuando ella hablaba de la abuela y de las lecturas de la Biblia, hacía siempre un cuento distinto. La abuela era otro fantasma suyo». La afirmación de Carlos D. Hamilton es menos cínica: «El origen judío de

---

[11] González Vera, «Gabriela Mistral», *Cuadernos Israelíes*, n.º 4 (1960), p. 41. Ver Espinoza, «Gabriela Mistral», p. 100. Confrontar también la nota 2, más arriba.

Gabriela, que nadie ha demostrado, me parece tan mitológico como su origen indio» [12].

La autora nunca aclaró la duda, contradiciendo en su tono y actitud lo que afirmaba con sus palabras. A Berta Singerman le explicó que su capacidad de citar pasajes del Antiguo Testamento reflejaba la influencia de su abuela:

> Y de repente se puso traviesa y su cara se llenó con esa sonrisa amplia y grande cuando me dio la explicación: «Es por mi abuela judía» [13].

Aun así, la palabra «traviesa» y la expresión juguetona del rostro de Gabriela que describe Berta Singerman, dan lugar a sospechas. En una conversación entre Gabriela y Cecília Meirelles aparece un análogo tono de broma:

> «Que raça poderosa, a dos judeus: apenas uma gota dêsse sangue basta para explicar muitas coisas. ...» E contou-me certa conversa com um escritor chileno que lhe perguntara: «V. não é Villanueva? E que são os Villanuevas senão judeus?» Isso parece ter-lhe causado grande impressão. Como de costume depois de expor o tema, deixavase estar quieta, por um momento, como a caminhar pela imaginação, atrás dos seus antepassados [14].

La «grande impressão» atribuida a Gabriela parece injustificada, ya que ésta había de conocer claramente su ascendencia. El primer comentario de Gabriela parece burlón, y la última descripción de la Srta. Meirelles indica, con mucho tacto, cierta «pose» premeditada de Gabriela, ya fa-

---

[12] Ver Germán Arciniegas, «Gabriela, la fantástica chilena», *Cuadernos Israelíes*, n.º 4 (1960), p. 23. Carlos D. Hamilton, «Raíces bíblicas de la poesía de Gabriela Mistral», *Cuadernos Americanos*, XX, 5 (1961), 201.

[13] Singerman, «Recuerdos», p. 60.

[14] Cecília Meirelles, «Um pouco de Gabriela Mistral», *Cuadernos Israelíes*, n.º 4 (1960), p. 20.

miliar para los que la trataban. Conociendo de sobra esta controversia y también las leyendas que rodeaban su nombre, Gabriela creó aún mayor confusión sobre el tema, diciendo que su «abuela materna era *una Rojas*. Este apellido lo da un libro español por hebreo también» [15]. El hecho de comparar así a la madre de su madre (Lucía Rojas Miranda) con el autor de *La Celestina* (Fernando de Rojas), que fue un judío forzado a hacerse cristiano, arroja más dudas sobre la verdadera religión de su abuela materna. Por tanto, sin más pruebas adecuadas, es difícil aceptar la supuesta ascendencia judía de Gabriela Mistral.

A pesar de la influencia de aquella abuela, cuyo origen judío era real o imaginario, está claro que Gabriela nunca siguió la tradición judía religiosa o social. La importancia de la abuela no está en su problemático judaísmo, sino en haber sido la que dio a conocer a la adolescente la Biblia y el rígido código mosaico de moralidad que la guió toda su vida. Gabriela aprendió a identificarse en la realidad y en la poesía con los personajes bíblicos; las múltiples alusiones de la Biblia a la naturaleza llegaron a sincronizarse con su propia época y lugar, y «hablaba» con el inflexible y justiciero Dios bíblico. Más bien que ser judía, en el sentido moderno, Gabriela parecía haber asimilado el espíritu de los hebreos bíblicos. El comentario más apropiado es el de Díaz Arrieta:

> Hebrea de corazón, tal vez de raza —dejamos el problema a los etnólogos e investigadores—, el genio bíblico traza su círculo en torno a Gabriela Mistral y la define [16].

---

[15] Gabriela Mistral, «Cartas de Gabriela Mistral a Juan Ramón Jiménez», *La Torre*, VIII, 31 (1960), 190.

[16] Hernán Díaz Arrieta, *Gabriela Mistral* (Santiago, 1946), pp. 23-24. Cita y ensayo que se reproducen en *Desolación* (2.ª ed., Santiago, 1957), p. 17. Cfr. las palabras de Gabriela en «Nocturno de la derro-

Díaz Arrieta centra su atención en un pasaje de Ernest Renan que define el espíritu hebreo y explica el fondo común y unificador entre Gabriela y los judíos. En efecto, el crítico chileno ve en Gabriela y en los hebreos una fuerza emocional capaz de clamar contra las injusticias. Ambos alzaron un toque de clarín a Dios para que enmendara las descarriadas vías del hombre a fin de que no sufriera las consecuencias de un juicio divino.

No se deduce de esto, sin embargo, que la cuidadosa lectura de la Biblia llevara a Gabriela a una especial preocupación por los judíos [17]. Tampoco es válido sacar como conclusión que las numerosas alusiones a sucesos bíblicos en su poesía indiquen, ni una ascendencia judía, ni una unión con el judaísmo contemporáneo. Más bien, deben tenerse en cuenta tres categorías de relaciones diferentes y paralelas, que han sido a menudo pasadas por alto, que contribuyen a una total comprensión de la posición de la poetisa frente al judaísmo. La primera es que el estudio de la Biblia la llevó a una afinidad con los personajes bíblicos, encendió el espíritu hebreo que menciona Díaz Arrieta, y le proporcionó las bases para las alusiones bíblicas de su poesía.

La segunda es que la preocupación por los problemas contemporáneos de los judíos formaba parte de sus sentimientos humanitarios y absorbentes por los perseguidos y no era exclusivamente una identificación con el judaísmo. Se cita frecuentemente el poema «Al pueblo hebreo», que es una elegía a los judíos polacos asesinados en las persecu-

---

ta», p. 387: «Yo nací de una carne tajada / en el seco riñón de Israel, / Macabea que da Macabeos ...».

[17] Fernando Alegría, «Gabriela Mistral Awarded the 1945 Nobel Prize for Literature», *Bulletin of the Pan American Union*, LXXX (1946), 29.

ciones entre 1903 y 1920 [18]. Este homenaje muestra una compasión que trasciende cualquier posible valor documental: «Los surcos de tu rostro, que amo tanto, son cual llagas de sierra de profundos» (p. 8). La identificación con los judíos perseguidos es a la vez particular y universal, personal y general. Porque Gabriela Mistral se sentía compenetrada con todos los pueblos oprimidos: los indios hambrientos y explotados, los niños vascos víctimas de la Guerra Civil Española, los mal pagados mineros chilenos, las madres desamparadas, los emigrantes sin hogar, y desde luego el acosado judío, eterna víctima propiciatoria de los tiranos.

El tercer aspecto es que los sufrimientos personales de Gabriela y su propio sentimiento de persecución, lo cual la llevó a abandonar Chile voluntariamente y a transformarse en una vagabunda —«la descastada», como irónicamente se apodaba a sí misma—, llegaron a asociarse en su mente con ese pueblo que simboliza a los desterrados. Por eso en el ocaso de su vida, cavilando sobre su destino, recordaba al judío que sufría, al paria condenado a errar sobre la tierra:

> Voy más lejos que el viento oeste
> y el petrel de tempestad.
> Paro, interrogo, camino
> ¡y no duermo por caminar!
> Me rebanaron la Tierra,
> sólo me han dejado el mar.
>
> («Emigrada judía», p. 777)

Al entrar en el Hospital de Hempstead, Nueva York, donde murió el 10 de enero de 1957, Gabriela llevaba con-

---

[18] Publicado primeramente en noviembre de 1919 en *Renacimiento*, «revista israelita de Santiago», según Saavedra Molina, *Poesías completas*, p. XXIV.

sigo una grabación del «Kol Nidre» [19]. Esta oración en arameo, que se canta al atardecer para empezar el Día Judío de Expiación (Yom Kippur), implora la liberación del individuo de los votos personales hechos a Dios. Gabriela eligió este cántico espiritual con el fin de afirmar su independencia de la religión institucionalizada [20]. Y más aún, puede verse en este último gesto y en el de que le leyeran los Salmos un significado de fidelidad a la tradición judía. En espíritu se había aliado con los judíos perseguidos, incluso con el Jesús martirizado, «Rey de los Judíos» [21]. El ciclo de su vida se cerró tal como había comenzado, al son de los antiguos cánticos hebreos que le recordaban la voz de su anciana abuela que le recitaba maravillosas historias del Antiguo Testamento.

Muchos críticos creen que el valle de Elqui de la provincia de Coquimbo, al norte de Santiago, sitio de nacimiento y primer hogar de Gabriela, recuerda las descripciones de la vida y la naturaleza del Antiguo Testamento. Ese valle aislado, agrícola en las tierras bajas y pastoral en las vertientes, podía muy bien haber inspirado cualquier escena idílica del *Génesis*. Díaz Arrieta lo califica de «paradisíaco» para subrayar la singular lozanía de la vegetación y el intenso sentimiento de soledad [22]. El valle, según la siguiente descripción es una espléndida cornucopia:

---

[19] González Vera, «Comienzos», p. 25.

[20] En Josué Monsalve, *Gabriela Mistral: La errante solitaria* (Santiago, 1958), pp. 101-103. El detallado informe clínico de Monsalve sobre los últimos días de Gabriela no menciona su interés por el Kol Nidre. Ver mi capítulo IV, donde se discute la probable aceptación por parte de Gabriela de la extramaunción de la Iglesia Católica.

[21] En «El ruego», p. 100, la poetisa se refiere a Jesús como «... ¡oh Rey de los Judíos!».

[22] Díaz Arrieta, *Gabriela Mistral*, p. 47.

Todo el valle que fecunda ese río es una esmeralda tendida al sol, fragante a surcos sembrados, ricos en viñedos y olivares. A semejanza de la huerta valenciana, sus pobladores saben de una primavera continua. Los frutos de esa región, regados por acequias sonoras como cuerdas de arpa, son jugosos y lozanos. Tierra pródiga, en las enramadas cuelgan las maduras cargas como un milagro de dulzura, que ponderan propios y extraños[23].

Fernando Alegría sugiere con acierto que el verde valle de Elqui es el modelo real de los poemas de Gabriela que aluden a la Biblia:

El motivo podría ser el valle de Elqui, suelo nativo de Gabriela, una tierra que parece haber sido sacada de la Biblia y colocada en Chile para bien de nuestra poesía y peligro de nuestras almas. Un valle en cuyos anchos cielos enormes nubes huyen hacia el infinito. Una tierra de cálidos y extraños aromas. Elqui produce las más dulces pasas y las individualidades místicas más inquietantes. Podría ser la tierra del *Cantar de los Cantares* que sufre bajo una plaga de egoísmo humano e injusticia. Gabriela ha gozado de la primavera eterna, pero también ha penado entre las miserias de la humanidad. Ha sido una chilena neta al expresarse con la voz de los profetas acerca de los habitantes del valle de Elqui[24].

La impresión de Alegría que sugiere un enlace de los versos de Gabriela, el mundo de su infancia, y el mundo bíblico, adquiere mayor valor a la luz de otros juicios semejantes: «Gabriela recordó el valle de Elqui en relación con descripciones de la Biblia, en una confusa imagen de luces y palabras»[25]. Otro estudio, de Marie-Lise Gazarian, afirma que Elqui determinó el curso de su vida y poesía:

---

[23] Augusto Iglesias, *Gabriela Mistral y el modernismo en Chile: Ensayo de crítica subjetiva* (Santiago, 1949 [1950]), p. 154.

[24] Alegría, «Gabriela Mistral», pp. 29-30. Cfr. Virgilio Figueroa, *La divina Gabriela* (Santiago, 1933), p. 71.

[25] Lago, «Gabriela», p. 97

El valle de Elqui y la totalidad de Chile están a la base del encuentro de Gabriela Mistral con la naturaleza. Es en su país que aprendió a conocer los elementos y a fundirse con ellos para gozar universalmente de la naturaleza. La vida rural representa la infancia feliz, la unión del niño con la tierra, el contacto directo con las materias, la participación con las cosas por medio del tacto, del olor, del sabor, en vez de estudiar la botánica y la zoología en los libros fríos de la escuela [26].

La idea principal de la Srta. Gazarian es que Gabriela aprendió a través de estas tempranas experiencias a vivir al unísono con la naturaleza [27], y a amar en la flora y la fauna el reflejo de la divina voluntad de Dios [28].

«Tierra Chilena» de Gabriela nos sirve para apoyar las opiniones precedentes de que la naturaleza en su poesía y en la Biblia tienen mucho en común. Aun así, la poetisa reserva para el valle de Elqui una generosidad que no concede a la tierra de Lía y de Raquel:

---

[26] Marie-Lise Gazarian, «La naturaleza en la obra de Gabriela Mistral» (M. A. Tesis sin publicar, Universidad de Columbia, Nueva York, 1957), p. 136.

[27] Sarah Bollo, «La poesía de Gabriela Mistral», *Insula*, II, 6 (1944), 84, tiene este comentario personal: «Me contaba Gabriela que en su valle de Elqui, en sus infancias, amaba tanto las montañas que se refugiaba en el huerto de su casa para modelar en barro figuras y actitudes que ella creía contemplar en las piedras y en las laderas; y así, primeramente creyó sentir una vocación artística plástica. Siendo niña como de diez años y habiendo sido situada en el salón de clase de la escuela al lado de la ventana, se distraía en observar el vuelo de los pájaros, el color de los follajes, y el movimiento de los animales, la solemnidad de la cordillera».

[28] Gazarian escribe («La naturaleza», p. 81): «El equilibrio del mundo depende de la interpretación de los elementos y Gabriela Mistral se unifica con cada uno de ellos para expresar el amor que tiene por todas las creaciones de Dios». Y otra vez (p. 130): «La naturaleza es personal, Dios vive en ella, y Gabriela se integra a ella con un sentido de fraternidad».

Danzamos en tierra chilena,
más bella que Lía y Raquel;
la tierra que amasa a los hombres
de labios y pecho sin hiel...

(p. 220)

Indudablemente, motiva sus hipérboles el sentido de absoluta libertad y belleza que prevalece en este edénico Nuevo Mundo. A semejanza del Paraíso, el valle de Elqui precede la Caída del hombre puesto que la serenidad y el amor presiden la danza colectiva:

Mañana abriremos sus rocas,
la haremos viñedo y pomar;
mañana alzaremos sus pueblos
¡hoy sólo queremos danzar!

(p. 221)

A diferencia del abundante Paraíso, Elqui (que no por ello es menos idílico) no puede florecer sin que sus habitantes trabajen duramente para conseguir un facsímil terreno del Paraíso. «Tierra Chilena», más realista que idealista, no subordina los imperativos del deber, el sacrificio y el amor a una danza escapista. La danza renueva la fe, la energía y la devoción, prólogo obligatorio para alentar la creatividad del pueblo chileno.

La poetisa entendió la naturaleza porque en su edad primera había llegado a vivir en armonía con sus cambios imprevistos. Sentía también que el hombre participa de su contorno natural trabajando en las cosas inanimadas, preocupándose por las cosechas, plantando árboles, exprimiendo uvas para hacer vino, cuidando de las ovejas. La interdependencia entre el hombre y la naturaleza asegura la supervivencia de ambos. El hombre y la naturaleza son criaturas de Dios sujetas a la tierra para florecer y morir; así continúan un ciclo sobre el cual ninguno de los dos tiene control. Gabriela vio finalmente que el hombre y la naturaleza, en su desamparo y en su abundancia, eran débiles ante el poder de Dios. La Biblia también trata a la naturaleza como un reflejo de la voluntad de Dios, y con este hilo tan tenue Gabriela Mistral entretejió su propio mundo natural y el de la Biblia. Habiendo experimentado la voz de Dios en la tempestad y su dulzura en la miel de la abeja, Gabriela unía el mundo del valle de Elqui con el de Job y Rut, que así se transformaba en un mundo en el cual ella era espectadora, participante y, finalmente, creadora[29].

LAS MUJERES DEL ANTIGUO TESTAMENTO Y LA ESTERILIDAD

Berta Singerman ha equiparado a Gabriela Mistral con la profetisa Débora, que se distinguió como mujer voluntariosa y fue llamada «madre de Israel» por haber liberado a los israelitas de las manos de Jabín[30]. Gabriela no era una profetisa, pero no se puede dudar de su incansable fuerza de voluntad. El llamar a Gabriela «madre de Israel» tiene mayor validez como metáfora. Su porte serio y austero, su amor por el Antiguo Testamento y también la inclusión de las mujeres bíblicas en su poesía, destacan su papel de matriarca judía, ansiosa por acunar a los escritores nacientes de Sudamérica: «No bien doblara el cabo de la cuarentena, se hizo para siempre la Sara vieja y a

---

[29] Esther de Cáceres sintetiza el problema («Homenaje a Gabriela Mistral», *Revista Nacional*, VIII, 90 (1945), 331): «Fue en Elqui, rodeada de la naturaleza en toda su intemperie y hermosura, donde Gabriela fue capaz de unir en su interior las dos posibilidades de hermetismo y ternura».

[30] Singerman, «Recuerdos», p. 6.

todo joven escritor tratábalo como a un adolescente Benjamín»[31]. Más acertada aún es la explicación de Sarah Bollo sobre las heroínas bíblicas de Gabriela: «Gabriela ama aquellas recias almas templadas en el sacrificio, deslumbradas por Jehová, aureoladas del fulgor del heroísmo»[32]. Ninguno de estos comentarios, sin embargo, va al fondo del asunto. Gabriela se aliaba a aquellas mujeres bíblicas a quienes, como a ella, les había sido negado un hijo. Ella veía en esa infecundidad la suya propia, y esta señal de reproche divino le sugería su propio abandono por Dios.

La razón de esta esterilidad estaba, hasta cierto punto, en la personalidad poco femenina de Gabriela, la cual mantenía a distancia a los posibles pretendientes. Su ascetismo y su severo código moral excluían la cercanía de los hombres. El matrimonio era improbable, si no imposible, para esta mujer vigorosa anhelante de soledad, de castidad y de sencillez. González Vera menciona a un misterioso admirador a quien ella consideró inicialmente digno de aprecio, pero al pensarlo, le rechazó por feo («bajo, casi retaco»)[33]. Su cariño por Romelio Ureta (discutido en el capítulo II) tuvo pocas probabilidades de terminar en casamiento, dados sus temperamentos divergentes; y, por supuesto, el suicidio de él anuló toda esperanza. El abandono de su padre y la consiguiente desesperación de su madre le crearon graves dudas acerca de la permanencia y felicidad del matrimonio. En suma, Gabriela poseía las virtudes y los defectos que convierten a las jóvenes en piadosas solteronas.

Urge reconciliar su devoción por los niños y el énfasis en su poesía sobre la fertilidad y la maternidad con las barreras insuperables que levantó para frustrar esos mis-

---

[31] Espinoza, «Gabriela Mistral», p. 100.
[32] Bollo, «La poesía», p. 84.
[33] González Vera, «Comienzos», p. 23.

mos objetivos en su vida personal. Una respuesta plausible, pero no la más acertada, es que con la decisión de no casarse podría dedicarse con más celo a los niños de sus escuelas. Pero esto no explica del todo los clamores apasionados en su poesía por su amado muerto y por la unión final de los dos en el amor inmortal. En su poesía no acepta con calma la soledad, sino que procede a maldecir al destino por la decepción de su amante y, lo que es más importante aún, por haber arruinado su herencia como mujer. Lo más curioso de todo es que la tensión que inspiró su poesía no estaba motivada por el deseo de arrebatárselo a la muerte, ni de unirse a él en el suicidio, ni de condenarle y olvidarle, ni de buscar otro amante. Al contrario, esa muerte subrayó sus verdaderos sentimientos sobre la vida y el amor. Allí estaba el amor deseado pero imposible que no amenazaba su libertad, su castidad, ni su capacidad de creación. Era un vehículo perfecto para su creación poética. La «aventura amorosa» se lo proporcionaba todo y no le quitaba nada. Con la mayor cautela, se puede insinuar que el amante cobraba más significado como muerto que como vivo, que el amor por él expresado en la poesía llegó a ser más genuino de lo que pudo haber sido nunca en la vida real, que el auténtico valor de su poesía se deriva de una prolongada falta de realización en su vida que trató de sublimar a lo largo de su arte. El amante y el hijo deseado, transfigurados, se convirtieron en creaciones de la poetisa; los seres amados se transformaron en un marido y un hijo poéticos. Viuda sin haberse casado y madre sin haber concebido, la poetisa logró el matrimonio y la maternidad de la única forma posible para ella: a través de la sincera expresión de sus sentimientos en la poesía.

La esterilidad que afectó a ciertas mujeres bíblicas concluyó por una bendición divina que las llevaba a concebir al hijo en su ancianidad. A diferencia de éstas, Gabriela sólo abrigaría a niños de su creación poética o a los que conocería en sus actividades pedagógicas y humanitarias (con la notable excepción de Juan Miguel Godoy). Por lo visto esta limitación no desembocó en la flagelación propia, en el sentimiento de que Dios la hubiese abandonado por completo, o en la creencia de que, siendo estéril, fuera una proscrita [34]. No se dejó sucumbir a esos temores sino que los dominó. Logró dar forma a su hijo imaginario al hacerse madre —aunque por delegación— de los niños desamparados. Hay que imaginarse también lo inverso: la comprobación de que, como las mujeres bíblicas, era infecunda y paria a los ojos de Dios, la estimuló a negar el hecho. Pues, si se acepta esta última hipótesis, tiende a dar validez a la teoría según la cual la poetisa trataba desesperadamente de disociarse de las mujeres bíblicas estigmatizadas; entonces, tal esfuerzo comprueba que ella también se sentía estigmatizada y en desgracia con Dios.

Quince mujeres del Antiguo Testamento aparecen en su poesía, pero no todas tienen una relación directa con el tema de la infecundidad. Destacan Sara, Rebeca, Raquel y Ana porque Dios les negaba a cada una un hijo, que concibieron, finalmente, gracias a la intervención divina, a la oración constante, al arrepentimiento de la envidia, o a la promesa de dedicar su prole a Dios. Lía, la hermana de Raquel, y Agar, la esclava de Sara, desempeñaron papeles análogos con respecto a Jacob y a Abrahán; Raquel y Sara

---

[34] Ver «Child, Children», *Dictionary of the Bible*, ed. James Hastings (Nueva York, 1963). En los tiempos bíblicos «los hijos eran considerados como dones divinos *(Génesis* 4, 1; 33, 5), prendas del favor de Dios, la herencia del Señor *(Ps.* 127, 3). En consecuencia, naturalmente, la *esterilidad* se considera como un reproche, i.e., un castigo infligido por Dios, y que supone para la mujer, descrédito a los ojos del mundo».

las entregaron a sus respectivos esposos, de quienes conciben y paren hijos. Rut, la viuda moabita, cumplió su destino con Booz.

La Rut de Gabriela, como la poetisa misma, anda en busca de la realización espiritual y de la maternidad. En la primera fase de su búsqueda, descubre a Dios en las abundantes cosechas. Aguanta sufrimientos físicos por la gloria de Dios porque se cree en un «predio divino» («Ruth», p. 12). En la segunda, se encuentra con Booz, establecido como patriarca y jefe indiscutible. Pero su existencia carecía de sentido porque no había hijos que llevaran su nombre. El amor entre los dos es instantáneo e irrevocable. En la tercera fase se celebran las nupcias, libres de trabas y de convenciones, sencillamente hermosas, en las que Rut, guiada por el instinto y la voluntad, acude al lecho del expectante Booz.

Los tres sonetos sobre Rut divergen del relato bíblico en detalles importantes. Es cierto que Rut, como en la Biblia, es el instrumento por el que Booz realiza la promesa de Dios a los descendientes de Abrahán de que tendrían «más hijos que estrellas» [35]. En cambio la Rut de Gabriela es de origen humilde («no tiene ni un campo mezquino») y no aspira a genealogías dinásticas; lo que le importa es la plenitud individual. Esta interpretación poética del *Libro de Rut* se concentra únicamente en la naturaleza instintiva de la aventura amorosa y la importancia de la fecundidad y la propagación. La poetisa decide pasar por alto el hecho bíblico de que Rut está cumpliendo también el destino de Noemí. El poema no alude tampoco a las sentencias legalistas y tribales que deben preceder oficialmente a la consumación del amor. Booz y Rut no se sienten ata-

---

[35] Cfr. *Gén.* 17, 2-5

dos por ninguna de las restricciones morales de sus correspondientes personajes bíblicos. Las estrellas, como instrumentos del poder creativo de Dios, iluminan sus caminos,
les dictan sus deberes y obligaciones y les unen en el amor
eterno:

> Ruth vio en los astros los ojos con llanto
> de Booz llamándola, y estremecida,
> dejó su lecho, y se fue por el campo...
>
> Dormía el justo, hecho paz y belleza.
> Ruth, más callada que espiga vencida,
> puso en el pecho de Booz su cabeza.
>
> (p. 14)

Gabriela compara su propia esterilidad con la de Sara,
que a los noventa años desesperaba de tener un hijo [36]. En
«Agua», la poetisa se rebela contra su estancia en España,
prefiriendo las verdes tierras de Chile, de las Antillas o de
Italia:

> Me han traído a país sin río,
> tierras-Agar, tierras sin agua;
> Saras blancas y Saras rojas,
> donde pecaron otras razas,
> de pecado rojo de atridas
> que cuentan gredas tajeadas;
> que no nacieron como un niño
> con unas carnazones grasas,
> cuando las oigo, sin un silbo,
> cuando las cruzo, sin mirada.
>
> (pp. 447-448)

---

[36] Es el contraste entre la vejez y la juventud, entre el cuerpo
improductivo y el prometedor: «... yo con mi cuerpo de Sara vieja
/ y él con el suyo de cinco años». El título «Pan», p. 442, sugiere los
objetos permanentes y comunes en la vida que unen a los ancianos
con su pasado y permiten un rejuvenecimiento del espíritu a través
del aroma, el calor y la textura.

Tierras-Agar se refiere a la yerma España. Se enlaza España con Agar y con Sara. «Saras blancas» se refiere a la esterilidad de la raza española, mientras que «Saras rojas» trata de las madres que matan a los hijos que engendran, tal como las «atridas». El título es también significativo: «Agua» simboliza la fertilidad y subraya la aversión de la poetisa por lo infecundo. Asocia las tierras fértiles con los niños: «Quiero volver a tierras niñas; / llévenme a un blando país de aguas» (p. 448).

Rebeca y Raquel, hermanadas en la misma pena, juntan sus manos a las de la poetisa en «Sal»: «Mano a la mano nos tenemos / como Raquel, como Rebeca» (p. 445). La sal tiene dos usos principales y opuestos en el Antiguo Testamento [37]. Preserva de la corrupción a los alimentos y es considerada por lo tanto como conservadora de la vida. Es también un elemento corrosivo que causa dolor y arruina la tierra, y como tal significa pena e infecundidad. El último significado es válido aquí y a través de toda la poesía de la Mistral:

> Ambas éramos de las olas
> y sus espejos de salmuera,
> y del mar libre nos trajeron
> a una casa profunda y quieta;
> y el puñado de Sal y yo,
> en beguinas o prisioneras,
> las dos llorando, las dos cautivas,
> atravesamos por la puerta...
>
> (pp. 445-446)

El cuerpo del personaje poético se llena de salmuera para realzar los años amargos a la vez que el campo estéril donde la semilla no rinde fruto:

---

[37] Ver el Capítulo V, «La poética del sacrificio», en lo que se refiere a los conceptos cristianos.

La cojo como a criatura
y mis manos la espolvorean,
y resbalando con el gesto
de lo que cae y se sujeta
halla la blanca y desolada
duna de sal de mi cabeza.

(p. 445)

En contraste con las visiones de Pablo Neruda del mar salino como origen de la vida y término del hombre, para Gabriela el mar significa partida, separación y distancia. Gabriela «moldea» a sus personajes con greda y los devuelve a la misma tierra, a la manera de Yahvé.

En los poemas «La mujer fuerte» y «La mujer estéril», la fuerza vital de la primera se yuxtapone a la esterilidad de la segunda. La mujer fuerte inspira admiración; sus pies, aunque cubiertos de barro, son dignos de besos, y la imagen que proyecta es alabada en canciones por la poetisa (p. 15). La angustia y el aislamiento persiguen a la mujer estéril: «...todo su corazón congoja inmensa baña» (p. 16). Así como la naturaleza repite los procesos vitales en la mujer fértil, intensifica por contraste la aridez de la infecunda: «El lirio le recuerda unas sienes de infante; / el Ángelus le pide otra boca con ruego». Esta mujer, incapaz de reproducción, es humillada por «una mendiga grávida, cuyo seno florece / cual la parva de enero»[38]. Las mujeres que no cumplen con su destino biológico responden, por su pecado, ante Dios, cuya voluntad se declara en el *Génesis* 1, 22: «Y Dios los bendijo, diciendo: Fructificad y multiplicaos, y llenad las aguas en los mares, y las aves multiplíquense en la tierra». La mujer estéril sufrirá dos veces la

---

[38] Agar despreciaba a Sara y se sentía superior *(Gén.* 16, 4); Raquel envidiaba a Lía y gritaba a Jacob: «Dame hijos o moriré» *(Gén.* 30, 1).

muerte: «Con doble temblor oye el viento en los cipreses». El «doble temblor» significa que la madre no ha sido trascendida por el hijo y que al hijo se le ha negado el derecho a vivir, un derecho implícito en la mera existencia de la mujer y concedido por el Dios justo a todos, excepto a los pecadores.

Faltándole hijos, ella misma, la poetisa, al elegir a las mujeres bíblicas que fueron infecundas, da base a la crítica a creer en una relación directa entre poesía y poeta. Es obvio que las mujeres bíblicas representan psicológicamente un aspecto incompleto de la vida personal de Gabriela. Aun así, la crítica está obligada a dirigirse a las fuerzas socio-políticas operantes en la poetisa que la atraen hacia esas mujeres. En la misma medida que las mujeres del Antiguo Testamento lamentaban su infecundidad por razones personales y se desesperaban de que la raza y la familia no tuvieran continuidad, Gabriela Mistral, a su vez, era consciente del declive de la raza chilena debido a su alto nivel de mortalidad, las enfermedades que impedían a las mujeres engendrar hijos sanos, y el desgaste por falta de cuidado y alimento. La esperanza para Chile y América del Sur reside en la cantidad y en la calidad de su juventud, ambas imposibles si las madres están hambrientas, enfermas y agotadas. Por tanto, la poesía de la infecundidad se integra a la total preocupación de la poetisa por la protección de los infortunados.

Pero hay más. Las madres y los niños ocupan un lugar preeminente en la jerarquía de su obra. Una aureola religiosa rodea a la madre y al niño, explicable, en parte, por el misterio del nacimiento que la poetisa ve encarnado en las mujeres, cuya manifestación expresa en los «Poemas de las madres». La concepción es un milagroso acto religioso que supone la intervención directa de Dios y tiene como resultado que cada niño sea plenamente un don de Dios. La madre intuye la esencia divina que lleva consigo: «Por el niño dormido que llevo, mi paso se ha vuelto sigiloso. Y es religioso todo mi corazón, desde que lleva el misterio»[39]. La embarazada es consciente de los inexplicables procesos que están dando forma y sustancia a la inocencia: «Que estoy tejiendo en este silencio, en esta quietud, un cuerpo, un milagroso cuerpo, con venas y rostro, y mirada y depurado corazón». La maternidad es por lo tanto un estado bendito, porque hace posible la emergencia de una vida inocente, como la de Dios. Y puesto que la misión del artista es «embellecerlo todo», el arte debe ennoblecer «la santidad de este estado doloroso y divino». La trinidad de madre, hijo y poeta es inseparable; cada uno es tocado por la inocencia y la belleza, y cada uno, a su vez, comparte estas virtudes con el otro.

LOS HOMBRES DEL ANTIGUO TESTAMENTO

Los hombres del Antiguo Testamento no se encasillan por temas tan fácilmente como las mujeres. (Job, que constituye la excepción, se estudiará más adelante.) No guiaba a la poetisa un propósito singular dominante al elegir a estos hombres; como grupo no responden a ninguna necesidad personal definida de ella. La referencia a estos personajes se limita a unos veinte poemas, quedando restringida su significación como conjunto. Sin embargo, considerados individualmente, aumentan el valor de una imagen, proveen una comparación, profundizan una emoción y aportan un aroma bíblico. La poetisa se da cuenta de las posibilidades

---

[39] *Desolación* (2.ª ed., Santiago, 1957), pp. 201, 203, 207-208.

dramáticas sin desarrollarlas. Frecuentemente, varios hombres aparecen en un solo poema; otras veces aparece uno en varios, o puede limitarse a una pequeña parte de un poema. En suma, no resulta definido ningún plan coherente.

Abel está unido a San Francisco de Sales en la siguiente estrofa donde comparten el favor de Dios, de acuerdo con la metáfora de la poetisa, «con su oreja de Abel».

> Y ni alcanzo al segundo Francisco
> con su rostro en el atardecer,
> tan sereno de haber escuchado
> todo mal con su oreja de Abel,
> ¡corazón desde aquí columpiado
> en los coros de Melquisedec! [40].
>
> («Nocturno de la derrota», p. 387)

Aquí lamenta la poetisa su incapacidad de igualar sus obras a las obras santas de San Francisco y de otros discípulos de Cristo porque en realidad ella se ha formado en la rigurosa tradición del Antiguo Testamento. La estrofa siguiente da validez a esta interpretación:

> Yo nací de una carne tajada
> en el seco riñón de Israel,
> Macabea que da Macabeos,
> miel de avispa que pasa a hidromiel,
> y he cantado cosiendo mis cerros
> por cogerte en el grito los pies.
>
> (p. 387)

Al dar importancia a sus afinidades hebreas, Gabriela Mistral recalca su dificultad de ponerse de acuerdo consigo

---

[40] En *Gén.* 14, 17-20, Melquisedec, rey de Salem, encuentra a Abrahán a su vuelta de la matanza de Codorlaomor. En los *Salmos* 110, 4, se le describe como un rey ideal.

misma, con otros y con Dios. Al considerarse matriarca original de la raza guerrera de los Macabeos, pone de relieve las firmes cualidades que la han hecho sincera, orgullosa y desafiante.

A Abrahán de Ur ya le hemos mencionado en conexión con Rut. La poetisa lleva adelante su concepción de Abrahán como padre benevolente de su raza al comparar a una amiga, Lola Arriaga, con este patriarca providencial del pueblo judío. La leyenda de Abrahán y el recuerdo de «la maestra rural» se unen en la alusión indirecta a Abrahán como «el doloroso sembrador de Israel» (p. 51) [41]. Del mismo modo que la poetisa se complace en enaltecer a los maestros por su dedicación y abnegación, también ensalza las cualidades divinas de Abrahán: «Su reino no es humano». La obvia analogía entre el patriarca y el maestro es que ambos forman nuevas generaciones que llevan el sello de la sabiduría, el amor y la fortaleza. Pero el adjetivo «doloroso» parece inepto en relación con Abrahán, que tenía poder, gozaba del amor de Dios y no sufría ninguna de las aflicciones que acosaron a otros profetas. Es verdad que su mujer no tuvo un hijo hasta muy entrada en años y también que Dios le dijo que sacrificara a Isaac [42]. Pero Abrahán permaneció inflexiblemente entregado a los deseos de Dios y no consideró injustos ni dolorosos sus mandatos. La poetisa evidentemente encuentra una recia majestad en el patriarca del pueblo judío que le proporciona una lección de entrega generosa, perseverancia y fe.

El «Nocturno de los tejedores viejos», escrito con motivo de la Guerra Civil Española como telón de foro, recuerda la imposibilidad de volver a los gratos, despreocu-

---

[41] En *Gén.* 12, 2, Abrahán recibe la promesa de ser el fundador de un gran pueblo.

[42] *Gén.* 22, 1-10. Dios más tarde se retractó.

pados «días divinos / de la danza delante del mar» (p. 389). Aunque la gente pueda tratar de quitar importancia a la guerra («y vendemos la blanca memoria»), o al instinto bélico del hombre («Nos callamos las horas y el día / sin querer la faena nombrar» [p. 390]), hasta el punto de creer que la guerra no existirá o acaso desaparecerá («porque el nombre no nutra al Destino, / y sin nombre, se pueda matar»), la guerra, sin embargo, obliga a todos los hombres a remar en su mar infinito («remos negros que siempre jadean / y que nunca rematan el mar» [p. 391]), y a pensar en las condiciones de vida que la han causado y en el fin que les aguarda. La Guerra Civil tiene precedentes en la Biblia, como bien lo ilustra la poetisa al exhumar el espectro de un general asirio: «Han llegado los días ceñidos / como el puño de Salmanazar» [43] (p. 389). La Biblia enseña el horror de la guerra, pero el hombre ha rechazado esa lección prefiriendo la destrucción y la inhumanidad: «¡Pobre cuerpo que todo ha aprendido / de sus padres José e Isaac!» (p. 391). Consta que el hombre no ha sabido utilizar el pasado para resolver su condición actual. Teje su vida inconsciente de su destrucción inminente y de la existencia del demiurgo interno que busca satisfacción. La eternidad no es una espléndida extinción ni un luminoso despertar, sino que es anónima, sin rostro, desconsolada y silenciosa.

Gabriela Mistral veneraba el *Cantar de los Cantares* quizá más que cualquier otra parte del Antiguo Testamento debido a que sus himnos le sugerían múltiples aspectos

---

[43] Salmanasar puso sitio a Samaria siendo rey de Asiria (727-722 a. C.) (ver *II Reyes* 17, 3; 18, 9-18). Cfr. el análisis de «Campeón finlandés» en el Capítulo V de la sección «El principio vital: agua y leche».

personales. Para ella, brotaba espontáneamente y sondeaba el significado del amor espiritual y físico:

> Raza judía, y aun te resta pecho
> y voz de miel, para alabar tus lares,
> y decir el «Cantar de los Cantares»
> con lengua, y labio, y corazón deshechos.
>
> («Al pueblo hebreo», p. 9)

El cantor es más poeta que los que estudian formas de versificar, más profeta que los que investigan las obras físicas del universo: «Amad al que trae / boca de canción: / el cantor es madre / de la Creación» («Elogio de la canción», p. 46). Los cantores revelan la armonía interior del hombre o su turbulencia, el orden del mundo o su desorden. La canción lo capta todo porque todo lo posibilita; es un recuerdo de los logros pasados y un estímulo para el progreso futuro; anota los fallos pero construye sueños de conquistas nuevas. La canción vivifica, hace vida, *es* vida: «Y cuando te pones / su canto a escuchar, / tus entrañas se hacen / vivas como el mar» [44]. David, el maestro cantor, es alabado en «Todas íbamos a ser reinas» como valioso novio de las muchachas soñadoras (p. 521). Y Dios, el maestro músico, «El Tañedor», tiene «un arpa inmensa, cuyas cuerdas son las entrañas de los hombres. No está callada un solo momento el arpa ni hay paz para la mano del Tañedor ardiente» [45]. Todo ello implica que los grandes poetas son dioses en miniatura, capaces de enunciar divinas verdades. Pero «El Tañedor» eclipsa a todos al preocuparse por todos. Las poéticas «cuerdas» del arpa de Dios llegan a «las entrañas

---

[44] Gabriela ensalza a los grandes escritores de cánticos: Teócrito, Salomón, Anacreonte, Omar Khayyam, Petrarca, Netzahualcóyotl y Tagore.

[45] «El arpa de Dios», *Desolación*, p. 234.

de los hombres», pero vibran en dos direcciones; revelan la voluntad de Dios y el infortunio del hombre. La poetisa es consciente en grado sumo de esto tal como «... el místico lo supo, [que] de oír esta arpa rasgó sus heridas para dar más, para cantar infinitamente en los campos del cielo». La poetisa no negará que Dios es el maestro cantor, tampoco rechazará el deseo de los poetas de ser como dioses.

En ninguna parte considera la poetisa el Cantar de Salomón como una extensión de las meditaciones teológicas en que Cristo es el amado y la amada la Iglesia o el alma. La poetisa se inclina más bien a aceptar el amor profano implícito en los Cánticos —por cuya idea fue apresado Fray Luis de León por la Inquisición— que los pronunciamientos religiosos y formales de la Sinagoga o de la Iglesia. Utiliza expresiones de amor a un ser mortal, como en «Dios lo quiere», que parece ser una reconstrucción del Canto de Salomón 2, 14:

> Beso que tu boca entregue
> a mis oídos alcanza,
> porque las grutas profundas
> me devuelven tus palabras.
> El polvo de los senderos
> guarda el olor de tus plantas
> y oteándolas como un ciervo,
> te sigo por las montañas...
>
> (p. 69)

La mención frecuente de «gacela» y «ciervo», símbolos de Cristo, probablemente tiene su base en los Cánticos [46].

---

[46] Ver Capítulo V, «La poética del sacrificio», para referencias al «ciervo herido» y a Jesucristo. Gabriela coleccionaba figuras de ciervos y gacelas para contemplar sus líneas graciosas y porque simbolizaban la paz. Una nota de la poetisa en «Todas íbamos a ser rei-

«Dios lo quiere», cuyo tema es la traición, es, desde luego, antitético al puro amor del *Cantar de los Cantares*. Pero la intensidad que une a los amantes de la Biblia es análoga al apasionado afecto que en la poesía despliega la mujer enamorada por el traidor, a pesar de su infidelidad. Las apropiaciones son más sutiles en «El ruego», donde la poetisa pide a Dios misericordia por el suicida del poema porque fue fundamentalmente bueno e inocente. Nótese el lujoso e íntimo lenguaje de los Cánticos 4, 10-11:

> ¡Cuán hermosos son tus amores,
>   hermana, esposa *mía!*
> ¡Cuánto mejores que el vino tus amores
> Y el olor de tus ungüentos que todas
>   las especias aromáticas!
>
> *Como* panal de miel destilan tus labios,
>   oh esposa;
> Miel y leche hay debajo de tu lengua;
> Y el olor de tus vestidos como el olor
>   del Líbano.

Esto invita a la comparación con «El ruego»:

> Vengo ahora a pedirte por uno que era mío,
> mi vaso de frescura, el panal de mi boca,
>
>   cal de mis huesos, dulce razón de la jornada,
> gorjeo de mi oído, ceñidor de mi veste.
>
> (p. 99)

La opulencia y fragancia del *Cantar de los Cantares* se transforman en un deseo de fertilidad y aroma («Va a esparcir en el viento / la palabra el perfume de cien pomos de olores / al vaciarse...» [p. 101]), que marcarán el fin de

---

nas», p. 807, explica que vio por primera vez estos animales y otra fauna y flora exótica en el «parque medio botánico y zoológico» de don Alfonso Iribarren en Monte Grande.

esa vida árida como el desierto a que Dios ha condenado a los irredentos por su pecado imperdonable. El perdón de Dios puede aplacar a las bestias del campo:

> Se mojarán los ojos de las fieras,
> y, comprendiendo, el monte que de piedra forjaste
> llorará por los párpados blancos de sus neveras:
> ¡toda la tierra tuya sabrá que perdonaste!
>
> (p. 101)

La montaña de este pasaje sentimental puede ser meramente una imagen o puede referirse al Monte Hermón del *Cantar de los Cantares*, 4, 8, con sus cimas nevadas y sus guaridas de leones. En todo caso este libro sirvió a la poetisa como fuente de inspiración y devoción.

Entre todos los hombres del Antiguo Testamento, es Job, indudablemente, el que proyecta la sombra más profunda sobre esta poesía. Estadísticamente la evidencia de su importancia no es abrumadora: a Job se le menciona sólo seis veces, lo cual es insignificante en comparación con la ubicua presencia de Jesucristo. Sin embargo las lamentaciones, la ira, la conciencia de su justa razón al ser tratado injustamente por Dios, el cuerpo herido, la directa confrontación con Jehová, todos estos elementos reflejan el espíritu de Job en la poesía. La esencia del libro de *Job* es primordial en su poesía, y no un simple adorno, porque ambas compendian el sufrimiento y la amargura ante los inexplicables ataques de Dios contra los justos, privándoles, como consecuencia, de amigos y satisfacciones. Aunque la poesía pone en tela de juicio a un Dios que inflige sufrimientos inmerecidos, la poesía acepta poética y personalmente la acción divina respecto a las aflicciones de Job y reconoce que éste creció en estatura moral a causa de su fe inconmovible y su capacidad para absorber el dolor. Job se mantiene confiado en su inocencia y seguro de que Dios sigue siendo un misterio: «Cuando canta el alma de Caín, se trizan los cielos como un vaso; cuando canta Booz, la dulzura hace recordar las altas parvas; cuando canta Job, se conmueven las estrellas como una carne humana. Y Job escucha arrobado el río de su dolor vuelto hermosura...»[47].

El siguiente pasaje, además de indicar la afinidad literaria de la poetisa con Job y Tomás de Kempis, subraya que la historia del hombre es una lucha contra el dolor continuamente repetido, y que la pureza, autodisciplina y humildad ante Dios no han garantizado nunca la felicidad:

> Nobles libros antiguos, de hojas amarillentas,
> sois labios no rendidos de endulzar a los tristes,
> sois la vieja amargura que nuevo manto viste:
> ¡desde Job hasta Kempis la misma voz doliente!

(«Mis libros», p. 35)

De hecho, la abstención y la recta conducta de acuerdo con la voluntad divina sólo muestran lo contrario, que el hombre sufre por defectos inherentes y combate para minimizarlos o eliminarlos. De ahí el círculo vicioso: el conocimiento de ser impuro y potencial pecador le lleva a una mayor mortificación propia. Procura hacer bien al prójimo, se sacrifica, pero no deja de ser pecador. La pena sería soportable, por lo menos, si existiera el mínimo abrigo contra el enojo de Dios. Así, pues, lo mismo si se aspira a una mayor pureza que si es un pecador, el hombre no está inmunizado contra la ira divina. La moral irónica es que Job el justo puede sufrir más aún que sus tres amigos, pecadores y aduladores temblorosos. Dios pone a prueba la fe del hombre en Él y sólo los más fieles pueden ofrecer la suficiente resistencia. Los pecadores, por definición, están

---

[47] «Lecturas espirituales», *Desolación*, p. 234.

condenados; y a pesar de su pureza y sus rectas acciones, los aduladores y conformistas están dispuestos a reconocer sus vidas pecadoras cuando les suceda un desastre. Sólo los que, como Job, están inflexiblemente convencidos de su integridad frente a los motivos aparentemente injustos de Dios, le proporcionan una prueba segura de la fe en el poder divino [48]. Job tiene el valor de reconocer su propia inocencia y afirmar ante Dios, manteniendo al mismo tiempo su integridad, que su castigo es inmerecido. Job fue a la vez rebelde y conformista [49]. Rechazó como falsa lógica el principio antiguo de que toda aflicción, *ipso facto*, demuestra un pecado previo. Y sin embargo no disintió de la capacidad de Dios para imponer el sufrimiento, con o sin designio, merecida o inmerecidamente.

Aunque la Biblia no relaciona a Agar y a Job, la poetisa los une en su común angustia y compara su propio dolor y abandono con el de ellos. Esta mutua desesperación hace brotar a la vez una sonrisa y una metáfora explícita:

> Le he abrazado [al espino] como una hermana,
> cual si Agar abrazara a Job,
> en un nudo que no es ternura,
> porque es más: ¡desesperación!
>
> («El espino», p. 128)

El espino, símbolo central, es la creación del «horrible Dios forjador», al que la poetisa llama «el espíritu del yermo, / retorcido de angustia y sol» (p. 127). Acaso el espino pueda producir flores aromáticas, pero sus espinas no consuelan «un nido turbador» [50]. La ira de Dios, como las espinas, han herido a Job, a Agar y a la poetisa:

---

[48] *Job* 27, 5 dice: «Nunca tal acontezca que yo os justifique. Hasta morir no quitaré de mí mi integridad».
[49] *Job* 34, 37.
[50] En la Biblia se mencionan muchas especies del espino.

> Me ha contado que me conoce,
> que en una noche de dolor
> en su espeso millón de espinas
> magullaron mi corazón.
>
> (p. 128)

Pero hay aspectos redentores. Agar, aunque abandonada por Abrahán y expulsada por Sara, recibió la visita del «Ángel del Señor», que la protegió a ella y a su hijo Ismael [51]. Los méritos de Job tampoco pudieron disipar su propio sufrimiento, pero su lamentación duró eternamente, incluso después de que su cuerpo fuera curado: «De las greñas le nacen flores / (Así el verso le nació a Job)» (p. 127). También la poetisa, afligida por la soledad y el abandono, busca refugio para su condición irremediable comparándose con Agar, que abraza a Job movida por la desesperación, y descubre en ese acto terrible el sentido trágico de su vida. La poetisa es la condenada doliente que renueva su canción en la eterna angustia [52].

La alusión a Job en el poema «Una palabra» le imputa a él la misma palabra que la poetisa vanamente quiere expresar; no lo hace a causa de las terribles consecuencias: «Si la soltase, quema el pasto vivo, / sangra al cordero, hace caer al pájaro» (p. 721). Aunque no se expresa directamente la palabra que «mi padre Job ... dijo, ardiendo», lo más probable es que se refiera a la defensa de sus buenas acciones frente al duro tratamiento de Dios y al rechazo de sus amigos. Job concluye su apología diciendo:

> Si mi tierra clama contra mí,
> Y lloran todos los surcos;

---

[51] *Gén.* 21, 17.
[52] Hans Rheinfelder, «Gabriela Mistral», *Anales*, CXV, 106 (1957), 51.

Si comí su sustancia sin dinero,
O afligí el alma de sus dueños;

En lugar de trigo me nazcan abrojos,
Y espinos en lugar de cebada [53].

La construcción condicional, la predicción de terribles consecuencias, el uso de metáforas referentes a la naturaleza, el tono vehemente, son comunes a «Una palabra» y a la precedente cita. Puesto que «Una palabra» aparece en la sección «Luto», dedicada al sobrino muerto de Gabriela, consta que ella estaba implicada también en un conflicto emocional y religioso parecido al de Job. Dios le arrebató, inesperada e injustamente, su amada posesión. La fe en Dios fue premiada sólo con la decepción; y sin embargo, el descreimiento es capaz de producir mayor angustia que la fe misma.

La influencia del «padre Job» es evidente en citas e interpolaciones. Las maldiciones de Job por haber nacido, la vituperación de sí mismo por la fecundidad de su madre («Perezca el día en que yo nací...»; «Y ¿para qué las tetas que mamase?» [54]), sirven como modelo para la apasionada pregunta de la poetisa, «'¿Por qué ha sido fecunda tu carne sollozante / y se henchieron [*sic*] de néctar los pechos de mi madre?'» («Poema del hijo», p. 104). El lamento de Job resuena en «Madre mía, pero tú sabes: / más me hirieron de lo que herí» («A la Virgen de la Colina», p. 27). Job, cubierto de diviesos, se transforma en «mi Dios me vistió de llagas» («El encuentro», p. 60) [55]. El destino de los perversos no es agradable, como Job dice: «Olvidaráse de ellos el seno materno, de ellos sentirán los gusanos dulzura. Nunca

---

[53] *Job* 31, 38-40.
[54] *Job* 3, 3, 12.
[55] *Job* 2, 7.

más habrá de ellos memoria, Y como un árbol serán los impíos quebrantados»[56]. Más tajante aún es la predicción para los transgresores en «Gotas de hiel», donde la muerte ni insensibiliza a los pecadores contra los roedores gusanos, ni les libra de una roedora conciencia:

> Y no llames la muerte por clemente,
> pues en las carnes de blancura inmensa,
> un jirón vivo quedará que siente
> la piedra que te ahoga
> y el gusano voraz que te destrenza.

(p. 36)

La macabra imagen aparece otra vez en el autobiográfico «Credo», donde se sugiere que la muerte física, representada por el gusano, no puede destruir la fibra moral y espiritual del hombre ni su capacidad de amar:

> Creo en mi corazón en que el gusano
> no ha de morder, pues mellará a la muerte;
> creo en mi corazón, el reclinado
> en el pecho de Dios terrible y fuerte.

(p. 32)

Este pasaje del «Credo» parece reafirmar la conocida interpretación de la resurrección que Job expresa en versos que podrían haber inspirado el «Credo»: «Yo sé que mi Redentor vive, Y al fin se levantará sobre el polvo: Y después de deshecha esta mi piel, aún he de ver en mi carne a Dios»[57]. La poetisa finalmente declara su fe en el poder del

---

[56] *Job* 24, 20.

[57] *Job* 19, 25-26. La interpretación tradicional se rechaza ahora en el artículo «Resurrection» en *The Interpreter's Dictionary of the Bible* (Nueva York, 1960). Sin embargo, esta cita anticipa el concepto cristiano de resurrección. Este pasaje en español suaviza el impacto. En inglés, la misma línea dice: «And *though* after my skin *worms* destroy this *body*, yet in my flesh shall I see God».

amor para resistir ai tiempo y a la muerte. Aunque el amor implica sacrificio y dolor y puede parecer ausente en vista de la ruda justicia del «Dios terrible y fuerte», el amor no resucita porque nunca muere.

El capítulo 30 del *Libro de Job* parece haber sido la base de «Tribulación» y el punto de partida de otros poemas. Es especialmente sugerente la transformación del versículo 15, «Hanse revuelto turbaciones sobre mí; Combatieron como viento mi alma, Y mi salud pasó como nube», en «¡Todo se me ha llenado de sombras el camino / y el grito de pavor! //...y es invierno, y hay nieve, y la noche se puebla / de muecas de locura» (pp. 77, 78). No es menos llamativa la reconstrucción en el mismo poema de los dos últimos versículos del capítulo 30: «Mi piel está denegrida sobre mí, Y mis huesos se secaron con ardentía. Y hase tornado mi arpa en luto, Y mi órgano en voz de lamentadores». Aparte de la semejanza sintáctica del dativo (también presente en ejemplos anteriores), al sustituir «piel» por «boca» y «arpa» por «trova» aparece el mismo sentido de ardor, amargura y desolación: «Me socarró la boca, me acibaró la trova, / y me aventó los días» (p. 77). Queda claro, pues, que el mensaje de Job penetró a la poetisa hondamente: nacimiento, vida y muerte. La frustración y el abandono de Dios tocaron cuerdas correspondientes en Gabriela Mistral, y esto la alentó a utilizar pasajes, construcciones y vocabulario que recuerdan a Job.

JEHOVÁ Y JESÚS

Cuando se interroga a un judío acerca de su concepción de Dios, normalmente habla de un supremo creador, rey del universo que es el Dios de la justicia, de la verdad y también de la venganza. En cambio un cristiano, ante la misma pregunta, expresaría más bien asombro, quizá temor del poder absoluto e irrevocable de Dios Padre. Las razones que determinan esas actitudes diferentes son demasiado complejas para analizarlas de lleno aquí. No obstante, hay que aclarar un punto. El judío moderno comparte todavía con los primeros hebreos su noción de Dios. En contraste, muchos cristianos modernos seguramente no aceptan ya lo que Jesús trató de enseñar a sus hermanos acerca de Dios Padre, esto es, su amor perdurable [58]. San Juan y San Pablo, sin saberlo, prepararon el terreno para los grandes debates acerca de la separación y la unicidad de Jesús con el Dios Padre y el Espíritu Santo [59]. Más tarde, los teólogos, desesperando poder resolver este enigma, que era tanto emocional y poético como religioso y filosófico, consiguieron reconciliar «su fe cristiana en tres dioses con su creencia, heredada de la tradición hebrea, en un solo Dios» [60]. A pesar de todas las sutilezas de los Padres de la Iglesia, los cristianos todavía no asocian la deidad del Antiguo Testamento con la compasión y la misericordia, porque prefieren atribuir estas cualidades a Cristo, que, como Dios encarnado, vino a redimir y, como hombre, a expiar por la humanidad [61].

Un estudio detenido de la vida y la obra de la poetisa revela que conocía la Biblia no sólo desde el punto de vista de los judíos, es decir, el Antiguo Testamento, sino desde la posición ventajosa de los cristianos, para quienes el Nuevo Testamento es la culminación de las profecías y las

---

[58] N. G. M. van Doornik *et al.*, *A Handbook of the Catholic Faith: The Triptych of the Kingdom* (Garden City, 1962), pp. 24-25.

[59] *Juan* 1, 1; 17, 3; *I Cor.* 8, 6.

[60] Ver una discusión lúcida del tema en Harry Austryn Wolfson, *The Philosophy of the Church Fathers: Faith, Trinity, Incarnation* (Cambridge, Mass., 1956), I, 308.

[61] Doornik *et al.*, *A Handbook of the Catholic Faith*, p. 156.

leyes establecidas en el Antiguo. Así ella era capaz de asimilar y aceptar estos aspectos aparentemente opuestos y, lo que es más, sentirse a gusto en el clima espiritual de ambos libros. Eduardo Barrios presenta de una forma convincente esta opinión:

> ...su espíritu [es] esencialmente hebraico. Esto no me parece absoluto. Yo diría más bien: Es un alma de Israel convertida al cristianismo. No sería grande la enmienda; pero precisaría el matiz. Porque Gabriela Mistral es David, Job y Salomón en Mateo, Pablo y Juan. Antes de evocar su *Mujer fuerte* y su *Ruth* la moabita «bajo el sol caldeo», nos dijo en Occidente su más genuino ardor *Al oído del Cristo*. Su aliento bíblico nos llega siempre aromado en el aliento del Nazareno. Su corazón está henchido por la sangre piadosa del Hijo [62].

Jehová y Jesucristo, el Dios de la Ira y el Dios de la Benevolencia, se baten en duelo en la poesía de Gabriela Mistral. El uno trae angustia y soledad, el otro compasión y redención. La violencia y la fuerza del Dios justiciero se filtran a través del Nazareno, pierden su fuerza destructiva y se transforman en fuente de amor [63]. La herencia del sufrimiento, la herida abierta, la tierra abrasada —símbolos

---

[62] Eduardo Barrios, «El primer libro de Gabriela Mistral», *Anales*, CXV, 106 (1957), 27. Ver también en Hamilton, «Raíces bíblicas», p. 21, esta adición: «Antiguo Testamento para sus gritos de dolor y Nuevo Testamento, Evangelios, para sus canciones de ternura. Antiguo Testamento en sus tonos proféticos terribles, y también en trozos de emoción suave como el libro de Ruth; Evangelios para cantar a los niños, los hijos de su alma, y para acercarse a la paz que le da Cristo».

[63] Díaz Arrieta (*Gabriela Mistral*, p. 28) afirma que Gabriela creía en el Dios del Antiguo Testamento revestido con la túnica de Jesús: «Su Dios es el Jehová de la Biblia, pero que pasó por la fronda evangélica». Díaz Arrieta describe como inútil la transformación de Jehová, «el Dios vengador», en Jesús (p. 30). En la mayoría de los casos Gabriela mantuvo la separación entre Jehová y Jesús.

del Dios reprobador e inconforme— a través de la intercesión de Jesús, son tolerables y hasta deseables. El dolor,
factor inevitable de su vida, de la vida toda, no desaparece sino que viene a ser unas veces una fuente de placer y
otras un modo de participar en los santos sacrificios de
Cristo. Cristo y sus enseñanzas libran a Gabriela de la desesperación total. Y aunque la influencia del Antiguo Testamento es fuerte y a veces dominante, la ética de Cristo
prevalece final y definitivamente.

La cualidad que define al Dios del Antiguo Testamento
es su autodeterminado poder para manejar y tratar al mundo y a sus criaturas por razones y propósitos que no alcanzan a saber los mortales. Cuando se dirige al Dios del Antiguo Testamento, la poesía de Gabriela Mistral reconoce la
naturaleza de su omnipotencia y por lo tanto la mira con
maravilla, respeto, temor y descontento. Su poder incon-
mensurable se expresa en hipérboles que son incapaces de
delimitarlo, como, por ejemplo, «inmenso», «enorme», «es-
tupendo», «profundo» y «tremendo», que se emplean repetidamente para describir no sólo la grandeza de Dios sino
también la cumbre del dolor, lo absoluto de la muerte y la
infinidad de la naturaleza. Su poder aleja a sus adoradores
a respetables distancias, y esto está sugerido por el adjetivo demostrativo en «Aquel tremendo y fuerte / Señor»
(«El Dios triste», p. 37). La fe en la compasión de Dios no
niega la posibilidad de una represalia: «...creo en mi corazón, el reclinado / en el pecho de Dios terrible y fuerte»
(«Credo», p. 32) [64]. La súplica por la justicia y la misericordia puede quedar desatendida:

---

[64] En «El encuentro», p. 60, «mi Dios me vistió de llagas» nos
recuerda la aflicción de Job. Cfr. también «El poema del hijo», p. 105:
«Y la tregua de Dios a mí no descendiera».

¡Mira! De cuantos ojos veía abiertos sobre
　mis sendas tempraneras,
sólo los tuyos quedan. Pero, ¡ay!, se van llenando
　de un cuajo de neveras...

　　　　　　　　　　　　　　　　　　（«Tribulación», p. 78)

En «El ruego», la nieve de la montaña, la que no se derrite
para convertirse en agua y luego en lágrimas, representa
de nuevo la negación glacial de Dios a perdonar el suicidio
y las fragilidades humanas:

Se mojarán los ojos de las fieras,
y, comprendiendo, el monte que de piedra forjaste
llorará por los párpados blancos de sus neveras:
¡toda la tierra tuya sabrá que perdonaste!

　　　　　　　　　　　　　　　　　　　　（p. 101）

Esta combinación de poder y alejamiento es precisamente la que impide las súplicas a Yahvé. Y debe afirmar-
se este corolario, que es la esencia de la poesía dirigida a
Dios Padre: su total supremacía y su tradición de desprendimiento permiten la justicia verdadera, aunque dolorosa,
porque es divina e imparcial.

La discordancia que resulta del poder de Dios para crear
vida y la forma brusca y casual en que este mismo creador
reclama a sus criaturas ponen en marcha un drama vital.
En una serie de meditaciones sobre la muerte, de elegías
a amigos y a personas queridas, y en las alusiones a la
muerte de Cristo, vemos la naturaleza irracional de Dios y
las pasiones igualmente ciegas que infunden la poesía. La
polaridad fundamental de Dios de dar y quitar la vida suscita un símil acerca de la posición irreconciliable de Dios
entre los extremos y señala también la impotencia del hombre ante el poder incalculable: «El Trópico es como Dios
absoluto / y en esos soles se muere o se salva» («Recado

para las Antillas», p. 577). El mayor lamento del hombre, el que revela su impotencia, nace de saber que Dios puede crear o mantener la vida o negarse a hacerlo. Esta dicotomía y la inconsistencia subsecuente encadenan al hombre a su mayor frustración y desencanto y al mismo tiempo suministran, por contraste, la prueba suprema de la fe mortal en un Dios inconmovible y casi implacable.

En la meditación «La muerte-niña», la muerte, cuyo representante es un inocente niño nacido en una cueva (la semejanza con el Niño Jesús no es gratuita, según veremos), llega a un mundo que se permite el lujo y la presunción de no haber conocido la congoja ni la destrucción:

> ¡Tan entero que estaba el mundo!,
> ¡tan fuerte que era al mediodía!,
> ¡tan armado como la piña,
> cierto del Dios que sostenía!
>
> (p. 425)

Este mundo con sus criaturas sufre los desastres que arrasan el Edén después de la caída del hombre:

> Se envilecieron las mañanas,
> torpe se hizo el mediodía;
> cada sol aprendió su ocaso
> y cada fuente su sequía.
>
> La pradera aprendió el otoño
> y la nieve su hipocresía,
> la bestezuela su cansancio,
> la carne de hombre su agonía.
>
> (p. 426)

Cada una de las creaciones físicas de Dios enumeradas aquí aprende la naturaleza de su fragilidad. Cada una llega a tener conciencia de la decepción de la vida y del poder

Gabriela Mistral con sus colegas y alumnas, Los Andes, 1911-1918. (Cortesía de Luisa Kneer.)

de la muerte cuando su substancia original se disuelve o se transforma en una abstracción de dolor y desilusión. El mismo mundo que se jactaba de la ayuda de Dios, otorgada imparcialmente antes de que la muerte apareciera, después desoye las advertencias de sus profetas frente al desastre:

> Y dejé de gritar mi grito
> cuando vi que se adormecían.
> Ya tenían no sé qué dejo
> y no sé qué melancolía...
>
> (p. 427)

Los hombres siguen sintiéndose «reyes» privilegiados aunque sean víctimas de la «sierva». Coronada, con mayúscula ahora, para enaltecer su valor jerárquico, la «Muerte» alcanza gloria y fama a los treinta años y hace posible la perpetuación de la vida espiritual en la persona de Jesús:

> La Muerte tenía treinta años,
> ya nunca más se moriría,
> y la segunda Tierra nuestra
> iba abriendo su Epifanía.
>
> (p. 427)

«Treinta años» es emblema de la misión de Cristo; «segunda Tierra», de la Resurrección; y «Epifanía», o de renacimiento, bautismo o el milagro de Caná; todos simbolizan la validez de la muerte bajo el nuevo Salvador. El inocente recién nacido de la cueva trajo al hombre la conciencia de su propio poder de destrucción y del significado de la verdadera muerte sacrificadora, en contraste con la muerte sin sentido bajo el Dios del Antiguo Testamento. Cuando se les habla del milagro de la muerte, los hombres se «ríen con insanía» y piden un inalcanzable gozo, de vuelta en el Edén: «'Yo soy de aquellas que bailaban / cuando la Muerte no nacía...'» (p. 427). Para resumir, el poema nos lleva a través de cuatro etapas sucesivas: el período de la tranquilidad preconsciente en que el hombre ignora la muerte; el período del despertar, donde reina mínima comprensión y disgusto por la muerte física; el período de resignación, razón y soberbia; y finalmente, el de la glorificación de la muerte compendiada en su aceptación por Jesús, etapa en la cual hay una regresión paralela por parte de la humanidad hacia un paraíso falso y artificial.

El análisis precedente contrasta la representación de la muerte en el marco del Viejo Testamento con la que hace posible la llegada de Cristo. La interpretación puede cotejarse con el soneto introductivo de *Desolación*, en la sección «Vida» (que es, irónicamente, una meditación sobre la muerte). En él la poetisa revivifica al bronceado «Pensador de Rodin», le hace recordar que es «carne de la huesa, / carne fatal delante del destino desnuda», y luego transforma su «primavera ardiente» en un otoño de pesadilla [65]:

> Y en la angustia, sus músculos se hienden, sufridores.
> Los surcos de su carne se llenan de terrores.
> Se hiende, como la hoja de otoño, al Señor fuerte
>
> que le llama en los bronces... Y no hay árbol torcido
> de sol en la llanura, ni león de flanco herido,
> crispados como este hombre que medita en la muerte.
>
> (p. 3)

Por inferencia, el «Señor fuerte» se inclina para influir en la condición del «árbol torcido» y del «león de flanco herido». El mundo del metal, el mar y la nieve, los árboles y las plantas, las criaturas aéreas y terrestres, el hombre

---

[65] «Otoño» significa también muerte y decadencia. Ver «El Dios triste», p. 37; «La encina», p. 55; «La espera inútil», p. 86; «La muerte-niña», p. 426.

corriente y el Hijo de Dios —todos— intentan evitar la muerte y aplacar a Dios. De un extremo al otro del espectro poético —desde el metal personificado al Dios hecho hombre— podemos establecer el significado de la amenaza de extinción.

En una estrofa de «Muerte del mar», el mar riñe con Dios:

> Donde él bramaba, hostigado
> del Dios que lo combatía,
> y replicaba a su Dios
> con saltos de ciervo en ira...
>
> (p. 647)

He aquí una inversión y un repudio del *Salmo* 42, 1: «Como el ciervo brama por las corrientes de las aguas, Así clama por ti, oh Dios, el alma mía». La poetisa cambia el contexto bíblico de «ciervo brama» en favor de «[mar] bramaba», y convierte así el mar en un «ciervo en ira» que lucha con el Creador por su existencia. Entendido que el ciervo es también un símbolo de Cristo, se supone que su presencia expresa de nuevo el duelo entre Yahvé y Cristo, duelo que reaparece más sutilmente en «La encina». Emblema del maestro santificado, el árbol está arraigado en tierra firme, protegiendo mientras tanto al inocente bajo sus ramas, y perdura a pesar de las inclemencias. Puesto que discutiré en detalle la relación entre la cruz y el árbol en «La poética del sacrificio», baste aquí mencionar que las calidades sensoriales, afectivas y morales del maestro reflejan primordialmente las de Cristo. La tornada proclama la serenidad eterna y expresa la esperanza de que la «encina-maestra», tal como la «cruz-Cristo», no sufran indignidades ni de Dios ni del hombre:

¡Encina, noble encina, yo te digo mi canto!
Que nunca de tu tronco mane amargor de llanto,
que delante de ti prosterne el leñador
de la maldad humana, sus hachas; y que cuando
el rayo de Dios hiérate, ¡para ti se haga blando
y ancho como tu seno, el seno del Señor! [66].

(p. 56)

El rayo de Dios puede no ser necesariamente castigo, pero sí es su manera repentina y terrorífica de tratar a los árboles, incluso a los que estén dotados de virtudes y divinidad.

El pasaje anterior de «La encina», debido a que la poetisa se introduce en la materia poética, ofrece un enfoque narrativo que difiere radicalmente del que ocurre en los tres ejemplos que lo preceden. La poesía mistraliana, siempre altamente personal, adquiere aún mayor proximidad con la autora a causa del pronombre antepuesto al verbo: «¡Encina, noble encina, yo te digo mi canto!» Wolfgang Kayser reseña el triple dilema ante el poeta y el crítico:

> La lírica se presenta como expresión de un yo. Por consiguiente, el autor tiene que decidir si quiere hacer de su discurso lírico la expresión de su propio yo o de un yo indeterminado, o si quiere ponerlo en boca de determinado personaje [67].

El rasgo distintivo de «La muerte-niña» (que por cierto tiene un yo indeterminado), «El Pensador de Rodin» y «Muerte del mar», es el modo objetivo en que la poetisa puede personificar y animar al mismo tiempo lo abstracto y lo material sin implicarse personalmente. La personifica-

---

[66] Cfr. «Último árbol», p. 798: «... el diezmo que pagué al rayo / de mi Dios dulce y tremendo».

[67] Wolfgang Kayser, *Interpretación y análisis de la obra literaria* (2.ª ed. rev., Madrid, Gredos, 1958), p. 296. Aunque Kayser plantea el problema sucintamente, su solución resulta inadecuada.

ción objetiva es evidente en «La encina», pero en la última estrofa la poetisa se despide de una querida y admirada amiga. La solicitación personal y su confrontación con Dios, ausentes antes de «La encina», son claves de las selecciones siguientes [68].

Reuniendo tierno afecto y cauto optimismo, la poetisa, en «Plegaria por el nido», ruega al «dulce Señor» que proteja al pájaro desvalido contra las vicisitudes de la naturaleza. Aunque la apelación al Señor es más bien dulce, un tono contrastante de desilusión y angustia subyace en la súplica:

> Tú que me afeas los martirios
> dados a tus criaturas finas:
> la cabezuela de los lirios
> y las pequeñas clavelinas,
>
> guarda su forma con cariño
> y caliéntelo tu pasión.
> Tirita al viento como un niño
> y se parece al corazón.
>
> (p. 335)

La poetisa usa diminutivos («plumilla», «almohadita» y «conchita» en la segunda y cuarta estrofas), imágenes de pequeñas flores delicadas y al inocente «niño», todo para sugerir lo indefenso. Dios, sin embargo, tiene el poder de arrebatar, con el viento, la lluvia y el hielo, a las criaturas de su propia hechura. A base de su desencanto personal («me afeas») implora, en nombre del pájaro de similitudes celestiales («¡Y el canto dicen que es divino / y el ala cosa de los cielos!» [p. 334]), un acto benevolente y positivo que

---

[68] Al escoger este orden y selección no me refiero, por supuesto, a la cronología de la poesía. Mi fin es más bien ilustrar los temas y la técnica.

emane de Dios («Dulce tu brisa sea al mecerlo...»), y una
mitigación de los aspectos violentos y negativos de la naturaleza:

> ...desvía el vidrio de la helada
> y las guedejas de la lluvia;
>
> desvía el viento de ala brusca
> que lo dispersa a su caricia
> y la mirada que lo busca,
> toda encendida de codicia...
>
> (p. 335)

El propósito es sugerir un modo más justo de tratar
a los desvalidos, para quienes la poetisa despliega una generosidad que recuerda a San Francisco de Asís: «¡Dulce
Señor, por un hermano pido / indefenso y hermoso: por
el nido!» (p. 334). A la premisa de que todos los seres vivientes sean manifestaciones de la mano de Dios y por tanto
de su divinidad, la poetisa añade la hipótesis de la fraternidad de todo lo viviente, de tal modo que parezca inconcebible aceptar la extinción de cualquier forma de vida. Las
ramificaciones de tal creencia son aterradoras, no debido a
la muerte de las criaturas (puesto que tienen que morir
de todos modos), sino porque con cada una que se desva-
nezca, Dios en parte se extingue. Que Dios tenga papel ac-
tivo en la muerte duplica la tragedia y deja un residuo de
desesperación en los que invocan su ayuda.

«Plegaria por el nido» sólo insinúa levemente la fuerza latente que podría hacer erupción si la plegaria a Dios resul-
tara ineficaz. «El ruego» intensifica la guerrilla verbal entre
la poetisa y Dios sobre el llamamiento a Dios para que per-
done a un suicida. Puesto que la poetisa se empeña en
probar el valor espiritual de quien ha desafiado el mandato
divino de no matar, y quien sufre condena en el acto, la

argumentación toma giros sutiles. Desde el principio, la poetisa insiste en justificar la conducta de los hombres hacia Dios. La primera y segunda estrofas (que forman una unidad cerrada) reiteran el derecho proclamado por la poetisa a una justa audiencia ante Dios en defensa de los seres amados. Estas estrofas muestran también el intento de obtener una decisión preferencial para los muertos tomando como base la pureza de la poetisa y su ayuda a los extraños:

> Señor, Tú sabes cómo, con encendido brío
> por los seres extraños mi palabra te invoca.
> Vengo ahora a pedirte por uno que era mío,
> mi vaso de frescura, el panal de mi boca,
>
> cal de mis huesos, dulce razón de la jornada,
> gorjeo de mi oído, ceñidor de mi veste.
> Me cuido hasta de aquellos en que no puse nada;
> ¡no tengas ojo torvo si te pido por éste!
>
> (p. 99)

Los atributos del muerto merecen énfasis y enumeración repetida, como si la poetisa no pudiera dominar su deseo de convencer:

> Te digo que era bueno, te digo que tenía
> el corazón entero a flor de pecho, que era
> suave de índole, franco como la luz del día,
> henchido de milagro como la primavera.

Aquí, en elipsis, las tres últimas cláusulas adjetivas resuenan con el insistente «te digo». Hay en esto un débil intento de evaluación objetiva que contrasta con la justificación irrazonable y emocional de las dos primeras estrofas. Lo más fascinante de todo es la ironía inintencionada de la última cláusula que sugiere fecundidad ante la realidad de la muerte y santificación frente al anatema. A través de la voz de la poetisa, Dios rechaza las demandas precedentes e inicia el coloquio:

> Me replicas, severo, que es de plegaria indigno
> el que no untó de preces sus dos labios febriles,
> y se fue aquella tarde sin esperar tu signo,
> trizándose las sienes como vasos sutiles.

Los contraataques de Dios no son refutados, sino más bien parados con la propia espada de doble filo que Dios esgrime tan expertamente: amor y dolor. La crueldad, el sufrimiento, el pecado incluso, pueden perdonarse mediante un amor infinito, que es el significado del siguiente oxímoron:

> El hierro que taladra tiene un gusto frío,
> cuando abre, cual gavillas, las carnes amorosas.
> Y la cruz (Tú te acuerdas, ¡oh Rey de los judíos!)
> se lleva con blandura, como un gajo de rosas.
>
> (p. 100)

La patente alianza con el dolor de Jesús demuestra tolerancia, sin pérdida de fe, hacia el Dios de quien debe implorar constantemente compasión y perdón, como el mismo Jesús solicitó la palabra de Dios en la Cruz: «Padre Nuestro que estás en los cielos, / ¿por qué te has olvidado de mí?» («Nocturno», p. 79).

Hay incluso una sutil zona entre la severidad de Yahvé y la caridad de Cristo en que el primero aparece menos duro. De hecho, la poetisa atribuye a Yahvé virtudes que normalmente reserva a Jesucristo. «Interrogaciones» ejemplifica este problema: es un poema de muerte sin sacrificio ni exaltación en que la poetisa quiere determinar el papel de Jehová en confortar a los muertos:

> ¿O Tú llegas después que los hombres se han ido,
> y les bajas el párpado sobre el ojo cegado,
> acomodas las vísceras sin dolor y sin ruido
> y entrecruzas las manos sobre el pecho callado?
>
> (p. 84)

Espera que la redención y el perdón no caigan sobre oídos sordos ni ojos cerrados:

> ¿No hay un rayo de sol que los alcance un día?
> ¿No hay agua que los lave de sus estigmas rojos?
> ¿Para ellos solamente queda tu entraña fría,
> sordo tu oído fino y apretados tus ojos?
>
> (p. 85)

Rechazando la «entraña fría» del Dios de la Justicia, por catacresis, usa la terminología de la Eucaristía para igualar a Yahvé con Jesucristo:

> Tal el hombre asegura por error o malicia;
> mas yo, que te he gustado, como un vino, Señor,
> mientras los otros siguen llamándote Justicia,
> ¡no te llamaré nunca otra cosa que Amor!
>
> (p. 85)

Los teólogos cristianos que creen en la divinidad de Cristo y en la Santísima Trinidad, esto es, en un Dios Padre preexistente, puede que no vean tal dicotomía. Sin embargo, existe: la poesía constantemente relega a Cristo al papel de niño, mártir o resucitado. En cuestión como amor, consolación y muerte sacrificial, Cristo sigue siendo primordial. Pero cuando la muerte es injustificable, el dolor inmerecido o demasiado difícil de imaginar, se refiere a la deidad del Antiguo Testamento.

El estoicismo de la poetisa en medio de la angustia la liga a la vez con la tradición judía y cristiana. En su espíritu, el judío y el cristiano se unen en su mutuo sufrimiento. Los tres, pues, participan continuamente, en el sacrificio incomparable de Jesucristo, en el dolor y en la abnegación. En «Al pueblo hebreo» muestra el lazo que une al judío y al cristiano:

> En tu mujer camina aún María.
> Sobre tu rostro va el perfil de Cristo;
> por las laderas de Sión le han visto
> llamarte en vano, cuando muere el día...
>
> Que tu dolor en Dimas le miraba
> y Él dijo a Dimas la palabra inmensa
> y para ungir sus pies busca la trenza
> de Magdalena ¡y la halla ensangrentada!
>
> (p. 9)

El martirio de Cristo reclamaba un compromiso semejante en Dimas y en María Magdalena; desde aquel tiempo otros judíos han sufrido el mismo destino. Así pues, judíos y cristianos participan de una herencia común; también la poetisa, nadando en ambas corrientes, recibe esta herencia.

En suma, el Antiguo Testamento está grabado indeleblemente en la poetisa y su poesía. Los que conocían a Gabriela Mistral están de acuerdo en que por su vestido, su estilo y su actitud se asemejaba a una heroína bíblica reencarnada. Sus palabras estaban marcadas por citas y fraseología de la Biblia, y este aroma intensificaba el sentimiento de que había asimilado y estaba viviendo el papel de un personaje bíblico. Su devoción por la justicia, la sencillez y el deber intensifican aún más esta impresión. Frecuentemente recordaba las historias y lecciones bíblicas que su padre, su hermana y su abuela paterna le habían leído. Desde edad temprana, la sensible e imaginativa Lucila Godoy estaba atenta a la naturaleza y, como consecuencia, al dolor que podía infligir un Dios enojado mediante sequías, terremotos e inundaciones. Parece claro también que se identificaba con el espíritu de los antiguos hebreos hasta tal punto que manifestaba empatía por la persecución y perpetuo destierro del llamado pueblo elegido. La búsqueda de la dicha y la estabilidad por parte de los judíos, el signo de que Dios les protege, tiene su reflejo en la forma en que la poetisa busca la bendición de Dios cuando dice: «...y sigo por soledades / de Ismael sin patria» («Memoria de la gracia», p. 758) [69]. Así como Ismael tipifica al hijo abandonado y réprobo, Gabriela es la hija expulsada en busca de su tierra y de su Dios. Desgraciadamente, sólo alcanzó la tierra prometida en el edénico valle de Elqui después de morir. La paz y la unión final con Dios, anheladas tan fervorosamente como la misma vuelta a Monte Grande, las consiguió con un malhumorado compromiso, con miedo y vacilaciones ante su sacrificio a Dios. El poema final de *Lagar*, «Último árbol», simboliza su intransigente espíritu que, como el de Job, reconoce indecisamente su propia opacidad y trata desesperadamente de desprenderse de su propia soberbia:

> ...soledades que me di,
> soledades que me dieron,
> y el diezmo que pagué al rayo
> de mi Dios dulce y tremendo... [70].
>
> (p. 798)

El espíritu hebreo que impregna la poesía de Gabriela Mistral consiste precisamente en esta *hubris*, en esta insistencia sobre un tratamiento igual y honrado en la confron-

---

[69] Se refiere al repudio de Ismael por Abrahán y al establecimiento del primero en Farán *(Gén.* 21, 14-21).

[70] Cfr. Lope de Vega, «Romance», «A mis soledades voy, / de mis soledades vengo».

tación directa con Dios. La poetisa constantemente lleva
hasta el altar sus lamentaciones pidiendo decisiones caba-
les respecto al suicidio, la maternidad frustrada, o la muerte inmerecida [71]. En efecto, las lágrimas, las quejas, el apartamiento y la reconciliación final con Dios, a pesar de su
ciega injusticia, marcan la poesía de Gabriela Mistral con
los atributos de la tradición hebraica.

_____

[71] Sobre la base de su relación personal, Margot Arce de Vázquez afirma: «Después pudimos comprobar que Dios era el pensamiento constante, el cotidiano problema de Gabriela Mistral: Dios,
el amor y América» (ver *Gabriela Mistral: Persona y poesía* [San
Juan, Puerto Rico, 1958], p. 13).

IV

LA BÚSQUEDA DE LA ARMONÍA RELIGIOSA

EL CATOLICISMO Y EL CLERO

Lucila Godoy Alcayaga fue bautizada por la Iglesia Católica el 7 de abril de 1889. Solía ir a misa y a confesarse hasta su temprana adolescencia. Pero la influencia de la Iglesia no fue lo suficientemente fuerte como para hacerla permanecer fiel a sus ritos y dogmas a lo largo de su vida. Hacia 1909 se había apartado de la Iglesia, sin romper completamente los lazos espirituales y emocionales con el cristianismo. Durante los veinte años siguientes exploró la teosofía con la esperanza de mitigar su dolor personal, esfuerzo que resultó vano[1]. Después de su desencanto con el budismo, entre 1924 y 1932 (no se pueden dar fechas exactas), su postura negativa se fue suavizando con respecto a la Iglesia. Mi propósito en este capítulo es revisar sus tormentosas relaciones con el catolicismo y el clero y discutir sus posibles motivos para hacer las paces. Su interés por la

---

[1] Manuel Pedro González, «Profile of a Great Woman», *Hispania*, XLI (1958), 430. Ver también Matilde Ladrón de Guevara, *Rebelde magnífica* (Santiago, 1957), p. 45.

teosofía se interpone entre estas dos fases y proporciona un lazo de conexión con los principios religiosos de su vida posterior.

Es difícil saber con precisión por qué Gabriela llegó a decepcionarse del catolicismo, pero los incidentes que vamos a relatar contribuyeron a ello en gran medida, quizá en desproporción con su significado. En 1904 ingresó en la Escuela Normal de Preceptoras para prepararse a su profesión de maestra. Además de la respetabilidad que la docencia había de ofrecerle, su colocación habría proporcionado a la familia dinero que le hacía mucha falta. Su padre había abandonado a la familia en 1892, y era insuficiente la ayuda financiera que seguía aportando su media hermana, Emelina. De ahí que Lucila se sintiera obligada a aceptar su porción de la carga económica. Anticipándose a la matriculación de Lucila, su madre vendió algunos objetos de valor para comprar ropas y los útiles necesarios. Pero la alegría se extinguió cuando, en el último momento, el director rehusó admitirla porque el capellán local pensaba que, por ser autora de artículos y poemas que tenían un dejo de panteísmo, sus ideas podrían afectar funestamente a otros estudiantes[2]. Ella no supo inmediatamente los verdaderos motivos para rechazar su admisión, pero, al llegar a saberlos, se apartó con amargura de la Iglesia. Tampoco se calmó su resentimiento cuando, después de un año de ins-

---

[2] Trata de este asunto José Santos González Vera, «Comienzos de Gabriela Mistral», *Anales*, CXV, 106 (1957), 23. Dice que el Capellán don Ignacio Munizaga, «más soldado que pastor de Cristo», consideraba los escritos de Gabriela «algo socialistas y un tanto paganos». Ver también Hernán Díaz Arrieta, *Gabriela Mistral* (Santiago, 1946), páginas 107-108, y «Recuerdos de infancia y juventud de Gabriela Mistral», *Revista Nacional de Cultura*, XIX, 121-122 (1957), 80-81; también Gastón Figueira, *De la vida y la obra de Gabriela Mistral* (Montevideo, 1959), p. 9.

trucción particular de Emelina, por fin consiguió un empleo de maestra.

Aunque era rebelde e intransigente y solía guardar rencores que le creaban dificultades personales, estos rasgos suyos no determinaron del todo su desprecio por la Iglesia. Gabriela se oponía también a la Iglesia por su indiferencia respecto al bienestar social. El clero chileno del siglo XIX y principios del XX —una aristocracia privilegiada, obsesionada por la pompa y el materialismo, insensible a los fundamentos de la religión y preocupada por mejorar su situación política y religiosa— descuidaba las necesidades de los labradores y obreros explotados [3]. Respecto a esto, Gabriela comentó: «Pero nuestro catolicismo no ha hecho nada por el campesino chileno, con salarios inverosímiles, viviendas insalubres (año 1924), alimento insuficiente» [4]. Con esto quería hacer resaltar el hecho de que la Iglesia tenía que reconquistar la buena voluntad de los chilenos fervientemente religiosos que habían llegado a desilusionarse del clero [5]. Según ella, la Iglesia de los Estados Unidos había dado la pauta al clero chileno:

> En los Estados Unidos la fe trabaja socialmente y las iglesias, desde las protestantes hasta las católicas, son instrumentos vivos para la elevación de las clases humildes. Sus servicios de beneficencia son de una extensión tal que no pueden compararse con la migaja de lo que hacemos en América del Sur; su preocupación por la Casa del Obrero y del Empleado

---

[3] Ver el estudio de John A. Crow sobre la historia religiosa de Chile en *The Epic of Latin America* (Nueva York, 1952), pp. 215-216, 344, 640.

[4] Las observaciones de Gabriela Mistral a Margarita Cofre Silva están citadas en «Gabriela Mistral, pensador americano», *Revista de Educación*, VI, 34 (1946), 35.

[5] Ver Gabriela Mistral, *Recados: Contando a Chile* (Santiago, 1957), p. 163.

llega hasta esto: la Iglesia ha obtenido en Nueva York un empréstito enorme para proveer de habitaciones holgadas a cada uno de sus miembros sin excepción alguna [6].

Aunque la función primaria de la Iglesia (o su ideal más alto) no es la promoción del bienestar social, no son éstas razones para desdeñar este asunto, puesto que, como Gabriela añade, «a las cumbres de una religión no asciende sino un puñado de hombres». La religión debe fijar su mirada por igual en las masas y en el cielo; se pervierte la religión en su aspecto moral si el clero es indiferente al sufrimiento sólo porque el lejano Reino de los Cielos —atrayente porque allí se borra el dolor— ofrecía una justificación apriorística para la apatía. Su rebelión contra los privilegios excesivos del clero no incluía la destrucción de la Iglesia o la oposición a la religión organizada, pues reconocía su importancia como factor cultural. En lugar de eso, reclamaba las reformas que incluyeran la democratización de la Iglesia, y que fomentaran la benevolencia del clero y su participación en obras de caridad, y un movimiento cristiano unido, libre de guerras sanguinarias [7].

En un artículo escrito en 1924, «Cristianismo con sentido social», Gabriela trataba de analizar la separación creciente entre una jerarquía eclesiástica mínimamente consciente de las reformas sociales y unas masas que necesitaban desesperadamente dichas reformas. Subrayaba la alternativa que esperaba al catolicismo a no ser que despertase al espíritu de caridad y justicia.

---

[6] Cofre Silva, «Gabriela Mistral», pp. 35-36, citando de nuevo a Gabriela Mistral que había escrito ya «El catolicismo en los Estados Unidos», *El Mercurio*, 27 julio 1924, p. 8.

[7] Ver Gabriela Mistral, «Unidad cristiana», *La Nueva Democracia*, XXV, 3 (1944), 8-9.

> A los egoístas más empedernidos será bueno decirles que,
> con nosotros o sin nosotros, el pueblo hará sus reformas, y
> que ha de salir, en último caso, lo que estamos viendo: la
> democracia jacobina, horrible como una Euménide y brutal
> como una horda tártara. Elijamos camino [8].

Las claras referencias en este artículo a la revolución
rusa prefiguran la contienda que se hacía inevitable en Hispanoamérica a menos que la Iglesia encabezara la acción
cívica. Los campesinos y trabajadores acabarían por tomar
por su propia mano el «pan y techo para los hijos» que
por hábito y designio se les habían negado. (A la luz de los
acontecimientos recientes en la Cuba de Fidel Castro, sus
pensamientos eran proféticos.) Todavía se estaba a tiempo,
según Gabriela, pero sólo si la Iglesia actuaba seriamente
respecto al espíritu de sacrificio y servicio social:

> Todo el bien que hoy día puede hacerse al catolicismo
> y al cristianismo en general es un sacrificio de intereses ma-
> teriales. O se da eso o se declara lealmente que la doctrina de
> Cristo la aceptamos sólo como una lectura bella, en el Evan-
> gelio, o como una filosofía trascendente que eleva la dignidad
> humana, pero que no es para nosotros una religión, es decir,
> una conducta para la vida.

> Si somos dilettanti de la Escritura, recitadores estéticos
> de una parábola, por su sabor griego de belleza pura, es bue-
> no confesar nuestro epicureísmo; nos quedaremos entre los
> comentadores literarios o filosóficos de la religión.

> Si somos lo otro, los cristianos totales del Evangelio total,
> iremos hacia el pueblo. Ordenaremos un poco sus confusos

---

[8] Gabriela Mistral, «Cristianismo con sentido social», *Atenea*, II,
9 (1925), 477. Ver el mismo artículo, pp. 476-477, para el pasaje largo
que sigue en el texto. Este artículo inicia una polémica diplomática
con sus amigos, Alfredo L. Palacios, Romain Rolland y José Vasconcelos; sus repulsas vienen después del artículo de G. M. en las
páginas 477-485.

anhelos sobre reformas de nuestro sistema económico y, mezclados con ellos, hemos de discutir primero y conceder en seguida.

La oportunidad de la Iglesia para salir triunfante sería mayor cuanto más tratara de hacerse democrática, es decir, de ir hacia el pueblo, como hizo Cristo. Además, una religión que vive sólo a base de una minoría está destinada a perecer. En este sentido, Gabriela Mistral anticipaba la era del Papa Juan XXIII y su doctrina en *Mater et magistra* [9].

Gabriela llevaba siempre consigo su catedral interior y se negaba a rendir homenaje a las formas religiosas externas [10], porque estaba convencida de que el hombre tenía que hablar con Dios directamente y llevar una vida de servicio y sencillez. Admitía ser cristiana y creyente, pero aclaraba:

> tengo una concepción muy personal sobre la religión... Sólo sé decirle que no soy dogmática y que le rezo a Dios, es decir, le hablo a Dios muy a mi manera [11].

Evitaba la oración formal y prefería hablar con Dios, pero no porque tratara a Dios como a un ser humano o por soberbia o irreverencia, sino porque quería huir de la

---

[9] En contraste con el Papa Juan XXIII, el Papa Pío XII se había sorprendido al saber por Gabriela Mistral que millones de sudamericanos vivían en la miseria. «Él sólo había conocido el brillo de Buenos Aires, gigantesco y europeo», fue el acerbo comentario de la poetisa a Germán Arciniegas. Ver su «Gabriela Mistral y Pío XII», *El Tiempo*, 13 octubre 1958, p. 5.

[10] Luis Nieto Caballero, «Gabriela Mistral», *Repertorio Americano*, 11 enero 1930, p. 17.

[11] Ladrón de Guevara, *Rebelde*, pp. 44-45. En Francisco Dussuel, «Carta inédita de Gabriela Mistral», *Mensaje*, n.º 86 (enero-febrero 1960), p. 21, la poetisa revela (1953) su incapacidad para la oración seria: «Debo confesarle más, no puedo con el Santo Rosario».

artificialidad, del lenguaje hipócrita, de los sacrosantos y gastados medios tradicionales de comunicarse con Dios:

> No puedo hacer traición a mis sentimientos ni a las tendencias de la evolución contemporánea. Es otra la norma que me guía: reconocer las virtudes de Jesús, su nombre y su gloria, sin las exterioridades que rodean su culto. Y esto no es una claudicación: es seguir viviendo en la tierra y contemplando las grandezas de otras regiones [12].

Para Gabriela los intercesores humanos, es decir, el clero, no desempeñaban papel alguno; sólo existía una relación de «Yo-y-Tú», despojada de pompas y ceremonias y libre de los murmullos y vulgaridades que matan el espíritu de oración:

> ¡...yo no voy a misa! ... Pero eso no quiere decir que no vaya usted, y que suponga que yo soy anticatólica. ¡Al contrario! Sólo que mis «padres de la Orden de San Francisco» aceptan que yo lo sea, sin obligaciones litúrgicas, por mi salud [13].

Es decir, que la oración no era para ella un deber sino una explosión de angustia que la unía directamente con Jesucristo y eliminaba la necesidad de un sacerdote [14].

No es que todos los clérigos merecieran su desprecio. Ella elogió al arzobispo de Santiago, don Crescente Errázuriz Valdivieso, modelo de talento, discreción moral y entrega a la justicia religiosa, social y política [15]. Lo mismo pue-

---

[12] Virgilio Figueroa, *La divina Gabriela* (Santiago, 1933), p. 161.

[13] Ladrón de Guevara, *Rebelde*, p. 44.

[14] Ver Walter Kaufmann, *Critique of Religion and Philosophy* (Nueva York, 1961), pp. 367-368, respecto al significado de la oración personal.

[15] Gabriela Mistral, *Recados*, pp. 158-164. En «Gabriela Mistral y la Universidad Católica», *Finisterrae*, n.º 12 (1956), p. 60, Pedro Lira Urquieta da testimonio de la alta estima en que tenía Gabriela a

de decirse de Sor Juana Inés de la Cruz, que llegó a un
alto grado de perfección no porque fuera la poetisa más
dotada y la inteligencia más considerable del Méjico colo-
nial, sino porque renunció a su anhelado mundo material
de libros, mapas y conversaciones, para cuidar, eventual-
mente, a los enfermos en una epidemia [16]. De entre los ecle-
siásticos del siglo XVI, alaba sobre todo a Fray Bartolomé
de las Casas, «Apóstol de los indios», porque se opuso a los
colonizadores españoles y a la misma Inquisición en defensa de la causa de los indígenas, convencido de que el hombre, sea cual sea el color de su piel, no es esclavo por naturaleza [17]. Los religiosos a quienes Gabriela estimaba —como San Francisco de Asís y Santa Teresa de Jesús— eran
los que deseaban ardientemente cumplir el mensaje de Jesús. Todos ellos se sentían obligados a llevar a cabo las acciones caritativas para con sus prójimos a que nos insta la
parábola del Buen Samaritano.

Movida por su admiración a San Francisco, Gabriela
Mistral llegó incluso a formar parte de la Orden Franciscana como Terciaria. Así que la humildad que la alentaba
no servía de excusa para apartarse de la sociedad, ni la im-
pulsaba a la exaltación propia, sino que se basaba en la
convicción de ayudar a los menos afortunados.

Este florecer del amor en el servicio a los demás es desde
luego un concepto que se encuentra en todo el pensamiento
cristiano auténtico, pero es puesto de relieve de un modo
especial por San Francisco y sus seguidores, para los cuales

Monseñor Carlos Casanueva por su capacidad como sacerdote y
como ser humano dedicado a la perfección y a la caridad.

[16] Gabriela Mistral, «Silueta de Sor Juana Inés de la Cruz», *Ábside*, XV (1951), 506.

[17] Pedro de Alba, «Hispanismo e indigenismo de Gabriela Mistral», *Anales*, CXV, 106 (1957), 79. Ver también Gabriela Mistral, «Fray
Bartolomé», *Repertorio Americano*, 14 octubre 1933, p. 210.

toda la economía social tiene su fundamento en el ideal de servicio que supone la ley de amor de Cristo. En el caso de Gabriela Mistral se puede afirmar que la atracción primaria que ejerció la fe cristiana sobre ella procedía de sus implicaciones sociales [18].

Gabriela define de una forma aforística la esencia de su concepto franciscano del servicio: «Hay que ser humilde pero enérgico» [19]. Siempre insistió en que los religiosos emprendieran un duro programa de ayuda física y espiritual a los pobres, bien entendido que no practicaran el sacrificio y la humildad para asegurar su propia salvación individual.

La media docena de ensayos que escribió pidiendo unidad entre los cristianos y mayor responsabilidad en el clero apenas son suficientes para atraer la atención y mucho menos para considerarla como reformadora o dirigente religiosa. Pues lo cierto es que los cambios que sugería han quedado confinados al papel, y existen pocas pruebas de que se comprometiera activa y continuamente en la reforma política o social de la Iglesia o del cristianismo. Su independencia de espíritu, su ansia de soledad y de alejamiento, e incluso la soberbia le impidieron unirse a ningún movimiento para reformar la Iglesia, aunque reconociera la necesidad de cambios. Esta incapacidad de entrega sin sentirse rebajada o de ingresar en una organización sin someterse, le quitaron la posibilidad de ser una reformadora activa y tuvieron el resultado de invalidar sus buenas ideas sobre reforma religiosa. Su posición en este sentido ha sido definida claramente por su biógrafo Virgilio Figueroa, que explica cómo su religiosidad era militantemente

---

[18] Hermana John Berchmans, O. P., «Gabriela Mistral and the Franciscan Concept of Life», *Renascence*, V (1952), 43-44.
[19] Citado en una carta dirigida a mí el 12 de julio de 1962 por José Santos González Vera.

no religiosa cuando había la más leve posibilidad de que se la pudiera acusar de dejar filtrarse en su enseñanza alguna adhesión doctrinal:

> Se le objetó que el magisterio debía ser arreligioso y apolítico. Su réplica fue varonil y arrolladora. Expresó que no aceptaba ningún fanatismo, que su incorporación a un culto, en caso de hacerlo, no significaba su renunciación a la libertad, y que la obediencia ciega e incondicional no comulgaba con su ser íntimo, consciente, pensante y autónomo [20].

Pero resulta irónico que Gabriela, al intentar que la Iglesia fuera más enérgica y atenta a las miserias humanas, aconsejara a los demás una ayuda que ella misma no podía aceptar. Porque, incluso suponiendo que la Iglesia se viera libre de corrupción, seguiría siendo inconcebible verla arrodillarse ante los altares o participando en la liturgia.

Considerando todos los argumentos anteriores y teniendo en cuenta el espíritu intelectual e independiente de esta mujer (que, a pesar de su necesidad de librarse de toda restricción, buscaba la dependencia de Dios), existe otra razón de su falta de interés por la Iglesia. Y es que la Iglesia no procuraba elevar el espíritu de sus fieles, sino que los sometía al ritual, ofrecía más sentimentalismo que piedad, exigía fe y no daba medios de sostenerla. Y Gabriela nunca pudo confiar la religión a seres humanos que no fueran mejores y más puros que ella. La gente sencilla acepta las enseñanzas de la Iglesia con mayor rapidez que los intelectuales, siempre sedientos de razones, conocimientos y comprensión [21]. En 1953, Gabriela analizaba retrospectivamente el fallo básico de la Iglesia de Chile:

---

[20] Figueroa, *La divina Gabriela*, p. 160.
[21] Ver Herbert J. Muller, *The Uses of the Past: Profiles of Former Societies* (Nueva York, 1954), pp. 174-181. Muller examina la historia

Repito que me parecen peligrosas y dañinas las polémicas sobre religión en países como los nuestros, en los cuales la sensibilidad católica es demasiado gruesa y sorda y estropea cualquier discusión [22].

La inhabilidad de la Iglesia para ofrecer una teología informada —términos en sí contradictorios— la forzó a buscar satisfacción en otra parte [23]. Hay que notar a este respecto que la teosofía ejerció su atracción sobre ella en 1909; esta filosofía exige un espíritu abierto y escrutador, y da gran importancia a la naturaleza racional de la religión y a la purificación del individuo [24].

La evidencia muestra que con el tiempo Gabriela volvió al catolicismo o al menos se acercó más a la Iglesia. En el artículo «Cristianismo con sentido social», previamente citado, se adivina un tono de reconciliación personal y de compromiso:

Yo que *he anclado en el catolicismo, después de años de duda,* me he puesto a hacer este buceo, con un corazón dolorido, por lo que mi fe pierde, pero a la vez con una mente lúcida, deseando, más que condenar, comprender el proceso.

El móvil filosófico que guió su reafiliación pública al catolicismo fue la idea de que éste era capaz de afirmar el

---

de la doctrina de la Iglesia, mostrando sus intentos de lógica y autojustificación.

[22] Dussuel, «Carta inédita», p. 21.

[23] Walter Kaufmann *(The Faith of a Heretic* [Nueva York, 1961], pp. 103-148, 261-289), señala las inconsistencias generales de la teología y la religión organizada; el desprecio de Kaufmann por el judaísmo organizado recuerda al de Gabriela por el catolicismo.

[24] Con esto quiero significar una investigación racional de los sistemas religiosos y no una esclavización de la inteligencia a la ciencia y el racionalismo. En efecto, la teosofía mantiene el aforismo yoga de que «la Inteligencia es el gran asesino de lo Real. Que el discípulo asesine al Asesino».

sacrificio y la caridad de Cristo a pesar del efecto cegador que ejercían la riqueza y el poder sobre la Iglesia de América del Sur:

> El catolicismo tiene que hacer la reconquista de lo que, por desidia o egoísmo, ha enajenado, y esto será posible si los católicos demostramos que, en verdad, somos capaces de renunciación, o sea, capaces de la esencia misma de nuestra doctrina [25].

Las reformas emprendidas en Bélgica, Alemania y Argentina para beneficiar a los trabajadores la convencieron de que la Iglesia no era totalmente incapaz de acción social y, por lo tanto, no debía ser condenada en su conjunto. Para ella, la cuestión básica estribaba en fomentar un movimiento análogo en América del Sur, donde más falta hacía, pero donde las posibilidades de cambio social resultaban mucho más difíciles.

José Santos González Vera afirma en una carta que me escribió el 12 de julio de 1962, que Gabriela

> volvió al catolicismo cuando estuvo en México y se perseguía allí a los católicos, que eran llamados entonces cristeros... Su catolicismo fue especial, quizás siempre mezclado a palabras, ideas o fórmulas de otras religiones. Se hizo católica nuevamente como protesta por la persecución que sufrían en México y seguramente también por meditación de lecturas de escritores neo-católicos.

Es muy comprensible su simpatía por el movimiento cristero de Méjico (1926-1928); ella se oponía a la supresión gubernamental de la libertad religiosa con la misma tenacidad con que deploraba la autocracia de la Iglesia. El gobierno mejicano destruyó brutalmente el creciente poder

---

[25] «Cristianismo con sentido social», pp. 474, 476, resp.

espiritual y físico de la Iglesia para impedir que el catolicismo volviera a ser una religión estatal y un desafío a la autoridad civil. Pero los soldados federales que obraban en defensa de las anticlericales Leyes de Reforma de 1857 —reforzadas por la Constitución de 1917— actuaron tan bárbaramente como los fanáticos cristeros que cometieron toda clase de atrocidades en nombre de «Cristo Rey». En este conflicto, Gabriela se alió a los de abajo, quienes en aquella circunstancia eran el clero y los que defendían el derecho al culto libre contra las medidas opresoras del gobierno central. En todo esto, es muy concebible que demostrara interés por los católicos y el catolicismo, sin que este apoyo constituyera suficiente prueba de que aceptaba la doctrina de la Iglesia. Quizá demuestra solamente que favorecía el mal menor y el partido más débil. Acaso sería más exacto decir que, cuando el gobierno mejicano llegó a ser más fanático en su acción de suprimir la religión que la Iglesia en predicarla, Gabriela ablandó más que antes —durante la Guerra Cristera— sus reproches a la Iglesia.

Entre 1922 y 1924 trabajó en organizar escuelas y bibliotecas rurales para los niños mejicanos analfabetos. Reducidas la influencia y afluencia de la Iglesia, los niños se veían obligados a asistir a las escuelas rurales del Estado. La situación toda era absurda. La Iglesia, que proporcionaba buena instrucción, quería desesperadamente recobrar su control de la educación religiosa y académica de los jóvenes, pero estaba prohibida por la Constitución de 1917 (artículos 3-IV, 27-II y 130). Cuando Gabriela estuvo encargada de organizar las escuelas rurales, sopesó los dos lados del problema y decidió en favor de la educación secular. Optó por una enseñanza defectuosa en un medio democrático antes que por una buena educación en ambiente represivo. Desde 1922 a 1929 vacilaba entre elogiar al gobierno por sus esfuerzos en levantar el nivel de la educación pública libre o censurarle por imponer un control tiránico del derecho al culto libre.

En efecto, Gabriela Mistral demostró posiciones contradictorias con respecto al papel de la Iglesia y del Estado en la educación de los niños. Ejemplificaba una actitud suya con las palabras de Cristo a los fariseos sobre el tributo romano *(Mateo* 22, 21): «Dad, pues, al César lo que es del César, y a Dios lo que es de Dios» [26]. Deducía de esto que Cristo era partidario de la separación de la Iglesia y el Estado en materia de educación; la Iglesia tenía que ocuparse de enseñar moralidad, ética y la Palabra de Dios. Sin embargo, descartaba ella misma esta afirmación negando las teorías educativas ateas de su mentor Jean-Jacques Rousseau. De acuerdo con Maria Montessori y Rabindranath Tagore, ambos admiradores de Rousseau, rechazó la educación sin Dios en un medio secular:

> L'Hindou s'inspirant lui aussi des principes pédagogiques de Rousseau, a fondé dans le voisinage de Calcutta une école qui est défendue contre l'odieux rationalisme du Génevois par un riche et admirable enseignement religieux [27].

Según el comentario siguiente, los valores espirituales cristianos ocupan un lugar justo y necesario en la escuela:

---

[26] El punto de vista de Gabriela Mistral se explica en «Cómo edifican», *La Nueva Democracia*, XII, 1 (1931), p. 13, ensayo sobre la catedral *Saint John the Divine* de Nueva York. Se refiere a los conceptos de grandeza, igualdad y burocracia en la vida religiosa norteamericana.

[27] Todas las citas de este párrafo vienen de Gabriela Mistral, «Considérations sur Rousseau et autres réflexions», *Revue de l'Amérique Latine*, XI (abril 1926), 324-326. Se trata de una réplica a un ataque contra sus ideas sobre religión y pedagogía que le lanzó Andrés Montserrat, «Gabriela Mistral sur la pente ...», *Revue de l'Amérique Latine*, X (septiembre 1925), 270.

Je m'élève également contre l'accusation d'anticléricalisme
portée contre moi. Un des buts que je me proposais en allant
à cette société de professeurs ... était justement de défendre
l'enseignement religieux à l'école. J'ai exalté cet enseignement
en butte à des attaques et à des railleries cruelles, me donnant
ainsi la joie profonde de défendre le Christ.

Estaba dispuesta a condenar al Ecuador teocrático del
Presidente Gabriel García Moreno, donde sólo florecía una
religión respaldada por el Estado, e igualmente el ateísmo
de la Unión Soviética, que había formado escuelas excelen-
tes pero tiranizaba a los grupos religiosos. Su punto de
partida en la cuestión de la educación respecto a la Iglesia
y el Estado consistía en defender el derecho del cristianismo a formar parte de un sistema escolar. Esto constituía
un aspecto de su concepto de una filosofía cristiana y democrática:

> ... que je suis sur le sol éternel de la démocratie chrétienne;
> mais d'une démocratie chrétienne courageuse et non tiède, loyale
> à Dieu et aux hommes et non traîtresse à Dieu et aux hommes.

La reconciliación de Gabriela Mistral con el catolicismo
se habría realizado ya, seguramente, cuando en enero de
1957 agonizaba a causa de un cáncer en el hospital de
Hempstead, Nueva York. Sin embargo, hay que andarse con
cuidado antes de afirmar con seguridad que Gabriela aceptó
los últimos sacramentos, no sólo por su constante actitud
negativa en aceptar la doctrina de la Iglesia, sino porque
los datos que vamos a dar, proporcionados por personas
que presenciaron sus días finales, muestran discordancias
y diferencias de opinión. En primer lugar, su interés del
último momento por el «Kol Nidre» y los *Salmos* (ver Cap.
III) no sugiere una preocupación ortodoxa de morir en los
ritos católicos sino, más bien, una oposición a la religión

institucionalizada de la Iglesia y una voluntad de aceptar la forma de expiación que recuerda a los judíos. Pero tampoco no hay que exagerar sobre este punto su pretendido judaísmo, porque también es posible alegar que aquella insistencia en escuchar las escrituras del Antiguo Testamento y el canto arameo brotaba de su necesidad de belleza y de su melancolía.

Los testimonios de amigos y clérigos son tan contradictorios que resulta difícil saber si Gabriela reclamó conscientemente los ritos de la Iglesia y los pudo comprender. El Reverendo Padre Joseph E. Dunn, de la Iglesia de Nuestra Sra. de Loretto de Hempstead, afirma en una carta del 18 de diciembre de 1965, que me ha permitido citar, que Gabriela estaba en estado semiinconsciente cuando (el 2 de enero) el capellán local, que desea permanecer en el anónimo, le administró los últimos sacramentos [28]. Otra fuente de información asegura que Gabriela recibió los sacramentos «con mucha devoción y con toda lucidez de mente» de manos de un sacerdote americano [29]. Es obvio que existe un

---

[28] En un informe de Carlos Escudero, «Sacerdote chileno impartió Bendición Apostólica a poetisa Gabriela Mistral», *El Mercurio*, 9 enero 1957, p. 1, se llama al sacerdote Reverendo Padre William Scrill.

[29] Margaret Rudd permitió generosamente el 4 de diciembre de 1964 citar una carta que le había enviado a ella la señora Mercedes García-Huidobro de Dublé, íntima amiga de Gabriela, la cual había sido informada el 10 de enero de 1957 por el P. Ivan Nikolić, S. J., de que Gabriela estaba consciente y ansiosa por recibir los Sacramentos. Evidentemente el Padre Nikolić lo sabía sólo de oídas; a él no se le permitió ver a Gabriela el 9 de enero de 1957 según afirma en una carta que me escribió a mí el 1 de diciembre de 1965: «Así pues, me volví a casa sin haber visto a la Srta. Mistral. Más tarde me arrepentí de no haber entrado por la fuerza a su habitación, pues dudaba mucho de las seguridades que me dieron de que ya había sido visitada por un sacerdote». Es difícil conciliar su carta del 10 de enero de 1957, inflexible en sus convicciones, con la del 1 de diciembre de 1965, llena de remordimientos y dudas.

conflicto entre las dos afirmaciones al referirse a «estado semiinconsciente» y «toda lucidez de mente». Con respecto a la Bendición Papal para los moribundos que le administró el 8 de enero el Reverendo Padre Renato Poblete, S. J., éste afirma en una carta dirigida a mí el 22 de diciembre de 1965, que ella sí estaba consciente:

> Cuando yo fui a verla aún tenía a mi juicio conocimiento, y le di la bendición para los que están moribundos, que recibió a mi parecer aceptándola.

Sin embargo, un estudio día por día de su estado progresivamente grave, hecho por Josué Monsalve, que defiende la idea de que «moría como una conversa en el seno de la religión católica», declara, contra las opiniones precedentes, que permaneció inconsciente desde el 4 de enero hasta su muerte seis días después [30].

Estas afirmaciones ambiguas y aun contradictorias no deben hacer suponer que los mencionados corresponsales no fueran veraces. La dificultad de precisar detalles de tiempo se une a la de evaluar subjetivamente una aceptación consciente y voluntaria —bajo la acción de sedantes y en estado comatoso— de la bendición católica. Por sí sola, la participación de tantos sacerdotes indica ya cierta actitud positiva hacia la Iglesia. Pero las apariencias pueden engañar también, porque voy a citar un testimonio de Luis Vargas Saavedra que pone en tela de juicio lo antedicho:

> ... Doris Dana no quería traerle ni curas ni cosa católica alguna, pues según ella (que es atea) a Gabriela no le interesaba nada de aquello, y que, después de ser visitada por el Padre Poblete, le dijo: «¿Por qué hiciste eso?». A Doris todo

---

[30] Josué Monsalve, *Gabriela Mistral: La errante solitaria* (Santiago, 1958), p. 103.

ese allegamiento litúrgico le parecía un desacato a Gabriela
(1 de junio de 1972).

Si esto es cierto, sólo tiende a subrayar el carácter am-
bivalente de la secretaria y fiel amiga que puso una cruz
de plata en el féretro de Gabriela y permitió que los servicios fúnebres se efectuaran en la Catedral de San Patri-
cio de Nueva York. Hasta que no se resuelvan estas y otras
discordancias continuará habiendo dudas sobre el concepto
del catolicismo de Gabriela en sus últimos momentos.

TEOSOFÍA

Cuando Gabriela Mistral renunció a la religión que le
había sido impuesta desde la infancia, buscó nuevos sistemas religiosos [31]. Al decidirse a seguir la teosofía, se liberaba
de las restricciones de la teología y de los conjuros de los
sacerdotes, sin negar nunca los aspectos esenciales del cristianismo: las enseñanzas, las reglas morales y el sacrificio
de Jesucristo. La teosofía, entretejida con conceptos cristianos y budistas, desempeñó en su vida y en su poesía un
papel decisivo. Gabriela absorbió de la doctrina teosófica
los elementos que mejor respondían a sus necesidades particulares: la idea de la unidad de todas las criaturas y todas las cosas; la investigación intelectual y racional del funcionamiento de las religiones; la necesidad de meditación
y contemplación; la creencia de que hay una regla de acción que, si se sigue, libera al hombre del dolor corporal;
el sentimiento de que la muerte, al despojar de la carga del
cuerpo, permite al individuo encontrar la paz eterna.

---

[31] Cofre Silva, «Gabriela Mistral», p. 35: «En materia de religión
Gabriela Mistral ha ido buscando racionalmente su camino».

La teosofía es más amplia que cualquier religión, inclusive el budismo y el cristianismo, fuentes de gran parte de su doctrina. Sus seguidores tratan de adivinar la naturaleza oculta de todas las religiones. Creen que el período primitivo de una religión, anterior a distorsiones por la sociedad, los teólogos y el desenvolvimiento, es la etapa en que tal religión constituye un «don para la humanidad» [32]. Una autoridad divina, bien sea un mesías o un salvador-maestro, aporta al mundo una doctrina exotérica y esotérica. La fase exotérica está clara para las masas y trata de la moralidad, del bien y del mal, de la conducta personal de los hombres en la tierra. En cambio, la esotérica se imparte en sociedades secretas sólo a los iniciados bien preparados y disciplinados.

> Este conjunto de conocimientos preciosos, esta enseñanza recóndita de los dioses a la humanidad es, y sobra decirlo, la Antigua Sabiduría: la teosofía. O al menos la teosofía reclama la clave de todo este cuerpo de doctrina. Siempre ha estado en el mundo pero nunca públicamente hasta ahora [33].

La doctrina teosófica se encuentra en los libros sagrados de la India, la China, Persia, Babilonia, Egipto y Grecia. El teósofo tiene que estudiar todas las religiones para comprender su arcana sabiduría. La teosofía abarca el budismo y el cristianismo centrando la atención en sus puntos comunes, esto es, que ambos tienen un salvador humano y una ética similar y dan la misma importancia a la necesidad de purificarse. Aparte de estas afinidades generales, un escrutinio más profundo revela muchas diferencias de método y propósito. Los problemas del nacimiento y de la muerte,

---

[32] Alvin Boyd Kuhn, *Theosophy: A Modern Revival of Ancient Wisdom* (Nueva York, 1930), p. 4.
[33] *Ibid.*, p. 6.

la existencia de Dios, la actividad y la quietud, se reconcilian bajo formas divergentes.

Los biógrafos de Gabriela Mistral no consiguen dar cuenta detallada de su adhesión a la teosofía. La información escasa que existe se refiere a su asistencia infrecuente desde 1912 a 1914 a una logia de Antofagasta (Chile), llamada Destellos [34]. Carlos Parrau Escobar, que la presidía, explicaba los puntos esenciales del movimiento y regaló a Gabriela *La voz del silencio* y un volumen de historias cortas de Mme Blavatsky. Gabriela, convencida de que los principios de la logia coincidían con sus propias creencias, y deseosa de calmar su angustia mental haciendo ejercicios budistas, defendió activamente la doctrina y la tradición teosóficas [35]. Escribió poemas para dos periódicos teosóficos publicados en Santiago: *Nueva Luz*, en cuyas páginas apareció «El himno del árbol» (diciembre de 1913), y «La charca» (marzo de 1914); y la *Revista Teosófica Chilena*, para la cual escribió en agosto de 1914 «El placer de servir», poema sentimental pero sincero. Durante este período también colaboró con poemas de naturaleza teosófica en una revista de Chillán, *Primerose*, y otra de Valparaíso, *Luz y Sombra* [36].

---

[34] Augusto Iglesias, *Gabriela Mistral y el modernismo en Chile: Ensayo de crítica subjetiva* (Santiago, 1949 [1950], pp. 209-211). Confirmado en correspondencia personal con Jal B. Dorab, secretario registrador de la Sociedad Teosófica de Adyar, India, el 12 de diciembre de 1963. Quisiera dar las gracias a Ann Kerr Wylie, secretaria nacional de la Sociedad Teosófica de América, por su ayuda e interés. (Los Apéndices A y B contienen información más extensa sobre el fondo teosófico de Gabriela Mistral.)

[35] Monsalve, *Gabriela Mistral*, p. 41. Monsalve me ha guiado en estas cuestiones. Sin embargo, platiqué con don Carlos Parrau Escobar (1966), y este octogenario no pudo acordarse (o no quiso) de que Gabriela fuese socia de la logia Destellos.

[36] Julio Saavedra Molina, «Gabriela Mistral: Su vida y su obra», en *Poesías completas de Gabriela Mistral*, ed. Margaret Bates (2.ª

Julio Saavedra Molina sugiere que *Tala* procede del sánscrito [*talaō* 'piso', 'llanura'], «lengua madre de la teosofía, ... ya que su *Tala* tiene de llanura, plano astral, desolación y angustia»[37]. Esta novel interpretación parece ser menos válida que la que sostiene que *Tala* se refiere al desbroce del bosque para hacer nuevas plantaciones y se extiende a una renovación de la fe y la confianza. *Tala* implica sacrificio, un metafórico derribo a hachazos de la Cruz que estaba enhiesta en *Desolación*. Sin embargo, el espíritu cristiano se reafirma en *Tala* en los «Nocturnos» y «Las locas letanías». Además, en *Tala* corta los lazos con el pasado: Chile, sus parientes, la poesía sentimental de *Desolación* y *Ternura*. Su poesía ya no refleja exclusivamente el paisaje exterior chileno o su tormentoso paisaje personal interior. Ahora mira más allá de Chile y de su propia existencia hacia las culturas precolombinas, donde el pasado informa el presente para que la raza y el individuo puedan encontrar sus raíces. *Tala* simboliza, también, el librarse del pesado cuerpo, «la cobra», como llama Gabriela a la masa que la ata a la materia terrena. *Tala*, no obstante su significado en el sánscrito, señala la transformación de su poesía en forma, sentimiento y substancia.

La teosofía, como el cristianismo, requiere una disciplina física y moral. En este aspecto, González Vera observa en Gabriela una intensificación del ascetismo producido por

---

ed. rev., Madrid, 1962), pp. XX, LXXXIX-XC. Ver también Raúl Silva Castro, *Producción de Gabriela Mistral de 1912 a 1918* (Santiago, 1957), pp. 37, 40-42.

[37] Saavedra Molina, *op. cit.*, pp. LXXVII-LXXVIII. Arturo Torres Rioseco presenta otra teoría en *Gabriela Mistral* (Valencia, 1962), páginas 28-29, basada en el árbol Tala que se encuentra en Brasil y en Argentina: «Tala es otra voz de desolación y muerte, árbol sin sombra, desnudo de pájaros, acribillado de saetas, en tierra de Goyaz o en la pampa argentina».

sus estudios orientales y por un intento de purificación del cuerpo y del espíritu. Se priva de la carne y en cambio «se alimenta de vegetales (ya siente el influjo de los santones de la India); paladea la miel, se harta de frutas, pasteles y dulces». Se viste severamente: «Viste con sencillez austera, anda erguida y peina sus cabellos hacia atrás». Por la noche, en la soledad de los Andes, se entrega gozosamente a la meditación.

> Cuando la rodea el silencio nocturno, su espíritu huelga por el universo, se asoma al plano astral, recréase con el aura de los grandes iniciados y se entrega a la meditación pura. Si la embarga una dulce felicidad, permanece minutos y minutos en el nirvana [38].

La renunciación propia formaba parte de sus ejercicios del Yoga [39]. El propósito del Yoga es

> profundizar en una experiencia en que el espíritu se arranca de su conexión con el cuerpo y, convirtiéndose así en algo libre e incorpóreo, alcanza su propia y universal infinitud, vuela con el viento y busca subir, incluso hasta las más altas cimas del Ser y la Esencia, para lograr así una experiencia universal [40].

Para el temperamento occidental es prácticamente imposible aceptar todas las prácticas del Yoga, y Gabriela Mistral estuvo siempre más interesada en la contemplación, la salud y los aspectos espirituales del Yoga que en las

---

[38] González Vera, «Comienzos», p. 24.

[39] Víctor Alba afirma: «...leyó cosas orientales, se interesó luego por la Christian Science y, a su modo, practica la oración yoga, de contemplación y concentración» (ver «La Mistral vista por su amiga y secretaria», *Anales*, CXV, 106 [1957], 92).

[40] Rudolph Otto, *The Original Gītā: The Song of the Supreme Exalted One* (Londres, 1939), p. 119.

manipulaciones físicas exageradas que se asocian con frecuencia al Yogi. Mme Blavatsky reconocía que solamente los más fervientes podían soportar el total renunciamiento propio con el fin de comprender el alma. Pero también los «modestos benefactores de la humanidad» podían contribuir a ello sin necesidad de sufrir los rigores de las prácticas del Yoga [41].

La intensa dedicación de la poetisa a sondear su propia naturaleza, la del universo y la de Dios, se manifestaba en ejercicios espirituales llamados «Prácticas». Las «Prácticas» consisten en frases espirituales que Gabriela encontró en libros de diferentes autores (p. ej., Sri Aurobindo, Rudolf Steiner, Vivekânanda), y que hizo copiar para poder meditarlas o glosarlas. En efecto, ella iba componiendo (Brasil, 1943-1945) una antología religioso-mística de uso personal, tipo de «Libro de Horas», con un texto especial para cada día. Las «Prácticas» demuestran una percepción intelectual de la presencia del Espíritu Universal en el ser interior de la poetisa y al mismo tiempo revelan su deseo de compartir esta presencia con los que la escuchan. En las siguientes palabras citadas, cuyo autor ignoro, Gabriela señala la actitud física y mental adecuada que adopta para que la búsqueda de lo universal pueda empezar de verdad dentro del individuo:

> Los que quieran obtener resultados por medio de sus fuerzas mentales deben, antes que nada, *abstenerse de las discu-*

---

[41] Kuhn, *Theosophy*, p. 268. Kuhn atribuye a Mme Blavatsky la siguiente definición del teósofo: «Cualquier persona de capacidad intelectual media y cierta inclinación a lo metafísico; de vida pura y generosa, que encuentra más alegría en ayudar a su prójimo que en recibir ayuda él mismo; el que está siempre dispuesto a sacrificar su propio bienestar por el de los demás y aquel que ama la Verdad, la Bondad y la Sabiduría por sí mismas y no por el beneficio que puedan aportarle, es un teósofo».

siones. Éstas producen una divergencia absoluta de vibraciones e *impiden a las fuerzas cósmicas el manifestarse*[42].

Subrayaba a menudo los requisitos para una relación armoniosa con el Universo: la «respiración recta», el relajamiento cuando «todos los músculos están en perfecto descanso» y la concentración lograda por medio de luces anaranjadas. Pero, sobre todo, el «obtener una perfecta imagen mental de su acción sobre los organismos». Estos mismos ejercicios para efectuar la comunión con el Universo son también beneficiosos para aliviar el dolor mental y físico. Pero el fin principal del practicante es espiritual, no físico.

Algunos teósofos prestan más atención a los misterios del origen del universo que a los fines morales y éticos, con el motivo de atribuir a la teosofía poderes sobrenaturales. Otros, que se consideran a sí mismos como oráculos, confían demasiado en el espíritu divino interior y no se preparan con bastante rigor para la santidad que, según la señora Annie Besant, habían de adquirir los iniciados. Estos mismos auto-nombrados oráculos usan la teosofía para unirse a Dios, para ponerse en contacto con los espíritus, o incluso

---

[47] Reel F, Cuaderno 64, p. 20, Manuscript Division, Library of Congress. Debo especial gratitud a Doris Dana por el permiso para consultar la copia en microfilm de estos escritos inéditos. Las citas e ideas de este párrafo vienen del 64, pp. 8-15. La Biblioteca me concedió dos semanas para consultar 19 rollos del microfilm, tarea imposible. Debido al apuro y a la prohibición de reproducir el material, cometí varios errores de autoría en la primera edición, en inglés, de este libro. Luis Vargas Saavedra, que guarda copia del microfilm y que ha estudiado con más detención este asunto, ha tenido la gentileza de mandarme datos correctos (1 de junio de 1972). Los pasajes en estas y las siguientes «Prácticas» que yo atribuí originalmente a Mistral son, en realidad, de otros autores, según el registro que hizo Vargas de la caligrafía, el vocabulario y la sintaxis. ¿De quiénes? Sólo un examen minucioso puede revelar eso.

para predecir el futuro a base de un universo ordenado y determinado con anterioridad. Este aspecto de la teosofía ha sido al mismo tiempo la fuente de su novedad y la causa de su desprestigio [43]. Otros teósofos más humildes, al comprobar las implicaciones metafóricas del universo que esta filosofía pretende describir, no presumen de poderes especiales tomando como base tales conocimientos. De su habilidad para descifrar las leyes cósmicas, sacan más bien una seguridad espiritual y personal.

La discusión precedente sirve como introducción al estudio de lo oculto en la vida y la poesía de Gabriela Mistral. La teosofía aprueba prácticas ocultas realizadas por los mismos compañeros iniciados en doctrina esotérica, pero condena el ocultismo como charlatanería en manos de los no teósofos [44]. Y puesto que la teosofía permite a todos sus seguidores un conocimiento de la vida espiritual dentro y más allá de la materia, y de las misteriosas fuerzas que operan en el universo y dentro del hombre, es evidente que les atrae el ocultismo. Algunos críticos consideran que Gabriela es ocultista debido a sus estudios teosóficos. Este juicio insostenible no tiene en cuenta el que el ocultismo exija una completa entrega física y emocional que a su vez se convierte en un estilo de vida. Está bien claro que Gabriela no pretendió ser ocultista en este sentido extremo.

De hecho, en el pasaje que vamos a transcribir de sus «Prácticas», se advierte su aversión a la comunicación con los muertos:

---

[43] Ver el estudio de Austin Warren sobre la práctica de W. B. Yeats de la teosofía y el ocultismo en *A Rage for Order: Essays in Criticism* (Ann Arbor, 1948), pp. 71-83.

[44] Ver Helene P. Blavatsky, *The Key to Theosophy* (Londres, 1889), pp. 21, 24, 25.

Algunas almas en oración, al llegar el silencio, se sienten fluctuar en el plano astral o psíquico y allí a los desencarnados.

Éstos quieren comunicarse con ellos y ser reconocidos.

Es esa una tremenda tentación.

La experiencia es fascinante pero debéis desear subir a plano más alto.

Si esa intromisión sobreviene, levantaos y rechazad las visiones astrales.

Declarad que no es eso lo que buscáis. O decid expresamente: «Nadie se puede interponer entre el Cristo, puente de toda vida, y yo, su criatura». O bien decid esta oración: «Tu voluntad, Señor, se haga ahora en mí» [45].

Gabriela Mistral procuraba evitar los trucos espiritistas o espiritualistas que hubieran dado un aspecto fraudulento a sus convicciones religiosas. Ella abraza un autor que repudia cualquier presencia divina que no fuera la de Cristo:

Cada uno de nosotros tiene acceso directo al Cristo que está en nosotros: el Ser de nuestro ser.

Para satisfacción espir[itual] de N[uestro] Ser, sólo nos queda el grito nostálgico del niño hacia su Padre-Madre: ¡Abba!

Volveos niños [*Mat.* 18, 3] y aprended a permanecer silenciosos escuchando lo que J.C.N.S. va a decir, a manar, a poner sobre la parte intuitiva nuestra. Ésta no es la consciencia sino el espíritu mismo.

Ligaos a ese eje, a esa fuente, en todos los momentos de vuestra vida: «Ven y juntos razonaremos» [*Isaías* 1, 18], dice el Señor.

En estas selecciones vemos a Gabriela muy cerca de un misticismo espiritual. Pero es muy difícil determinar cla-

---

[45] Reel E, Cuaderno 1, 31 de julio de 1944, fuente también de la cita que sigue a continuación.

ramente quién sea aquí el místico. No son exhortaciones
que redundan únicamente en el mundo privado de la poetisa, sino más bien súplicas dirigidas a los demás para que
obren como ella. Al clamar en voz alta, aunque de manera
retórica, la voz silenciosa se quebranta; entonces las masas
pueden entrar donde sólo se atreven a penetrar los iniciados. Gabriela Mistral se considera una iniciada, y esta idea
la dispone a extender a los demás lo que ya es suyo. Es
imposible pasar por alto la devoción, la intensidad y la
pureza de espíritu que dominan en estas vislumbres íntimas de su mundo religioso. Al alcanzar lo arcano, la divina
presencia continúa habitando por dentro.

Las manifestaciones de lo oculto en su poesía se prestan
para revelar más profundamente la naturaleza recóndita
del mundo que ha creado. La astrología se integra a sus
temas de amor, de comunión con los muertos, de separación, de la eternidad y de la naturaleza. Por ejemplo, en el
caso de Rut y Booz, la contemplación de las estrellas los
lleva a tramar su destino común; él, para cumplir con las
palabras de Yahvé; ella, para alcanzar su satisfacción personal:

> Ruth vio en los astros los ojos con llanto
> de Booz llamándola, y estremecida,
> dejó su lecho y se fue por el campo...
>
> («Ruth», p. 14)

Por otra parte, en «Los sonetos de la muerte», la astrología profetiza la muerte del amante pérfido:

> Se hará luz en la zona de los sinos, oscura;
> sabrás que en nuestra alianza signo de astros había,
> y, roto el pacto enorme, tenías que morir...
>
> Malas manos tomaron tu vida desde el día
> en que, a una señal de astros, dejara su plantel

nevado de azucenas. En gozo florecía.
Malas manos entraron trágicamente en él... [46].

(p. 82)

El pacto sideral del amor parece proceder así de fuerzas que ya no pueden controlar ni el hombre ni la mujer, como aquél presagiado en el prólogo de *Romeo y Julieta* de Shakespeare: «From forth the fatal loins of these two foes, / a pair of star-cross'd lovers take their life». (De la entraña fatal de estos dos enemigos, cobran vida bajo contraria estrella dos amantes. Traducción de Luis Astrana Marín). El destino que aquí se contempla es, en su inexorabilidad, muy similar al Karma hindú y budista; ni ruegos ni perdones pueden salvar al amante, que debe pagar solo sus pecados.

El cielo que amenaza tragedia, anuncia en cierta región celeste la llegada de los muertos:

¡Oh, no! ¡Volverlo a ver, no importa dónde,
en remansos de cielo o en vórtice hervidor,
bajo unas lunas plácidas o en un cárdeno horror!

(«Volverlo a ver», p. 95)

La muerte del poeta mejicano Amado Nervo ofreció a Gabriela la posibilidad de una reunión astral «sobre la Cruz del Sur que ... mira temblando...» («In memoriam», p. 23). La muerte de la madre de Gabriela puso al descubierto revelaciones íntimas sobre las súplicas nocturnas de la poetisa a las estrellas pidiéndoles comunicación:

Estoy sola con la Noche,
la Osa Mayor, la Balanza,

---

[46] Ver en Iglesias, *Gabriela Mistral*, p. 208, un comentario sobre la teoría astrológica que afirma que estos sonetos reflejan «ciertas creencias ocultistas de Gabriela».

> por creer que en esta paz
> puede viajar tu palabra
> y romperla mi respiro
> y mi grito ahuyentarla [47].
>
> («Madre mía», p. 728)

La noche estrellada, propicia a la comunicación de las almas, también permite a la poetisa clamar su propio destino y su angustia:

> Estrella, estoy triste.
> Tú dime si otra
> como mi alma viste.
> —Hay otra más triste.
>
> («Balada de la estrella», p. 138)

Y la lejana estrella responde:

> —Soy yo la que encanto,
> soy yo la que tengo
> mi luz hecha llanto.
>
> (p. 139)

En efecto, el propio destino de Gabriela está tan íntimamente ligado a las estrellas como el de Rut, Amado Nervo o su madre. Gabriela, al reflejar a través de las estrellas el deseo de amor y paz de la moabita, la búsqueda del mejicano de un Dios a quien no puede entender o el ansia de la paz en la muerte de una insignificante mujer chilena, no hace sino dar forma a sus propios sentimientos, que están de acuerdo también con el punto de vista teosófico.

La distinción principal entre los salvadores-maestros, Cristo y Buda, es que el acto final de Cristo representó el

---

[47] Cfr. «La medianoche», p. 411: «Oigo / a mi madre dormida / con dos alientos. / (Duermo yo en ella, / de cinco años)».

aniquilamiento de la *vida* física con el fin de alcanzar la exaltación espiritual de la Resurrección, mientras que Buda ejemplificó la extinción del placer de *vivir* para librar al hombre del dolor a que sus deseos le llevan. Todo el mundo conoce las semejanzas entre la misión de Cristo y la de Buda, pero será muy provechoso trazar el paralelo entre Buda y San Francisco de Asís, que, sin ser Dios, representó mejor que nadie el espíritu divino de Cristo en la tierra. Aunque sólo sea por esta razón, la comparación entre Buda y San Francisco resulta más apropiada, ya que Buda tampoco era Dios, a pesar de sus atributos superiores. Indudablemente, San Francisco, por quien Gabriela sentía una fuerte atracción [48], enseñó y poseyó la verdadera ética y las virtudes que Buda ensalzó en el Noble Camino de los Ocho Senderos. En efecto, como consecuencia de la semejanza de sus éticas respectivas, las filosofías de ambos reflejan la humildad con imágenes tan parecidas que hacen difícil una clara identificación.

Si bien su ética es similar, sus métodos y propósitos son distintos. San Francisco se flagelaba con una severidad cada vez mayor. Buda en cambio, después de un período inicial de ascetismo exagerado, renunció a torturarse a sí mismo considerándolo como vanidad y como una destrucción injustificable, incapaz de llevar a la verdad [49]. Mientras que las penitencias extremadas de San Francisco reflejan la expiación por el sacrificio de Cristo, la decisión de Buda de

---

[48] Ver Gabriela Mistral, «Motivos de San Francisco», *Páginas en prosa*, ed. José Pereira Rodríguez (Buenos Aires, 1962), pp. 25-52. Cfr. la misma obra en una edición que tergiversa la puntuación y el vocabulario de Gabriela Mistral: *Motivos de San Francisco*, ed. César Díaz-Muñoz Cormatches (Santiago, 1965). Cfr. también dos recensiones diferentes de este último texto, la de Alfredo Lefebvre en *La Nación*, 1 mayo 1966, p. 5, y la de Luis Vargas Saavedra en *Mapocho*, XIII, 1 (1966), 256-260.

[49] Christmas Humphreys, *Buddhism* (Baltimore, 1958), p. 32.

renunciar al placer tenía por motivo su intento de eliminar el sufrimiento personal. Según San Francisco, el sufrimiento con el propósito de participar de las heridas de Cristo divinizaba a la víctima. Buda no reconocía a un Dios, sino una perfección divina a la que podía llegar el hombre por sus actos de penitencia y sinceridad. San Francisco, en suma, soportaba la humildad para tratar de igualarse a la de Cristo, simbolizada por su muerte. Buda se humillaba para evitar ese dolor de vivir que nace del deseo de las cosas terrenas. Dejando bien claras estas distinciones, es posible contrastar a continuación el modo en que la poesía de Gabriela Mistral trata los temas del envilecimiento propio y de la purificación del espíritu por medio del desprendimiento de los objetos materiales.

La humildad (del latín *humus*, 'tierra') aparece en numerosas referencias de la poetisa a la arcilla y al barro. Según la Biblia, Dios formó a los hombres de barro, lo cual confirma la teoría de la pobreza esencial del cuerpo. Gabriela, por extensión, aplica la teoría a todos los objetos físicos que, como el cuerpo, tienen sólo una naturaleza transitoria:

> Y que, por fin, mi siglo engreído
> en su grandeza material,
> no me deslumbre hasta el olvido
> de que soy barro y soy mortal.
>
> («El himno cotidiano», p. 351)

La palabra «arcilla» es metáfora favorita de la poetisa: designa la materia sin vida y por lo tanto desprovista del deseo [50]. Un hombre formado de arcilla no sentiría las pasiones que podrían en último término consumirle:

---

[50] Ver en «Motivos del barro», *Desolación* (2.ª edición, Santiago, 1957), pp. 214-219, múltiples significados simbólicos de tierra y arcilla.

>   Yo sueño con un vaso de humilde y simple arcilla,
> que guarde tus cenizas cerca de mis miradas;
> y la pared del vaso te será mi mejilla,
> y quedarán mi alma y tu alma apaciguadas.
>
>   No quiero espolvorearlas en vaso de oro ardiente,
> ni en la ánfora pagana que carnal línea ensaya;
> sólo un vaso de arcilla te ciña simplemente,
> humildemente, como un pliegue de mi saya.
>
> («El vaso», p. 98)

La pobreza de la carne se intensifica al evitar todo adorno superfluo y al vestir la más burda arpillera. La «maestra rural» se envuelve en «sayas pardas», o el cuerpo mismo
puede ser su propia arpillera, como en «carne es su propio
sayal» («La maestra rural», p. 51; «Nocturno de los tejedores viejos», p. 390). San Francisco, modelo de humildad,
llegaba hasta «coser un áspero saco sobre su propia túnica»
para hacer más intensa la mortificación y porque no sentía
necesidad de otros vestidos:

> Aquel hombre, revestido de las virtudes de lo alto, se abri-
> gaba interiormente con un ropaje divino mejor que si llevara
> solamente el material [51].

La esencia de la humildad cristiana se alcanza cuando
el cuerpo se ha despojado de sus últimas posesiones y ha
cortado los lazos con cualquier símbolo de riqueza terrestre: «Ahora suelto la mártir sandalia / y las trenzas pidiendo dormir» («Nocturno», p. 80) [52]. El sueño, para el
penitente humilde, significa la muerte en los brazos de Cris-

---

[51] San Buenaventura, *The Mirror of Perfection* (Nueva York,
1951), p. 257.
[52] Cfr. *Lucas* 7, 38, donde desatarse el cabello significa humildad,
como rasurarse la cabeza significa dolor y abatimiento (*Isaías* 15, 2
y *Números* 5, 18).

to: «Por eso es que te pido, / Cristo,... ¡para mis pulsos, / y mis párpados baja!». En los versos finales de «Éxtasis», lleva la humildad cristiana a sus últimas conclusiones, una total sumisión a la voluntad de Cristo: «Recíbeme, voy plena / ¡tan plena voy como tierra inundada!» (p. 65).

Mme Blavatsky resume la *raison d'être* de la teosofía en una frase clave:

> Es en esencia la filosofía de los que sufren y han perdido toda esperanza de verse libres del cenagal de la vida por cualquier otro medio [53].

Tiene valor especial «cenagal de la vida», que en este contexto puede referirse, aparte la desesperanza y la frustración, al pecador irredimido, al hombre desprovisto de valores espirituales o, cuando más, al esclavo de una fe errónea. Esta misma idea se graba en las obras de Gabriela y se repite esencialmente en «Primavera», «La charca» y «Limpia tu fuente», las dos últimas escritas en prosa poética. Las tres son parábolas interconectadas —cada una a su manera— sobre la transformación de un charco de agua sucia en corriente purísima. En «Primavera» se sugiere que tal cambio es posible reflexionando sobre la pureza:

> ¡Y hasta una charca pútrida, copiando en su agujero
> la turquesa de arriba, se está transfigurando! [54].

El asunto común en las tres es que los pensamientos malignos y la fealdad superficial ocultan la belleza subyacente que aguarda ser revelada:

---

[53] Blavatsky, *The Key*, p. 37.
[54] Silva Castro, *Producción*, p. 77, ofrece este poema llamado «Primavera», que no aparece en *Poesías completas*. Fue publicado por primera vez en *Primerose* que, a juzgar por el título, debe ser una publicación teosófica.

Cuando los seres te parecen mezquinos y la vida se desfloca, parda, como una cepa muerta, es que te han enturbiado tu linfa; limpia tu fuente [55].

«Himno al aire», que es un peán a la vida exenta del sufrimiento, se refiere al triple dilema del hombre y a la única solución para él:

Cree en mí con beato ardor, místicamente,
y déjame insuflarte nueva alma y nueva esencia;
que te cambie el espíritu, y la carne y la mente,
cuya triple fatiga mancilla la existencia [56].

Lo indispensable para llegar a librarse del dolor es eliminar el deseo que nace del apego a las cosas no permanentes. Por ejemplo, la hermosa flor del loto, con sus raíces enterradas en el barro, se levanta sobre la fetidez y la humedad que la rodean hacia el aire y el sol:

Ábrete entero. Así los lotos de cien hojas.
Y vive en mí como ellos viven sobre las aguas,
y me entre por tus venas, como por brechas rojas,
a encenderte la vida como se encienden fraguas [57].

A semejanza del loto, el hombre puede alzarse sobre el cieno que rodea su ser inferior para buscar la unión con el Ser Universal [58]. Al hacerlo, rechaza la siempre cambiante

---

[55] «Limpia tu fuente», citado por Silva Castro, *Producción*, página 97. Cfr. «La charca», *Desolación*, p. 258, publicado primeramente en *Nueva Luz* (Órgano de la Rama Teosófica Arundhali), III, 24 (marzo 1914), 570-571.

[56] Silva Castro, *Producción*, p. 75.

[57] *Ibid.*, pág. 74. Cfr. «La fuga», *Poesías completas*, p. 378, donde hay una posible imagen similar budista: «... tú eres un agua de cien ojos, / y eres un paisaje de mil brazos».

[58] Humphreys, *Buddhism*, p. 92, aclara esta noción: «El deseo no es malo. Es el deseo de afirmar lo más bajo del ser, vivir en él,

materia por la materia inmutable, acto que, en último análisis, le conduce a la anulación de todo deseo y a la vez a la
eliminación de todo dolor.

En la correspondencia personal de Gabriela Mistral con
Annie Besant y en su creciente penetración en la historia de
la teosofía, le parece ver a González Vera cierto aire de
fetichismo: «...nadie iguala su saber acerca del niño Krishnamurti, que será dios no bien alcance la edad adulta» [59].
El tono que emplea González Vera puede hacernos creer
que Gabriela, y con ella otros muchos, eran un poco cré-
dulos, y habían sido engañados por Annie Besant con su
supuesto Cristo, Jiddu Krishnamurti [60]. La fe de la Mistral
en ese Krishnamurti de ojos oscuros y tez aceitunada no
es un defecto sino una afirmación del cristianismo y la teosofía. Krishnamurti da testimonio del Cristo potencial inherente a cada hombre; en este sentido nadie es del todo
pecador ni está totalmente condenado. Annie Besant exalta
al «Cristo del espíritu humano, al Cristo que habita en cada
uno de nosotros, que nace y vive, es crucificado, se levanta de
entre los muertos y sube a los cielos, en cada «doliente y
victorioso 'Hijo del Hombre'» [61]. Por eso, cada hombre puede
reflejar a Cristo si vive con sencillez y ama a las criaturas
de Dios.

Krishnamurti, el Cristo encarnado, influyó en las creencias religiosas de Gabriela Mistral de varias maneras. Ante

---

agarrarse a él, identificarse uno mismo con él, en lugar de hacerlo
con el Ser Universal, lo que es malo».

[59] «Comienzos», p. 24. Ver el artículo de Gabriela, «Una explicación más del caso Krishnamurti», *La Nación*, 1 agosto 1930, pp. 5-6.

[60] Richard Mathison, *Faiths, Cults and Sects of America: From
Atheism to Zen* (Nueva York, 1960), pp. 157-158, satiriza las exageradas
afirmaciones de Annie Besant sobre la divinidad de Krishnamurti.
«La Nación».

[61] Annie Besant, *Esoteric Christianity or the Lesser Mysteries*
(Adyar y Los Ángeles, 1913), p. 183.

todo, su apariencia física desmentía la ilusión popular de que Cristo tuviera cabellos rubios, ojos azules y piel blanca. Gabriela también rechazaba la imagen injusta de un Dios anglosajón prestado a los desposeídos campesinos y aborígenes sudamericanos:

> Todos los que están allí, vistos a la luz de las estrellas, son gente morena, como nosotros, y debió serlo hasta el recién nacido, a pesar de los cromos del cristianismo a la inglesa, y tostado sería después, de vivir al sol de los campos y caminar en pespunteo de aldea en aldea [62].

Se sentía también orgullosa de que Cristo hubiera nacido pobre, desconocido y bajo el yugo romano. Estas ideas estaban muy de acuerdo con aquella actitud suya de querer dignificar a los humildes y oprimidos:

> Allegarnos al Dios-Niño sería buscar los pesebres nuestros de Cordillera y selva adentro, por los caminos rurales y las playas no sospechadas, por todas partes de donde se escape un llanto chiquito que es el mismo de aquella Medianoche y se oiga además el rezo de la María indígena o mulata. Ella reza ahora mismo una oración heroica a lo divino, que está partida en el gajo de la Aleluya y el gajo de la pesadumbre, en el gozo de su alumbramiento y la humillación del ámbito desnudo. Y el lugar donde ocurre lo que digo no es el arenal asiático ni el africano, sino que es la América nuestra de la abundancia botánica, del bosque maderero, del río amazónico y del sol más creador que conozcan los ojos humanos.

Como sugiere el «Romance de Nochebuena», la divinidad de Cristo y su inocencia envuelven a todos los niños:

> Vamos a buscar
> dónde nació el Niño:

---

[62] Gabriela Mistral, «Recado de Navidad», *Ábside*, XIII (1949), 9; ver también en la p. 13 el pasaje textual que sigue.

nació en todo el mundo,
ciudades, caminos...

(p. 356)

El legado del campesino —agravado por el peso de su color, su pobreza y los prejuicios contra él— no es menos divino porque tenga origen humilde. La poetisa cree, por el contrario, que su aureola es más gloriosa porque su lucha por alcanzarla es más intensa. La pobreza y el origen modesto —es decir, el status económico y social inferiores— no significan necesariamente un espíritu esclavizado. La teosofía no elimina la pobreza económica, pero tampoco acostumbra al hombre a ese destino. La teosofía enseña al pobre que el deseo engendra la angustia y que el desprendimiento de las cosas materiales abre paso a la vida espiritual. Así pues, los muy pobres pueden desengañarse respecto a falsas ilusiones de la riqueza y también respecto a los placeres igualmente falsos de un paraíso donde los ángeles cantan y las trompetas resuenan [63].

Y no sólo está en juego la dignidad de los humildes de nacimiento. Al reconocer que el pobre puede emular a Buda o a Cristo, la poetisa trata también de sacar de su error a los ricos, a los poderosos y al clero, que se creen con un derecho exclusivo a Dios. Ningún ser humano tiene títulos suficientes para administrar la divinidad y considerarla privilegio de unos pocos; por el contrario, cada individuo puede luchar para desarrollar el espíritu de Dios que mora en su interior:

El Reino de los Cielos no vendrá con señales o demostraciones externas. No dirán:

---

[63] Ver «Paraíso», p. 415, donde la ausencia de sonido, movimiento y tiempo refleja un paraíso que se caracteriza por una tranquilidad empalagosa y una belleza estilizada.

—«Helo aquí», o «helo allá».
Porque el Reino de los Cielos está dentro de vosotros [64].

A tal efecto, las pretensiones de la teosofía respecto a la posibilidad del conocimiento de Dios «como resultado inevitable de Su inmanencia» cautivaron la imaginación de Gabriela [65]. Y es que esa doctrina lleva al descubrimiento de la verdadera naturaleza del individuo y, como consecuencia, de la naturaleza de Dios. Al desechar las galas de la religión y exaltar la vida interior, el hombre debe buscar a Dios dentro de sí mismo, sin recurrir a intercesores ni a la teología dogmática. Ahondando en su ser, puede trascender el cuerpo, las emociones, las pasiones y el intelecto y comprobar su posibilidad de separarse de estas facultades pero a la vez unirse con ellas. Cuando ha descubierto el puro «yo», su propio ser auténtico, puede decirse que ha encontrado al espíritu de Dios que reside en toda materia. Y puesto que, de acuerdo con esta doctrina, «sólo hay una vida en diferentes formas, todas las formas deben estar relacionadas entre sí».

> Árbol que no eres otra cosa
> que dulce entraña de mujer,
> pues cada rama mece airosa
> en cada leve nido un ser:
> ....
> haz que a través de todo estado
> —niñez, vejez, placer, dolor—
> levante mi alma un invariado
> y universal gesto de amor.
>
> («Himno al árbol», p. 349)

[64] Reel E, Cuaderno 1, 31 de julio de 1944. Es un pasaje prestado, porque Gabriela no suele usar «vosotros», según Vargas Saavedra.
[65] Ver Annie Besant, «Theosophical Society», *Encyclopedia of Religion and Ethics*, ed. James Hastings (Nueva York, 1935).

Este poema viene a expresar que el individuo participa de las cualidades del Espíritu Universal y está, por lo tanto, unido a Dios. El hombre vive atado a todas las demás criaturas, que son también emanaciones del Ser Universal, en una amalgama de universal hermandad.

En el capítulo titulado «La tradición hebraica», omití intencionadamente la representación poética del nacimiento de Jesucristo. El tema podía haberse incluido en la sección dedicada a las mujeres del Antiguo Testamento para estudiarlo con el referente a la esterilidad y a la angustia espiritual. Pero habría resultado incongruente incluir a la Virgen María entre las mujeres que clamaban, no sólo por la mano de Dios, sino también por el contacto físico del hombre. En primer lugar, María nunca se sintió negada por Dios, lo cual diferencia su vida de la de las heroínas del Antiguo Testamento. Pero el motivo más importante para la separación es éste:

> Para los judíos era digna de alabanza la maternidad y no la virginidad, y la idea de Jehová encarnado les tenía que resultar increíble; en realidad, el parto virginal, lejos de ser una invención de los judíos cristianos, tuvo que ser para ellos un duro obstáculo para aceptar la nueva fe [66].

El año 431 d. C., el Concilio de Éfeso promulgó el concepto del nacimiento virginal con el fin de mostrar a María libre de pecado, incluyendo en esto la unión física con el varón, el flujo menstrual y el postparto [67]. Quizá por estas razones la poesía de Gabriela Mistral rebaje la importancia del papel de María. Aparece la Virgen entre animales de

---

[66] Ver «Maternity», *Dictionary of the Bible*, ed. James Hastings (Nueva York, 1963).

[67] Ver «Sexual Impurity», *ibid.* Para el estudio de los problemas de la teología y el mito ver E[dwin] O. James, *The Cult of the Mother-Goddess* (Nueva York, 1959), pp. 205-206.

granja, torpe y poco acostumbrada a sus deberes, y no como la concibieron los pintores de la Edad Media, rodeada de nimbo y ataviada con ropajes reales:

> Y la Virgen, entre cuernos
> y resuellos blanquecinos,
> trastocada iba y venía
> sin poder coger al Niño.
>
> Y José llegaba riendo
> a acudir a la sin tino.
>
> («El establo», p. 184)

Gabriela procura borrar otra vez la escena estereotipada de la Natividad en el ensayo «Recado de Navidad», cuyo antecedente podría haber sido «El establo»:

> La escena de la noche 1948-ava de rara se pasa a grotesca; hay en aquel establo el estiércol desparramado y el agua turbia, por servida, del abrevadero, y brillan aquí y allá unas copas llenas de incienso, mirra y oro. La túnica sucia de José se roza con las mangazas de los Reyes y la pelambre de los animales [68].

Gabriela no trata a María irrespetuosamente, pero no hace de ella la criatura de un estatuto papal ni de una pintura estilizada. María es única porque simboliza la esencia divina. Ninguna mujer por humilde que sea —como aquí se representa a María— necesita sentir que un niño sea el fruto de un acto fortuito o de un Dios irresponsable.

La caracterización que hace la poetisa de la Virgen como una aldeana desmañada e ignorante, contrasta vivamente con su posición de santa delicada y un tanto ruborosa en el siguiente panegírico:

---

[68] «Recado de Navidad», p. 8.

> ¡Virgen de las vírgenes! Ningún rostro de mujer más confuso que el tuyo en la hora de la Anunciación. Tu sonrojo todavía tiñe nuestro paisaje y la zozobra de tu corazón estremece nuestra agua [69].

Gabriela reitera con estas palabras su actitud constante de considerar la fecundidad como señal de bendición. Incluso cobra mayor virtud —puesto que aparta a María de las otras vírgenes santas— la maternidad divina, aceptada con humildad y sencillez:

> Las demás vírgenes, las de todos los tiempos, numerosas como los tallos de cuarenta primaveras fundidas, se ajan de humillación: ellas también entraron íntegras en el aire del cielo; pero su vientre no oyó el propio vagido y tuvieron la castidad de los metales. Por eso ellas ahora te hacen un tapiz extendido debajo de las plantas y tú las huellas, con el peso de tu cuerpo, que soporta al Niño.

En ambos casos, el desprecio por la atracción física de María exalta más su riqueza espiritual. Sin embargo, en esta última versión no se habla de animales malolientes ni de pobreza exagerada; en lugar de eso, Mistral sigue la línea de la hiperdulía, la exaltada veneración de María por encima de todas las cosas y personas y de todos los habitantes del cielo:

> Tú eres la Virgen, intocada como las grutas que no acaban, intocada como el fondo del mar que no conoce la atmósfera. Pero más intocada aún que cuantas cosas puras hace la tierra; más que el fruto que se seca en la frente del árbol y que recibió la palpitación de la siesta.

---

[69] Todas estas citas son de Gabriela Mistral, «Divulgación religiosa. Sentido de las letanías: Virgen de las vírgenes», *El Mercurio*, 12 abril 1925, p. 3. Cfr. también en cuanto al tema y al tono su «Alabanzas a la Virgen», *ibid.*, 23 agosto 1925, p. 3. Respecto a la devoción debida a María ver Hilda Graeff, *Mary: A History of Doctrine and Devotion*, I (Nueva York, 1963), 73.

La poetisa desmaterializa todos los objetos físicos y los convierte en abstracciones para mostrar la transformación de María, de mujer vulgar en Virgen y Madre sublimes, ejemplo de virtud y belleza para los seres humanos y también para los ángeles.

La teosofía esotérica se adhiere a la teoría solar del nacimiento de un Cristo mítico. El sol ha ejercido siempre un efecto hipnótico sobre las religiones primitivas, prevaleciendo la hipótesis de que el sol era en realidad una encarnación del Logos, o representaba al Logos [70]. En suma, la teosofía sostiene que el espíritu inmanente de Dios que habita en cada hombre emana del Ser Universal «como el rayo emana del sol» [71]. El mismo Dios supremo que se limita, también circunscribe el Universo, mas sigue estando «presente en cada corriente y en cada átomo» [72]. La Suprema Trinidad se desdobla en el Primero, Segundo y Tercer Logoi: «las filas de Logoi secundarios dirigen los cúmulos de los sistemas solares». En los Misterios, Cristo se asocia con el Logos en el sol [73]; los cristianos empezaron a celebrar la Navidad en el mismo día que los paganos por su parte celebraban el nacimiento del sol:

> [El Dios-Sol] nace siempre en el solsticio de invierno, después del día más corto del año, en la media noche del 24 de diciembre, cuando el signo de Virgo se levanta sobre el horizonte: nacido, pues, en el momento en que se alza el signo, nacerá siempre de una virgen y ella seguirá siendo virgen después de haber dado vida al Sol-Niño, como el Virgo celeste permanece inmutable y limpio cuando el Sol sale a través de él en los cielos [74].

---

[70] Besant, *Esoteric Christianity*, p. 153.
[71] Kuhn, *Theosophy*, p. 135.
[72] Besant, «Theosophical Society».
[73] Besant, *Esoteric Christianity*, p. 166.
[74] *Ibid.*, p. 157.

Aunque la Iglesia ha procurado siempre apartarse de la astrología y los simbolismos paganos, era inevitable que el sol invencible representara el nacimiento, el poder y la majestad de Cristo [75].

Así, pues, el festival de su Natividad vino a ser la fecha inmemorial en que el Sol había nacido de una Virgen, cuando el cielo de la medianoche se llenaba de los regocijados huéspedes del paraíso y «Muy pronto, muy pronto, Cristo nació» [76].

Esta versión mítica del nacimiento de Cristo inspiró a Gabriela Mistral sus «Dos canciones del Zodíaco».

La primera «Canción» comienza con un lamento por el niño perdido de Virgo, arquetipo de las futuras madonas que «se representan en las pinturas antiguas como una mujer que da el seno a su hijo» [77]:

> *Un niño tuve al pecho*
> *como una codorniz.*
> *Me adormecí una noche;*
> *no supe más de mí.*
> *Resbaló de mi brazo;*
> *rodó, lo perdí* [78].

> («Canción de Virgo», p. 174)

Después de perderlo, Virgo atraviesa los cielos para salvar al infante de una muerte segura:

> Sed y hambres no sabía
> su boca de jazmín;

---

[75] Jacquetta Hawkes, *Man and the Sun* (Nueva York, 1962), páginas 201-205.

[76] Besant, *Esoteric Christianity*, p. 166.

[77] *Ibid.*, p. 159.

[78] Cfr. «Recado de nacimiento para Chile», p. 570: «...como el niño Jesús en la noche, / lamida del Géminis, el León y el Cangrejo, / cubierta del Zodíaco de enero».

ni sabía su muerte.
¡Ahora sí, ahora sí!

(p. 175)

En los cielos, el niño goza de protección completa y de vida infinita. Pertenece a una madre, procede de un padre:

Era el niño de Virgo
y del cielo feliz.
Ahora será el hijo
de Luz o Abigail.

Tenía siete cielos;
ahora sólo un país.
Servía al Dios eterno;
ahora a un Kadí.

(p. 174)

La caída del niño a la tierra simboliza la venida de Cristo y, al mismo tiempo, la tristeza de la madre. No aparece el concepto tradicional del nacimiento de Jesús: la aceptación de la Virgen y el júbilo del niño.

La segunda parte de esta doble canción representa al toro mitológico transportando al niño caído a través del cielo. Las dos últimas estrofas parecen indicar que el niño ha vuelto a su sueño, a su madre y a su Dios [79]:

Dormido irás creciendo;
creciendo harás la ley
y escogerás ser Cristo
o escogerás ser Rey.

Hijito de Dios Padre
en brazos de mujer.

(«Canción de Taurus», p. 177)

---

[79] Cfr. «Duerme, duerme, niño cristiano», p. 246: «Duerme celado / de los humanos / y recobrado / de lo arcano».

El toro representa el acto sacrificial de la Pascua, el tiempo en que Cristo dio su vida para volver a los «siete cielos», su lugar de origen.

Estos dos poemas comparten con la mayoría de los de *Ternura* los mismos temas básicos: fertilidad, sueño y fantasía. Es en *Desolación* donde encontramos el intento inicial de la poetisa de crear a un niño eterno:

> ¡Un hijo, un hijo, un hijo! Yo quise un hijo tuyo
> y mío, allá en los días del éxtasis ardiente...
> ....
> ¡Un hijo con los ojos de Cristo engrandecidos,
> la frente de estupor y los labios de anhelo!
>
> («Poema del hijo», p. 102)

Las continuaciones son menos exaltadas y violentas en *Ternura*, pero no menos apasionadas. Cristo, como Cordero de Dios, entra en el cuerpo de la madre expectante:

> Corderito mío,
> suavidad callada:
> mi pecho es tu gruta
> de musgo afelpada.
>
> («Corderito», p. 159)

El milagro del nacimiento no se manifiesta solamente en la madre y en el niño. La Naturaleza misma se goza en producir fruto, trigo, maíz y árboles. La Madre Tierra y el «Dios Padre» se abrazan frecuentemente en la poesía de Gabriela Mistral:

> Cantemos mientras el tallo
> toca el seno maternal.
> Bautismo de luz da un rayo
> y es el aire su pañal.
>
> («Plantando el árbol», p. 332)

Como resultado, el «trigo» y el «maíz» reflejan la continua simbología de Dios y Cristo en todas las cosas vivientes: «...Sol que cría y Sol que dora / y a la Tierra hija de Dios» (p. 333). La poetisa sirve de intermediaria entre el cielo y la tierra, conectando las fuerzas creadoras vitales que laten en el cosmos [80]. Desde el descendimiento y encarnación de Cristo a través de los mitos astrales hasta su apariencia en el pan chileno, llamado «cara de Dios» [81], fluye una corriente de espíritu divino.

La teosofía occidental se derivó del hinduismo y empleó su vocabulario modificando, sin embargo, sus objetivos. El budismo también evolucionó naturalmente de la misma religión madre, pero no respetó sus principios. La teosofía fue en muchos sentidos una moda o capricho del final del siglo XIX y principios del XX; el budismo, en cambio, se anticipó al cristianismo en quinientos años. Quiero subrayar dos cosas: dada la herencia común de la teosofía y el budismo, Gabriela Mistral pudo combinarlos para conveniencia suya. A causa de sus semejanzas, pasaba de una a otro y volvía atrás de nuevo. El segundo punto es que la teosofía perdió prestigio después de la Primera Guerra Mundial; en los años veinte se transformó en un circo espectacular, adquirió un aura de fanatismo, ensalzó el materialismo y al fin desapareció a la muerte de su *leader*, Annie Besant [82]. El descenso de la teosofía al ruedo público hizo que Ga-

---

[80] Margot Arce de Vázquez también hace esta observación en el aspecto mítico: «El poeta parece atribuir sentido maternal al universo entero, no sólo a la tierra» *(Gabriela Mistral: Persona y poesía* [San Juan, Puerto Rico, 1958], p. 66).

[81] Sobre esta frase ver Juan Terlingen, «Cara de Dios» en *Studia Philologica: Homenaje ofrecido a Dámaso Alonso*, III (Madrid, 1963), 463-478.

[82] Ver Mathison, *Faiths*, pp. 148-159.

briela se sintiera desilusionada de vivir bajo su dirección y que experimentara recelos respecto a sus ideales:

> La abandoné cuando observé que había entre los teósofos algo de muy infantil y además mucho confusionismo. Pero algo quedó en mí de ese período bastante largo: quedó la idea de la reencarnación, la cual HASTA HOY no puedo —o no sé— eliminar. Cada vez que me confieso, Padre, no soy ayudada respecto de este asunto tan hincado en mí[83].

También el budismo, por razones que se explican al final de este capítulo, dejó de atraer a la poetisa. Aunque la teosofía estaba moribunda, no se extinguieron en ella sus principales ideales ni tampoco los del budismo. Nunca olvidó sus principios éticos ni pudo dejar de creer en el «núcleo de una Hermandad Universal de la Humanidad sin distinción de raza, credo, sexo, casta o color»[84]. Muy al contrario: desde 1932 hasta el fin de su vida, Gabriela continuó practicando con rigor aquello que había empezado sólo como una evasión personal del sufrimiento.

TAGORE Y LA ARMONÍA UNIVERSAL

Sarah Bollo, la crítica uruguaya[85], afirma sin ninguna evidencia que la admiración por el poeta francés Leconte de Lisle hizo inclinarse a Gabriela a creer en el budismo. Me parece más acertado que hayan tenido en esto influencia mayor otros dos poetas: el bengalí Rabindranath Tagore y

---

[83] Dussuel, «Carta inédita», p. 20.
[84] Kuhn, *Theosophy*, p. 113.
[85] Sarah Bollo, «La poesía de Gabriela Mistral», *Revista Nacional*, XI (1948), 79.

el mejicano Amado Nervo [86]. Aunque es cierto que había leído al poeta francés y conocía su filosofía del maya y su pesimismo oriental, es difícil plantearse la posibilidad de que sus escultóricos versos parnasianos puedan haber tenido una influencia ideológica en ella. Gabriela sólo aceptaba el mensaje de los poetas en la medida en que reflejaba sus propios sentimientos. Virtualmente el conjunto de su poesía tiene una nota romántica o personal: emocionalismo, antropomorfismo, la «falacia patética», fuertes lazos con los problemas contemporáneos y cierta crudeza de expresión. Estos elementos contradicen los propósitos de Leconte de Lisle. De existir influencia ideológica, tendría que haberle llegado a través de su poesía; en vista de sus diferencias de tema y sentimientos, esto no parece muy posible. Tagore, en cambio, según propia confesión de Gabriela, contribuyó a dar forma a sus ideas, a sus sentimientos y a su poesía [87].

Al principio, hay que aclarar lo siguiente: Tagore, que no era budista sino adepto a la «secta hindú reformista de los Brahmos» [88], unía el transcendentalismo y universalismo de los Upanishads con la armonía budista de todas las cosas vivientes [89]. Tagore tomó del ritual Vaishnava el

---

[86] Enrique Espinoza establece la terna: «Tuvo por último relación epistolar con Amado Nervo y conoció en buenas traducciones españolas a Rabindranath Tagore» (ver «Gabriela Mistral y el espíritu de la Biblia», *Anales*, CXV, 106 [1957], 100).

[87] Raúl Silva Castro cita los propios comentarios de Gabriela: «En el arte de regir la vida, Dante, Tagore y la Biblia» (*Estudios sobre Gabriela Mistral* [Santiago, 1935], p. 8).

[88] Abinash Chandra Bose, *Three Mystic Poets: A Study of W. B. Yeats, A. E., and Rabindranath Tagore* (Kolhapur, 1945), p. 114.

[89] *Ibid.*, pp. 111-112. Según Edward Thompson, *Rabindranath Tagore: Poet and Dramatist* (2.ª ed., Londres, 1948), p. 98, Tagore «era anti-teosofía» por el motivo que la teosofía derivaba del neo-Hinduismo, que defendía la fuerza. Sin embargo, la actitud de Tagore o le era desconocida a Gabriela o si le era conocida, suponía poca

canto, el mito y la poesía, y dejó de lado las demandas teológicas de la religión formal. Era un espíritu libre y, como Gabriela, un peregrino del mundo capaz y ansioso de saborear múltiples experiencias. Este poeta místico hindú podía reconocer las virtudes que profesaba el budismo sin sentirse deshonrado y sin traicionar su propia religión, puesto que le unían al hinduismo lazos muy flojos. La estrofa siguiente de «La tierra» muestra a Tagore en busca de la unión espiritual con otras creencias:

> Mi corazón quisiera vivir con todas las humanas razas,
> en tierras diferentes, cual si fuera
> de la familia o su cercano amigo.
> Quisiera ser un árabe criado en el desierto
> con leche de camello, indómito y sin leyes.
> Y quisiera mi alma vivir en las laderas
> de los picos del Tíbet, aislado y solitario
> en la ciudad de piedra, errando libremente
> entre los santos sitios budistas, misteriosos y bellos [90].

Al buscar la «emancipación de la conciencia» [91] el hombre se funde con las formas transitorias del mundo y descubre en esta fusión la plenitud, la perfección y, además, el significado de la belleza. Así pues, el hombre no solamente descubre la verdad que liga el universo sino que aprende también, a través de sus sentimientos y emociones, la verdad superior del amor y la armonía universal entre los seres humanos. Por este motivo, se unen el hindú y el bu-

---

diferencia. Lo más importante es que Gabriela miraba a Tagore con reverencia y veía en sus intentos de unir al hombre con la naturaleza un paralelo con la teosofía.

[90] Trad. al castellano por Pilar García Noreña a base de la traducción del idioma bengalí al inglés por Bose (*Three Mystic Poets*, página 127).

[91] *Ibid.*, p. 110. Extractos de Bose de *Thoughts from Rabindranath Tagore*, ed. C. F. Andrews (1929), p. 5.

dista, y Gabriela reconoce precisamente esta armonía en la poesía de Tagore y la asimila a la suya.

La armonía en cuestión se compuso de muchas formas. Ambos poetas se aliaron con la juventud de sus respectivos países para fundar escuelas, crear bibliotecas y defender la libertad de enseñanza. Con respecto a esto, Gabriela decía:

> L'estime où je tiens l'école tagorienne [Santiniketan] est une attitude logique de mon esprit, car en elle se fondent mon amour de la nature, de l'Esprit et de l'art, les trois forces que le poète a appelées à collaborer à son oeuvre [92].

Ella completaba su enseñanza inspirada con artículos que escribía para mejorar el clima espiritual de la educación. Años antes de representar a Chile en el Comité del Consejo Social y Económico de las Naciones Unidas para ayuda a los niños, había emprendido su batalla personal contra la crueldad hacia la infancia, ofreciendo los derechos de autor de la venta de *Tala* para los huérfanos de origen vasco que fueron víctimas de la Guerra Civil Española. Ambos poetas hallaban en los niños la realización en potencia de sus sueños mesiánicos de entendimiento universal entre los hombres de todas las naciones, de la sinceridad nacida de la inocencia, del espíritu sin mancilla que busca la purificación por medio de las duras pruebas de la vida, de un mundo que comienza en el instinto animal y gradualmente se moldea a sí mismo en el amor para engendrar en retorno más amor.

Las «Rondas» de Gabriela invitan a los niños de todos los países a danzar con las manos unidas por la amistad:

> Dame la mano y danzaremos;
> dame la mano y me amarás.

---

[92] Ver Gabriela Mistral, «Considérations», p. 325.

> Como una sola flor seremos,
> como una flor, y nada más ...
>
> («Dame la mano», p. 217)

Las «Rondas» expresan el espíritu de unidad entre hombre y hombre y entre el hombre y la naturaleza; esta unidad se consigue compartiendo aspectos similares de la naturaleza[93]. El elemento unificador es en este caso un acto positivo de amor simbolizado por las manos unidas en espíritu fraternal. Una vez en movimiento, los nombres y las caras pierden toda importancia:

> Te llamas Rosa y yo Esperanza;
> pero tu nombre olvidarás,
> porque seremos una danza
> en la colina, y nada más ...
>
> (p. 217)

La individualización, que es fuente del egotismo y obstáculo para ir a Dios, se extingue para dar paso a la desaparición del yo y a la armonía del grupo[94]. Los danzantes, sumergidos en el ritmo, no tienen necesidad de gritar alto su amor; la percepción de los sentidos disminuye; todo sentimiento exterior se desvanece como preparación para recibir al huésped divino:

> Danzando, danzando,
> la viviente fronda
> no lo oyó venir
> y entrar en la ronda.

---

[93] Cfr. Bose, *Three Mystic Poets*, p. 112: «En la naturaleza descubre 'la armonía de formas, colores, sonidos y movimientos'».

[94] Cfr. Blavatsky, *The Key*, p. 207: «... todo dolor y sufrimiento nacen de una necesidad de *Armonía*, y que la única y terrible causa de todo trastorno de la Armonía es el egotismo».

Ha abierto el corro, sin rumor,
y al centro está hecho resplandor.

(«Jesús», p. 231)

«El corro luminoso» está en la misma vena:

En la tierra yerma,
sobre aquel desierto
mordido de sol,
¡mi corro de niñas
como inmensa flor!

(p. 241)

....

En la estepa inmensa,
en la estepa yerta
de desolación,
¡mi corro de niñas
ardiendo de amor!

(p. 242)

A la imagen de los niños que giran sin parar como una flor viviente, la poetisa añade, a modo de contraste, la de la tierra agostada, incapaz de crear vida. Pero el amor, que es la vida espiritual de las «niñas-flor» hermanadas, forma una planta viva resistente que se mantiene y se re-crea aunque esté en tierra árida.

Como ejemplo final, en «Todo es ronda», la poetisa imagina un orden mundial cuya fuerza unificadora se expresa en la «ronda de niños»:

Los astros son rondas de niños,
jugando la tierra a espiar ...
Los trigos son talles de niñas
jugando a ondular ..., a ondular ...,

Los ríos son rondas de niños
jugando a encontrarse en el mar ...

> Las olas son rondas de niñas
> jugando la Tierra a abrazar ...
>
> (p. 240)

En la dimensión cósmica, los grandes elementos laten al unísono. Al equiparar las estrellas, el mundo vegetal («trigo»), los ríos y las olas con las «rondas», la poetisa reduce la naturaleza, haciéndola accesible al hombre y, lo que es más importante, afirma que puede reflejar la armonía humana. Se llega a esto definiendo los ideales de la naturaleza en el término del verbo «jugar», que a la vez despeja el misterio inherente a la naturaleza y torna lo desconocido en conocible, lo hostil en amistoso, o sea, en un juego de niños lleno de paz y de amor.

Los tres «Comentarios a poemas de Rabindranath Tagore» [95] glosan tres poemas en prosa de *Gitanjali*. En la primera glosa, «Sé que también amaré la muerte», Gabriela discrepa del sentimiento y de la filosofía de Tagore [96]. Mientras Tagore es delicado, casi femenino en su expresión, Gabriela es fuerte, viril, inclinada a la exageración. Describe la muerte como «un tremendo ardor que desgaja y desmenuza las carnes, para despeñarnos caudalosamente el alma». Y repite: «Es tu amor, es tu terrible amor, ¡oh Dios! ¡Así deja rotos y vencidos los huesos, lívida de ansia la cara y

---

[95] Ver *Desolación*, pp. 229-231, sobre la discusión que sigue. Aunque aparecen tres «Comentarios» revisados, originalmente se escribieron seis (incluyendo tres poemas) como prólogo a *Rabindranath Tagore: Poeta y filósofo hindú*, traducción de Raúl Ramírez (Santiago, 1917). Incidentalmente, Silva Castro (*Estudios*, p. 232) dice que «Íntima» (*Poesías completas*, p. 66) es una glosa de «Thy Body». Silva Castro (*Producción*, pp. 149-150) añade que «Desvelada» y «El amor que calla» (*Poesías completas*, pp. 72, 63) están basadas en *El jardinero* de Tagore.

[96] Rabindranath Tagore, *Collected Poems and Plays* (Nueva York, 1951), p. 35. Las cuatro referencias textuales que siguen son a esta obra.

desmadejada la lengua!». La muerte, en cambio, para el poeta bengalí, no tiene más violencia que la que demuestra un niño «que llora a gritos cuando se le aparta del seno derecho de la madre para encontrar consuelo inmediatamente en el izquierdo».

Tagore dice: «Y puesto que amo esta vida, sé que amaré también la muerte». Gabriela no comienza con esa premisa, porque en su vida no ha abundado la alegría, sino más bien la lucha contra fuerzas superiores. Por eso, hace hincapié en la segunda parte del verso de Tagore, donde pone de relieve que la muerte ofrece la única solución al sufrimiento. La muerte suaviza las heridas y asegura la unión con Dios. Justifica la salvación después de la muerte afirmando que la existencia del cuerpo vivo —creado gracias al infinito cuidado y a la sabiduría de Dios— prueba su amor: «¿Para qué derramarías la luz cada mañana sobre mis sienes y mi corazón, si no fueras a recogerme como se recoge el racimo negro melificado al sol, cuando ya media el otoño?». El argumento es, desde luego, circular. Dando por hecho que Dios existe metafórica y poéticamente y que es capaz de tales acciones, no se deduce lógicamente que, por darles la vida, Dios salvará de la total aniquilación a los que ha creado después que el cuerpo se haya desmoronado. Pero el amor resuelve el enigma porque el amor lo conserva todo. La muerte es otra forma del amor, otro paso en la existencia del hombre, el momento en que, libre del cuerpo, su alma continúa viva, protegida por el amor de Dios. Ella terminaría por sentir un pesimismo total si no tuviera la sensación de que en la muerte fuera a encontrar la unión con Dios (que en la vida es imposible o inexistente) y la voluntad de creer en la salvación de su alma (puesto que su cuerpo es un peso atormentado e inútil en la vida y está destinado a destrucción en la muerte).

Aunque están presentes elementos del budismo, la visión que tiene la poetisa de la muerte no es, desde luego, completamente budista. El budismo es ateo; por lo tanto, no existe Dios que salve a las almas. Solamente el hombre puede preparar su camino de salvación siguiendo el sendero de los Ocho Brazos prescrito por Buda. Los «Comentarios» de Gabriela carecen de esta índole de preparación. Hay una súplica a Dios —ausente en el budismo— a través de ciertas preguntas, y por supuesto la soberbia de la interrogadora niega, por definición, la humildad. Sin embargo, un eco de la filosofía budista persiste en su deseo de la inmortalidad del alma y en su negación del cuerpo doliente.

Tagore, cuyo poema comienza «Me jacté ante los hombres de que te había conocido» (N.º CII, p. 37), afirma que puede crear canciones duraderas acerca de Dios, pero que, en realidad, Dios no puede ser explicado directamente. Así, los hombres que buscan el conocimiento divino se burlan del poeta que, en su desesperación, se queja irónicamente a Dios, «Y tú sigues ahí sentado, sonriendo». La versión de Gabriela incluye estas facetas, y además, una afirmación curiosa. Mientras que atribuye a la masa humana el deseo de conocer a Dios, y con ese fin describe a Dios con imágenes poéticas, manifiestamente para instruirles, en realidad, ella misma aspira a ese conocimiento. Consciente de que la poesía no garantiza comunicación con Dios, intenta saltar todo poder de discernimiento para reproducir lo incognoscible en función de calidades humanas, atribuir a Dios características propias del hombre y escuchar bien el latido de su corazón para conjurar a las alas misteriosas: «Pero Tú, que comprendes, te sonríes con una sonrisa llena de dulzura y de tristeza a la par». En esto, la poetisa busca a Dios activa y abiertamente, aunque en vano. Es un dios de atributos humanos, creado para reemplazar al Dios que nunca podrá venir. Este dios-humano, más hombre que dios, nace de la impaciencia y de los fervorosos anhelos humanos: «Lo sabes bien: la espera enloquece y el silencio crea ruidos en torno de los oídos febriles». La poetisa cree que esta voz de Dios emana del susurro interior. Pero existe también una ficción, porque es un reflejo del propio ser, nacido de los intentos desesperados para corporeizar y dar vida a lo inmaterial. En retrospectiva, existe un conflicto entre el dios de proporciones humanas —como en la velada referencia al semisonriente Buda inescrutable, que posee todos los atributos del hombre, pero no su calor— y el Dios cuya presencia sólo se puede intuir y por lo tanto es indemostrable.

El «Comentario» final destaca la naturaleza del dilema del hombre ante el poder pavoroso de Dios (N.º VI, p. 4). Por una parte el hombre es insignificante:

> Verdad es que aún no estoy en sazón, que mis lágrimas no alcanzarían a colmar el cuenco de tus manos.

Aún más, es dispensable:

> Verdad es también que no haré falta para tus harinas celestiales; verdad es que en tu pan no pondré un sabor nuevo.

Las negativas y el tono implorante sugieren burla de sí misma y humildad. Por otra parte, el hombre busca la atención de Dios para evitar el olvido:

> Por esto quiero suplir con el canto mi pequeñez, sólo por hacerte volver el rostro si me dejas perdida, ¡oh, mi Segador extasiado!

La misma mano invisible de Dios que ampara a las indefensas criaturas atrae a la poetisa, quien busca afanosamente el cuidado de Dios después de muerta:

> —Así me recogerá, como a la gotita trémula antes de que me vuelva fango: así como al pájaro se cuidará de la última hora.

En fin, el concepto que de la vida y de la muerte se presenta aquí subraya la indignidad del cuerpo individual, pero, en cambio, guarda fe de que en la muerte florecerá bajo la mano protectora de Dios. La muerte, pues, libra al hombre de la ignominia de tener que vivir atado a un cuerpo, de tener que sujetarse a la materia: «No tengo raíces clavadas en esta tierra de los hombres».

En conclusión, estos tres «Comentarios» representan una súplica a un Dios omnisciente y omnividente pero silencioso. A pesar de su mudez y del abandono que esto implica, Gabriela sigue firme en su adoración. Concede a Dios atributos humanos (antropopatía) para mitigar el dolor causado por el esfuerzo de expresar lo inefable y conocer lo incognoscible, y así consigue hacerle menos arcano y remoto. Comprende plenamente que Dios se origina en la voz interior del hombre y que sólo puede ser descrito en términos humanos. Sabe también que la unidad con Dios, por la cual consigue una corta tregua del sufrimiento, es sólo temporal. Aun así, prefiere la existencia de Dios, con las penas que eso implica, a la esterilidad de un mundo sin Él. Ni la vida ni la muerte serían soportables sin la ilusión de que exista una suprema deidad. En el «Comentario» final, la poetisa no tiene duda de que Dios existe porque ha sentido su modo de ser:

> Mas, ¡de vivir atenta a tus movimientos sutiles, te conozco tantas ternuras que me hacen confiar! Yo te he visto yendo

de mañana por el campo ... Te he visto asimismo dejar disimuladas en el enredo de las zarzamoras las hebras para el nido del tordo.

Tagore ha captado bellamente el sentimiento de sencillez religiosa que caracteriza la poesía de Gabriela Mistral:

Mi canción ha arrojado sus adornos. No tiene la vanidad de vestirse y engalanarse. Los ornamentos dañarían nuestra unión; se interpondrían entre tú y yo; su tintineo ahogaría tus murmullos (p. 5).

Como Gabriela, él evita en su forma de adoración las prácticas formales. Dios no se encuentra en los templos oscuros: «Está donde el campesino labra la dura tierra y donde el picapedrero parte las piedras» (p. 6). Ni las palabras elegantes ni los sacerdotes deberían ser un obstáculo a la comunicación entre el poeta y Dios. No fue poca la influencia de Tagore en Gabriela: Vivió ella con su mensaje de amor y su espíritu de paz, hallando en esa alma afín una afirmación de su propio deseo del amor espiritual.

NERVO Y BERGSON: UNA NUEVA SÍNTESIS

Gabriela Mistral se sintió también aliada con el poeta mejicano Amado Nervo, «el místico dolorido y sereno», a quien elogia como «el Tagore de América»[97]. Al comparar a Nervo con Tagore, Gabriela subraya claramente sus lazos con ambos: los tres renegaron apasionadamente de la teología dogmática y de los sacerdotes; los tres creían en un espíritu universal de amor que abraza a todas las cosas y

---

[97] Gabriela Mistral, *Epistolario: Cartas a Eugenio Labarca (1915-1916)*, ed. Raúl Silva Castro (Santiago, 1957), p. 27.

todos los seres; los tres sentían un perseverante afecto por
los niños. Es más, Tagore y Nervo, con sus actos y creencias, guiaron a la poetisa chilena a una línea de acción y a
una filosofía religiosa que la alejaron de la religiosidad
condenatoria hacia una visión de Dios, del universo, de la
vida y de la muerte que estaban de acuerdo con la teosofía
y el budismo.

Sarah Bollo opina que el estudio del budismo atormentó
el alma de la poetisa porque la apartaba de Cristo y de las
ideas auténticamente cristianas [98]. Antes al contrario, Cristo
nunca quedó eliminado de su vida ni de su poesía durante
su período budista, según ella misma confesó:

> ... yo me interné un tiempo en el budismo, pero viviendo
> una experiencia difícil de contar: la de no haber eliminado
> nunca los gérmenes cristianos más fundamentales [99].

La crítica de Bollo se equivoca, por una parte, al ridi-
culizar la adopción del budismo por Gabriela como algo
transitorio e inconsecuente y, por otra, deja de lado que
Gabriela estudió el budismo porque el catolicismo daba mayor importancia a la necesidad de sufrir. Incluso cuando
Sarah Bollo admite el interés de Gabriela por el budismo,
rebaja su importancia, como, por ejemplo, en esta comparación con Amado Nervo, que era también teósofo y budista: «... agudo problematismo transcendente mezclado a
insinuaciones búdicas, más fuertes en Nervo que en Gabriela» [100]. La verdad es que las inclinaciones budistas de

---

98 Bollo, «La poesía», *Revista Nacional*, p. 79.

99 Dussuel, «Carta inédita», p. 21.

100 Bollo, «La poesía de Gabriela Mistral», *Ínsula*, II, 6 (1944), 86.
Cfr. un comentario de Carlos Hamilton: «Como Amado Nervo, Gabriela había pasado por una vaga época de Teosofismo, en búsqueda
desatentada de espiritualidad de qué asirse en la desesperanza»
(ver «Raíces bíblicas de la poesía de Gabriela Mistral», *Cuadernos
Americanos*, XX, 5 [1961], 208).

Nervo eran más claras, como se evidencian en «Místicas», «Las voces» y *El estanque de los lotos*. Sin embargo, el interés de Gabriela por estos temas no fue un simple «flirt». Estas observaciones son semejantes a las de tantos otros católicos que, al descubrir la presencia del budismo en la vida de Gabriela Mistral, la han declarado insignificante o mero signo de frívolas «herejías». Gabriela creyó en el Karma durante veinte años y practicaba el Yoga. Esto atestigua cabalmente su seria afinidad con el budismo.

Una serie de paralelos entre Nervo y la Mistral confirman su cercanía al místico poeta-filósofo. Entre otras cosas, ella imaginaba que la sensibilidad emocional de Nervo era análoga a la suya y que por medio de su poesía ella podía apaciguar su dolor [101]. No hay mejor expresión de esta relación que la que le dirigió en una carta:

> Le hallo a usted, Amado Nervo, en cada día y en cada llanto mío. Con sus versos en los labios fui yo hacia el amor, ellos me ayudaron a sollozar «de modo sosegado y acerbo».

Sorprendida de que Nervo agradeciera sus favorables comentarios a su poesía, ella seguía sintiéndose, en cambio, agradecida a él:

> ¿Es ironía, Amado Nervo? ¡Usted agradecido de mí! ¡Es un colmo! ¿Qué habría entonces de mí hacia usted, a quien debo el alma posiblemente tanto como a Dios, o más, ya que esta alma mía de hoy es otra cosa que la que traje a la vida, y le hallo a usted a cada instante en sus pliegues recónditos? [102].

---

[101] Las diferencias de edad, experiencias y ambiente hacen necesarias comparaciones no subsiguientes y anacrónicas. Nervo (1870-1919) había pasado por una serie de «ismos» en literatura (realismo, naturalismo, simbolismo y modernismo), y a través de varios en religión y filosofía (catolicismo, positivismo y budismo) antes de empezar a escribir Gabriela en 1904.

[102] Mistral, *Epistolario*, p. 30.

Para honrar la muerte de Nervo, Gabriela compuso la elegía «In memoriam»:

> De donde tú cantabas se me levantó el día.
> Cien noches con tu verso yo me he dormido en paz.
> Aún era heroica y fuerte, porque aún te tenía;
> sobre la confusión tu resplandor caía.
> ¡Y ahora tú callas, y tienes polvo, y no eres más!
>
> (pp. 22-23)

Aunque los dos poetas nunca llegaron a conocerse personalmente, Gabriela propone un encuentro más allá del tiempo y del espacio, donde dos almas solitarias pueden encontrar la paz en el plano astral:

> Aún me quedan jornadas bajo los soles. ¿Cuándo
> verte, dónde encontrarte y darte mi aflicción,
> sobre la Cruz del Sur que me mira temblando,
> o más allá, donde los vientos van callando,
> y, por impuro, no alcanzará mi corazón?
>
> (p. 23)

Y apremia a Nervo a que clame a Dios, en cuya sombra descansará, lo que ambos han experimentado:

> ... que somos huérfanos, que vamos solos, que tú nos viste,
> ¡que toda carne con angustia pide morir!

Mientras la idea de una cita astral nace de la teosofía, la angustia terrena sugiere en términos budistas la incapacidad del hombre para menguar su sensación de dolor y soledad recurriendo a un dios. Puesto que el budismo es ateo, el hombre está obligado a controlar su presente y su futuro destino por una vida ética. Le atrae menos la vida de este mundo que la serenidad del más allá, que cree garantizada por sus actos rectos y la abnegación. Pero ni Nervo ni Gabriela Mistral rechazan el encuentro con Jesucristo o con Dios Padre. Aunque ambos se habían desvinculado de la Iglesia Católica y de sus dogmas, Nervo por la creencia en el poder del racionalismo (que acabó desdeñando), y Gabriela Mistral por la investigación racional de la teosofía, ninguno de los dos renunció totalmente a la fe en Jesucristo como Dios [103]. Moraron a la sombra de su sufrimiento, aceptando el dolor como factor esencial del amor y de la vida [104].

Nervo andaba junto a Buda en continua ascensión por el sendero místico: «melancolía, despego de lo mundano, anhelo de perfección» [105]. En el poema «Las voces» [106], Nervo profesa los principios budistas de la abnegación y el estoicismo, la fraternidad de todos los seres vivientes, la lucha por la supresión de la consciencia cuando ésta impide —por interés en lo material— la alianza espiritual con el Uno y el Todo. Aunque *El estanque de los lotos* parece anunciar la completa entrega de Nervo al budismo, hay que anotar dos factores. Primero, que Nervo nunca dejó de creer en Cristo, en quien veía la perfección divina. Segundo, que Nervo tenía más simpatía por el budismo como tema literario que como religión personal [107].

El párrafo anterior, salvo la última frase, puede aplicarse a Gabriela Mistral. En contraste con la poesía de Nervo, la suya tiene pocas referencias inconfundibles al budismo. En general, lo que aparece como fenómeno del budismo puede ser interpretado también como una característica del cristianismo [108]. En la vida diaria, Gabriela creía que los

[103] Esther Turner Wellman, *Amado Nervo: Mexico's Religious Poet* (Nueva York, 1936), p. 76.

[104] *Ibid.*, p. 99.

[105] Concha Meléndez, *Amado Nervo* (Nueva York, 1926), p. 64.

[106] Amado Nervo, *Poesías completas* (Méjico, 1957), pp. 183-201.

[107] Ver Meléndez, *Amado Nervo*, pp. 68, 71.

[108] Estamos destacando el cristianismo de Cristo y el budismo

actos de meditación y purificación del budismo eran esenciales para vencer al dolor y para comprender la naturaleza del hombre:

> ... en verdad lo que influyó más en mí bajo este budismo NUNCA ABSOLUTO, fue la meditación de tipo oriental, mejor dicho, la escuela que ella me dio para llegar a UNA VERDADERA CONCENTRACIÓN. Nunca le recé a Buda; sólo medité con seriedad las manifestaciones de este mundo, la indecible superficialidad de la vida americana toda y más tarde la de la vida europea [109].

Si se pueden aceptar estas palabras, escritas en 1953, como la declaración final sobre su relación con el budismo, está claro que no se consideraba adepta a todas las fases de esta filosofía.

Las investigaciones revelan que Gabriela Mistral se hizo menos contraria al catolicismo y a la Iglesia entre 1924 y 1929, durante su estancia en Francia e Italia, y que buscó un cristianismo más puro, no mermado por el budismo. Ella misma revela su nueva orientación religiosa en una carta dirigida a doña Sarita Izquierdo de Phillippi, en posesión de su yerno, don Jaime Eyzaguirre (14 de noviembre de 1947), y que reproduzco gracias a la gentileza de Luis Vargas Saavedra:

> Los hindúes me enseñaron con más fuerza que nuestro pobre catolicismo criollo español que la sangre daña en gotas, un suelo cualquiera por leguas. Pero su España, querida y venerada mía, se puso hace siglos *a matar y morir*.
> Y aquí paro. Porque no acabaría nunca. No, yo volví a ser católica en Francia y en Italia. En puntos secos de la llaga

---

de Buda, no su evolución y su corrupción en las generaciones posteriores. Hay que observar también que la teosofía busca a los fundadores de las religiones y no a sus seguidores como inspiración. Por esta razón puede abarcar los aspectos comunes de todas las religiones.

[109] Dussuel, «Carta inédita», p. 21.

francesa, existe una estrella blanca y posada que es ese catolicismo de los perseguidos y acosados. Entreverlo me dejó *ahurie*. El otro, el italiano, me dio ciertas suavidades que necesitaba mi alma de piedra caliente, dura y achicharrada. Y del norte he tenido varios rocíos. Uno el maestro Eckhart. Semi-herético y humillado hasta hoy por algunos Monseñores casi españoles. Tuve también mi Ruysbroeck. Me faltan varios que algún día pediré a Jayme que me procure (Suso, por ejemplo).

Otra nota autobiográfica refuerza la existencia de una crisis religiosa simultánea con (y quizá debido a) la muerte de su madre en 1929.

Comprobó que el ciego odio por Chile y sus instituciones había motivado su enajenación de su patria y su religión y le había causado grave angustia personal:

> Ella se me volvió una larga y sombría posada; se me hizo un país en que viví cinco o siete años, país amado a causa de la muerta, odioso a causa de la volteadura de mi alma en una larga crisis religiosa. No son ni buenos ni bellos los llamados «frutos del dolor» y a nadie se los deseo. De regreso de esta vida en la más prieta tiniebla, vuelvo a decir, como al final de *Desolación*, la alabanza de la alegría. El tremendo viaje acaba en la esperanza de las *Locas letanías* y cuenta su remate a quienes se cuidan de mi alma y poco saben de mí desde que vivo errante [110].

---

[110] *Poesías completas*, p. 803. Esta cita, apéndice a «Muerte de mi madre», es de *Tala*. El título ya se ha interpretado como el clareo del bosque para nuevas plantaciones. El significado se puede aplicar aquí en dos sentidos: el fin del sufrimiento por Cristo (y sus seguidores) y el comienzo de su gloria en la resurrección.

El pronombre inicial, «Ella», de esta cita en mi texto, queda en una zona ambigua. Interpretada literalmente, y a base de la evidencia sintáctica, se ve que la imagen física («larga») —la «posada» unida a la repetición de «país» en el mismo paralelismo dativo-reflexivo («se me volvió», «se me hizo»)— apoya la idea de que «Ella» se refiere a Chile. Pero en el contexto de *Tala*, de «Muerte de mi madre», y de que doña Petronila fue el enlace entre la poetisa y su

Sintió que su madre fue el único hilo entre ella y el amor a su patria; con el hilo roto, también se quebró el enlace emocional y físico. Logró, paradójicamente, una catarsis que menguó su disgusto contra Chile y la apartó de la autoflagelación, lo cual a su vez la hizo menos dependiente del budismo y del Yoga para librarse del sufrimiento.

En 1935 Gabriela Mistral afirmó concisamente su posición tocante al budismo: «Admiro, sin seguirlo, el budismo; por algún tiempo cogió mi espíritu»[111]. Y sobre 1940, hizo un comentario semejante:

> Yo fui budista durante más de veinte años; creía en el Karma de los orientales, como otros creen en las Moiras de la Mitología. Fui una buena budista, pero evolucioné, así lo creo[112].

Paralelamente con estas dos reacciones negativas contra el budismo, expresó sentimientos positivos hacia el cristianismo: «Soy cristiana, de democracia total». Matilde Ladrón de Guevara cita lo siguiente:

> [No] suponga que yo soy anticatólica. ¡Al contrario...! Soy cristiana y creyente, pero tengo una concepción muy personal sobre la religión... Sólo sé decirle que no soy dogmática y que le rezo a Dios, es decir, le hablo a Dios muy a mi manera[113].

---

madre patria, «Ella» podrá extenderse, por analogía metafórica, a la madre misma.

[111] Silva Castro, *Estudios*, p. 9.

[112] Ladrón de Guevara, *Rebelde*, p. 45.

[113] En «Profile», p. 430, González afirma claramente que el budismo «coincide muy de cerca con los principios de sus propias convicciones estoicas —especialmente respecto al sufrimiento y el dolor— y por lo tanto dejó una profunda impresión en su alma». González resume los dos principales aspectos que estoy elucidando más extensamente en esta sección: «Cuando yo la conocí ya había abandonado el budismo y se había convertido en cristiana ferviente. Pero

El antes citado amigo de Gabriela, González Vera, atribuye su evolución de la teosofía y el budismo hacia el cristianismo a una mayor compasión por la Iglesia debido a la cruenta Guerra Cristera en Méjico. El mismo amigo y novelista chileno se refiere también de pasada a «lecturas de escritores neocatólicos» que dieron una forma nueva a su filosofía de la religión [114]. Margot Arce de Vázquez especifica y asegura que *Les Deux Sources de la morale et de la religion*, de Henri Bergson, tuvo un efecto definitivo en la poetisa y en su reafirmación de la «vida futura en la paz de Cristo» [115]. Gabriela debió leer *Les Deux Sources*, que se publicó en 1932, en el período de crisis religiosa que le produjeron la muerte de su madre y su alejamiento físico y espiritual de Chile. La filosofía de Bergson proporcionaba bases suficientes para rechazar el budismo (para lo cual Gabriela debía estar ya dispuesta en cualquier caso), pero, lo que es más importante, su cristianismo dinámico ofrecía una nueva síntesis entre lo católico y lo budista. Me propongo exami-

---

su cristianismo estaba completamente despojado de ritos y liturgias externas».

[114] En «Gabriela Mistral», p. 100, Espinoza destaca a otro neocatólico, un amigo de Gabriela, el que puede haber contribuido a su reconversión: «Y hasta terminó por hacer confusamente católico su teosofismo inicial para sumarse a los llamados social-cristianos en boga después de la conversión de Jacques Maritain y su mujer». Espinoza afirma también que se fue haciendo cada vez más difícil diferenciar las múltiples influencias religiosas que iban operando en ella. El eclecticismo religioso de Gabriela Mistral abarcó en diferentes épocas y diferentes grados las ideas de Georges Duhamel, Charles Péguy, Romain Rolland, Léon Bloy, Thomas Merton y Oscar Vladislas de Lubicz-Milosz.

[115] *Gabriela Mistral: Persona y poesía*, p. 78. Añade: «El capítulo en que Bergson estudia la mística cristiana conmueve al poeta hondamente y lo encamina hacia el anhelo y la búsqueda de la gracia». Cfr. «Memoria de la gracia», *Poesías completas*, p. 757: «Cincuenta años caminando / detrás de la Gracia / gracia de las dos Marías, / y de las dos Anas».

nar *Les Deux Sources* en busca de un razonamiento que podría haberla preparado a rechazar el budismo y a reafirmar la fe cristiana.

Como punto de partida, un aspecto esencial del dilema religioso de Amado Nervo esclarece la implicación de Gabriela con el budismo y con Bergson. Por algún tiempo, Nervo fue incapaz de reconciliar las contradicciones inherentes al «Dios de la Cristiandad, al Alma Universal del Panteísmo y al Absoluto de la Filosofía» [116]. Intentó, aunque sin éxito, equilibrar y asimilar las ideas cristianas, el monismo y el racionalismo. Como Nervo estaba más interesado en el método y en la técnica que en la esencia de la *durée* y *l'évolution créatrice* bergsonianas, creyó haber encontrado con el descubrimiento del «Bergsonismo» un modo de explicar el espíritu, la inteligencia y la materia. La revelación de que él ya no estaba esclavizado a una filosofía mecánica y determinista liberó a Nervo y —siguiendo la imagen de Esther Wellman— se instaló de nuevo en el cielo ese que había nacido alado [117]. Nervo descubrió que la conciencia humana no necesita sentirse limitada por el cuerpo, el cerebro y el ambiente. El hombre —cuando vive en la duración y no en el espacio, cuando sus actos individuales y aislados trascienden su mera suma, cuando su personalidad y su ego también han superado su cuerpo perecedero—, ese hombre, repito, ya no es un robot, ni una ecuación química ni un despojo espiritual. Nervo pasó de Bergson a Buda siguiendo una línea opuesta a la de Gabriela. Pero, al igual que ella, nunca renunció a Cristo. Al final de su vida, mientras continuaba imitando las eternas ojeadas al porvenir de Bergson, Nervo estaba componiendo *El estanque de los lo-*

---

[116] Wellman, *Amado Nervo*, p. 90.
[117] *Ibid.*, p. 134.

tos, con su exaltación de la renuncia y el amor, que son también dogmas primarios del cristianismo [118]. A diferencia de Gabriela, Nervo temía rechazar cualquier filosofía, sea por su temor a caer en el error, o por su incapacidad de odiar nada ni a nadie.

> Su sentido del infinito exigía aparentemente una emoción que no contradecía ni su escepticismo ni su misticismo. Y no solamente esto, Nervo buscaba ese terreno común que existe en las éticas más altamente generalizadas. Incluso un reino suficientemente extenso para que pudieran coexistir en él su budismo, su cristianismo y su filosofía griega [119].

Sería difícil especular cuál habría sido la solución del problema de haber sobrevivido Nervo para comprender la posición final de Bergson acerca del budismo y el cristianismo en *Les Deux Sources*.

No pretendo atacar a Bergson por repudiar el budismo en favor de un cristianismo místico, sino descubrir sus motivos [120]. Su primer argumento procede de la naturaleza atea del budismo. Buda rechazó en principio los millares de dioses del brahmanismo ante los cuales los fieles se dedicaban servilmente a comprar la redención por intermedio de la casta sacerdotal. El budismo se desvinculó de esos dioses «milagrosos» —porque también a ellos les hacía falta la redención— en beneficio del hombre, ya que éste podría merecer elevación espiritual y tranquilidad física a través de la renuncia al deseo y a la deshonestidad. Aun cuando la ética de Buda es digna de alabanza, Bergson cree que es un

---

[118] Ver Nervo, *Poesías completas*, «Un año», pp. 714-715; «Al maya», pp. 723-724.

[119] Wellman, *Amado Nervo*, p. 24.

[120] Como defensa del budismo contra las arbitrarias observaciones de Bergson, ver Hjalmar Sundén, *La théorie bergsonienne de la religion* (París, 1947), pp. 195-218, y especialmente pp. 207-218.

elemento fundamental de lo religioso la encarnación del Bien en seres humanos que procuran reflejar la perfección de un Dios supremo. Por definición, rechaza el ateísmo budista. En su segundo argumento, Bergson atribuye al budismo —y a las religiones orientales en general— una pasividad y un escepticismo que malogran la participación activa en el mejoramiento de la sociedad por medios técnicos. Según él, millones de personas están esclavizadas sin esperanza al pesimismo, porque el budismo exalta la responsabilidad individual y la salvación personal y no la salvación colectiva, y porque ha alentado el quietismo y la resignación. Por la pasividad budista, Bergson substituía el cristianismo dinámico. La superioridad económica y política de Occidente podría pasar con creces a las masas aún sometidas a un sistema que reconcilia a las víctimas de la pobreza con su irremediable sufrimiento, haciéndoles insensibles a los valores que puedan existir con el éxito material [121].

Gabriela, al igual que Bergson, rechazaba el ateísmo. Ella creía en la presencia viva de un Dios perfecto y trascendente que decide sobre la muerte y la vida, que crea y destruye a un tiempo, que distribuye la justicia y que recibe amor, respeto y temor. Pero raramente se da una deidad puramente trascendente separada del concepto de un dios inmanente, cuyo espíritu reside en sus criaturas. La poesía tiene su porción de Dios trascendente del Sinaí; también aparece Jesucristo, Dios-hecho-hombre, lo cual prueba la presencia de Dios entre las criaturas formadas a su imagen. En la representación poética, el Padre y el Hijo, a pesar de sus conflictos, salvan a los moribundos, castigan a los desalmados y protegen al inocente. Queda bien claro

---

[121] Henri Bergson, *Les Deux Sources de la morale et de la religion* (13.ª edición, París, 1933), pp. 241-242.

que la poetisa no considera al Buda implacable y siempre sonriente como la única inspiración de su material poético.

El budismo como filosofía, ética y forma de vida, tampoco puede mejorar el destino de los campesinos y los indios de América del Sur, puesto que miles de nativos de la India, Ceilán, Birmania y otros países del Lejano Oriente no han sido capaces de progresar. Al principio, el budismo existió para ayudar a los asiáticos a encontrar la paz en un destino inexorable de infelicidad y miseria personal. El siglo xx ha abierto la posibilidad, por lo menos, de una satisfactoria vida terrena. Si el Yogi es capaz de olvidar el dolor de la existencia humana, concentrándose en un punto invisible en medio de su frente, ¡cuánto más fácil le será olvidar el sufrimiento de los demás! Dando por sentado que «el budismo es una religión de acción, no de fe» [122], habría que preguntarse a pesar de todo: ¿Para quién funciona, para el individuo o para la raza? Un cristianismo místico, como el que Bergson considera auténtico misticismo, tiene en cuenta tanto al individuo como a la raza. El amor es un dogma valioso del budismo y del cristianismo. Pero éste ofrece, además, el perdón, la redención, un Dios divino y humano, y la caridad.

El budismo no necesitó de iglesias ni de sacerdotes en su período primitivo. Esto contrasta señaladamente con la jerarquía, el fetichismo y el ritual que se han acumulado desde que Buda, en su sencillo acto de iluminación bajo el árbol Bodhi, encontró la suprema sabiduría. Ahora los budistas, como los cristianos, participan inexorablemente del ritual, de los sermones y de la sabiduría de los antiguos a través de los sacerdotes. La iluminación de Gabriela Mistral se produjo en el momento en que se dio cuenta de que la

---

[122]   Humphreys, *Buddhism*, pp. 110-111.

Iglesia, a pesar de sus intermediarios, hombres imperfectos, y sus períodos de falsa piedad, podía utilizar sus poderes con fines benéficos. Los hombres no podían encontrar por sí mismos el verdadero camino; incluso la autorrealización budista podía llevar al pesimismo, a la indiferencia y a la servidumbre. En sus últimos treinta años, Gabriela Mistral miró a la Iglesia con menos amargura y llegó a ver la posibilidad de un misticismo cristiano que pudiera ser noble, dinámico y caritativo.

V

LA POÉTICA DEL SACRIFICIO

Las alusiones a Jesucristo caracterizan la poesía de Gabriela Mistral. Me ha parecido más provechoso agruparlas según los temas, estilos o ideas que señalarlas en cada volumen. Así, su intención poética y la función que desempeñan pueden discutirse dentro de categorías concretas. La finalidad de este método es unificar las obras y extraer un orden y un sentido de poemas escritos en momentos diferentes y circunstancias variadas. Al organizarlas de este modo, intento hacer ver que la poesía de Gabriela se desarrolla dentro de moldes lingüísticos definidos; los matices de un modo de expresión, una metáfora o una analogía pueden ser comparados y yuxtapuestos a elementos similares del conjunto. Por lo tanto, lo que me mueve —como bien lo expresa Austin Warren en sus pensamientos sobre los deberes del crítico— es «un anhelo de orden, un apasionado deseo de descubrir, mediante el análisis y la comparación, la visión sistemática del mundo construida por el poeta, equivalente en él a un sistema filosófico o conceptual» [1].

---

[1] Austin Warren, *A Rage for Order: Essays in Criticism* (Ann Arbor, 1948), prefacio.

La continua referencia a Jesucristo como encarnación del sacrificio hace suponer la asimilación por parte de la poetisa del sentido filosófico y religioso de la obra de Jesús. No la guiaron en su recreación del sacrificio de Jesús ni la coincidencia ni el capricho; creo, en cambio, que seguía la influencia de las teorías de Annie Besant en «El Cristo místico» y «La expiación», que derivan de los artículos de esta última y de su *Esoteric Christianity* [2]. Según A. Besant, «la Ley del Sacrificio sostiene nuestro sistema y todos los sistemas y sobre ella están construidos todos los universos». Agrega que

> todas las grandes religiones del mundo han declarado que el universo empieza por un acto de sacrificio y han incorporado la idea del sacrificio a sus ritos más solemnes (p. 200).

Más específicamente, que la deidad llega a manifestarse sólo cuando ha limitado su presencia, circunscrito su poder y destruido voluntariamente alguna parte de lo que puede haber tenido (p. 201).

El sacrificio en el universo es inherente y perpetuo:

> El mineral se sacrifica al vegetal, el vegetal al animal, ambos al hombre, los hombres a los otros hombres y todas las formas más altas se deshacen a su vez y vuelven a reforzar, con sus componentes separados, el reino inferior. Es una secuencia continua de sacrificio, de lo más bajo a lo más alto, y el verdadero signo del progreso se da cuando el sacrificio involuntario e impuesto se convierte en voluntario y autoelegido, y aquellos a quienes el corazón del hombre reconoce como más grandes, son los que más sufren, las almas heroicas que trabajaron, soportaron y murieron para que la raza sacara provecho de su dolor.

---

[2] Annie Besant, *Esoteric Christianity or the Lesser Mysteries* (Adyar y Los Ángeles, 1913), pp. 169-229. Otras referencias de página a esta obra se indican en el texto. Ricardo Michell Abos-Padilla afirma que Gabriela leyó *Cristianismo esotérico* (ver Ap. A).

> Si el mundo es la obra del Logos, y la ley del progreso del mundo en el todo y en las partes es el sacrificio, entonces la Ley del Sacrificio debe apuntar a algo en la naturaleza misma del Logos; ha de tener sus raíces en la propia Naturaleza divina [3] (p. 202).

El sacrificio es, por lo tanto, la divina «emanación de la Vida dirigida por el Amor, un fluir voluntario y gozoso del propio Ser para crear otros Seres» (p. 208).

Finalmente, el sacrificio proporciona alegría sin límites; sólo lleva consigo sufrimiento en su connotación superficial. Cuando el hombre aprende a disociarse de la existencia material, de las «formas que se gastan y cambian» y continuamente necesitan rehacerse, cuando aprende a identificarse con la «vida duradera y creciente», como sostienen los grandes maestros, el sacrificio es un acto de gozo y no de dolor. El hombre sólo puede llegar a ser un Iniciado, un *Chrêstos*, el que ha aprendido la doctrina exotérica, ante todo con la renuncia a los deseos humanos degradantes (la lujuria, la envidia y la avaricia). Después debe aspirar al ungimiento y al estado de *Christos* con una total renuncia de sí mismo, en la que se abandona todo y a todos (p. 173). Al llegar a esta esfera, el hombre debe aprender a

> transformarse en el Dios por quien clama y, al sentir el último desgarrón de la separación, encuentra la eterna unidad (p. 220).

En la paradoja del sacrificio (y aquí A. Besant se guía por *1 Timoteo* 3, 16), «cada hijo del hombre puede llegar a ser ese Hijo de Dios, ese Salvador del mundo» (pp. 225-226). Y de este modo el sacrificio del Logos se refleja en todos los subsecuentes intentos de los seres humanos de partici-

---

[3] Annie Besant cita de su propio artículo «The Atonement», *Nineteenth Century* (junio 1895).

par de lo divino. Cada hombre debe preparar su propio camino no sólo con sus actos de entrega, sino también con la actitud generosa que debe sostenerlos. A. Besant lo resume así:

> Cada hombre puede trabajar en esa dirección haciendo de cada acto y poder un sacrificio, hasta que el oro se limpie de la escoria y quede solamente el oro puro (p. 229).

La Pasión de Cristo y los símbolos tradicionales que rodean su sacrificio forman el núcleo de este capítulo. La mayoría de las referencias a Cristo son explícitas, algunas veladas, pero pocas son puramente decorativas, es decir, sin referencia al dolor personal de la poetisa y a su sentimiento de abandono. No es necesario recargar esta disquisición sobre la poesía con la vida de Gabriela, puesto que los datos biográficos e históricos de los capítulos anteriores ya han dejado bien claras las razones de su padecimiento personal y su deseo de sacrificio y amor. Son afines, y sin embargo inexploradas hasta ahora, las alusiones específicas al Cristo traicionado, el camino con la Cruz hasta el Calvario, la Crucifixión, el aparente abandono divino, las representaciones del cuerpo de Cristo, el significado simbólico de sus heridas, la Resurrección y la Ascensión. Estas alusiones son de una importancia primordial en las obras poéticas de Gabriela.

TRAICIÓN

En «Nocturno», la traición que ha sufrido una muchacha fiel pero ingenua se representa de nuevo en los términos de la traición a Cristo:

Me vendió el que besó mi mejilla;
me negó por la túnica ruin [4].

Los motivos de Judas son tan materiales como los del amante engañoso de la doncella. Judas quería la plata; el seductor, nueva mujer («túnica ruin»). Se dan aquí reunidos en una imagen dos aspectos separados pero relacionados entre sí de la traición a Cristo: uno de ellos es la perfidia de Judas por las treinta monedas de plata. El otro, la túnica escarlata (o púrpura) de Cristo [5] que le dio Herodes para burlarse de él, y que fue el premio del juego de dados entre los soldados cuando estaba colgado en la Cruz. En el Getsemaní de la poetisa no hay amor, ni divino, ni humano:

> Yo en mis versos el rostro con sangre,
> como Tú sobre el paño, le di,
> y en mi noche del Huerto me han sido
> Juan cobarde y el Ángel hostil.
>
> («Nocturno», p. 80)

La sangre de la poetisa queda grabada en su poesía, como quedó impresa para siempre la faz ensangrentada de Cristo en el lienzo de Verónica. La misma metáfora reafirma la permanencia constante del dolor en la vida y en el arte de los que quieren seguir el camino de Cristo, es decir, aquellos que buscan el amor, descubren que éste es imposible o no correspondido y, como consecuencia, se martirizan a sí mismos para probar su fe en una creencia ideal, justa e impersonal:

---

[4] *Poesías completas de Gabriela Mistral*, ed. Margaret Bates (2.ª ed. rev., Madrid, 1962), p. 80. Las siguientes referencias de página en el texto pertenecen a esta obra.

[5] Mateo 27, 28; Marcos 15, 17; Juan 19, 2.

> Los que cual Cristo hicieron la Vía Dolorosa,
> apretaron el verso contra su roja herida,
> y es lienzo de Verónica la estrofa dolorida;
> ¡todo libro es purpúreo como sangrienta rosa!
>
> («Mis libros», p. 35)

Como corolario, cuanto mayor es la decepción humana, mayor resulta la posibilidad de participar del dolor de Cristo. Y con este fin, vale la pena el sufrimiento que se soporta. También la poesía, como proyección del padecimiento personal, llega a ser una canción eterna cuando se basa en el constante sufrimiento humano y cuando se esfuerza por emular el sacrificio de Jesucristo [6].

En el nivel universal o impersonal, la poetisa siente que Cristo vuelve a ser abandonado y traicionado cada vez que un hombre piensa en sus propios placeres y en los mil goces de la vida, olvidando que sólo son posibles a través del sacrificio, y por eso, en «Viernes Santo», Gabriela pide al «labrador» que deje de pensar en su cosecha, y que considere antes la angustia de otros en su nombre:

> No remuevas la tierra. Deja, mansa
> la mano y el arado; echa las mieses
> cuando ya nos devuelvan la esperanza,
> que aún Jesús padece.
>
> (p. 10)

En la estrofa siguiente, Simón Pedro, cuya rudeza en el modo de obrar y de alardear de fidelidad destaca en fuerte contraste con la negación del Maestro [7], se asemeja a mu-

---

[6] Esther de Cáceres, «Homenaje a Gabriela Mistral», *Revista Nacional*, VIII, 90 (1945), 333, también señala esto. Ver la sección posterior «La naturaleza y la leyenda de Verónica» para una discusión más extensa.

[7] En *Juan* 18, 10, «bajo los olivos», Simón Pedro corta de un tajo la oreja a Malco para proteger a Cristo; esto contrasta con la

chos que se jactan de su amor y lealtad, pero cuando se les pone a prueba, se muestran demasiado débiles para mantener sus principios.

La poetisa rechaza también a «estas pobres gentes del siglo [que] están muertas / de una laxitud, de un miedo, de un frío!» («Al oído del Cristo», p. 5). Estos son los no creyentes impasibles, incapaces de amor, odio o compasión. Su imposibilidad de hacer brotar en sí mismos una respuesta emocional espontánea, por miedo de que pueda serles perjudicial, se compara con el cuerpo fétido de Lázaro, sepultado durante cuatro días y seguramente descompuesto:

> Porque como Lázaro ya hieden, ya hieden
> por no disgregarse, mejor no se mueven.
> ¡Ni el amor ni el odio les arrancan gritos! [8].
>
> (p. 5)

Ahora, como en tiempos de Cristo, la gente tiene miedo de reconocer el amor y la fe. Por esta razón alzó Cristo su voz a Dios y proclamó al resucitar a Lázaro:

> Padre, gracias te doy por haberme oído. Yo sabía que siempre me oyes; pero lo dije por causa de la multitud que está alrededor, para que crean que tú me has enviado [9].

Al hombre sin corazón le parece de mal gusto el sacrificio de Cristo porque le resulta un espectáculo desagradable la sangre derramada y la carne herida. Cree que la Crucifixión es como una mala pieza de teatro a la que

---

triple negación de Cristo en el palacio de Caifás (*Juan* 18, 15-18, 25-27). Ver en «La desasida», p. 604, una referencia similar a Pedro: «Mi enemigo podía injuriarme / o negarme Pedro, mi amigo ...».

[8] Ver *Juan* 11, 39-46.
[9] *Juan* 11, 41-42.

nadie presta atención después del estreno. Las palabras
de Gabriela son condenatorias:

> Tienen ojo opaco de infecunda yesca,
> sin virtud de llanto, que limpia y refresca;
> tienen una boca de suelto botón
>
> mojada en lascivia, ni firme ni roja,
> ¡y como de fines de otoño, así, floja
> e impura, la poma de su corazón!
>
> (p. 6)

Detrás de las almas sin Dios están el materialismo, el
orgullo y la vanidad. Los objetos materiales se consideran
como eternos; incluso el cuerpo se exalta hasta tal punto
que la gente se hace ciega a la condición perecedera de su
propia carne:

> Y que, por fin, mi siglo engreído
> en su grandeza material,
> no me deslumbre hasta el olvido
> de que soy barro y soy mortal.
>
> («El himno cotidiano», p. 351)

La muerte parece afligir a los demás o quizás se vuelva
abstracción tan remota y tangencial que no hay tiempo
para sopesarla. Muchos creen que la cesación de la vida
supone el comienzo del reposo y el fin del sufrimiento. Por
eso, la gente sin compasión, vana y soberbia, no necesita
a Dios. Gabriela profetiza para los insensibles al amor —primer mandamiento de Cristo— una muerte torturadora sin
tregua:

> Y no llames la muerte por clemente,
> pues en las carnes de blancura inmensa,
> un jirón vivo quedará que siente

la piedra que te ahoga
y el gusano voraz que te destrenza.

(«Gotas de hiel», p. 36)

Más aún, el Reino de los Cielos está cerrado a los que niegan su compasión a los niños («Piececitos» y «Manitas», páginas 317-320). Los hombres insensibles ante las súplicas de los débiles e indefensos [10] permanecen también imperturbables ante el Cristo indefenso de la Cruz. Con justicia puede afirmar Gabriela: «Ingratos son los hombres, Señor; no merecen tus gracias». El hombre anhela la belleza y, cuando la encuentra en objetos materiales, entonces la belleza es destruida. La rosa pide ayuda a Dios Padre:

> Quisimos ser gratas al hombre y para ello realizábamos prodigios: abríamos la corola ampliamente para dar más aroma; fatigábamos los tallos a fuerza de chuparles savia para estar fresquísimas. Nuestra belleza nos fue fatal [11].

El hombre destruía cruelmente este signo de belleza donado por Dios: «De tus manos salimos hace poco tiempo íntegras y bellas; henos ya mutiladas y míseras».

En conclusión, la traición de Judas a Cristo, la de un amante a la poetisa y la de los seres individuales a la humanidad, han tenido lugar porque la falsedad es inherente a la condición del hombre. En la pregunta que Cristo hace al fiel pero soñoliento Pedro antes de que lleguen los soldados —«¿Así que no habéis podido velar conmigo una hora?» [12]— Cristo tenía en mente a todas las gentes bien intencionadas que, a través de los tiempos, no se han preocu-

---

[10] Ver *Mateo* 19, 13-15; *Marcos* 10, 13-16; *Lucas* 18, 15-17.
[11] «Por qué las rosas tienen espinas», *Desolación* (2.ª ed., Santiago, 1957), p. 251.
[12] *Mateo* 26, 40.

pado por el prójimo. Incluía por definición a los hombres
brutales que pasan por seres humanos pero persisten en
su actitud de animales, de renegar del pobre y del débil y
negar el amor, esencia de la humanidad. Aquellos que re-
niegan del Cristo agonizante que Gabriela Mistral describe
y le prefieren con aureola, vestido de ricas telas, limpio y
bien peinado, son los mismos capaces de volver la espalda
a los indefensos. Esta poesía hace un llamamiento para
que el hombre vuelva a tener conciencia de su capacidad
de ser sensible, de tener compasión y amor:

> ¡Oh Cristo! El dolor les vuelva a hacer viva
> l'alma que les diste y que se ha dormido,
> que se la devuelva honda y sensitiva,
> casa de amargura, pasión y alarido.
>
> («Al oído del Cristo», p. 6)

La negación de esa faceta de la naturaleza del hombre
significa la potencial destrucción del mismo. Gabriela ofrece tal posibilidad:

> ¡Retóñalos desde las entrañas, Cristo!
> Si ya es imposible, si tú bien lo has visto,
> si son paja de eras... ¡desciende a aventar!
>
> (p. 7)

El Dios del Amor se transforma por el momento en el
Dios de la Ira, que recuerda más a Yahvé que a Cristo. Pero
Gabriela sigue prefiriendo el consejo de Cristo, de ofrecer
la otra mejilla en vez de pagar ojo por ojo [13].

---

[13] *Salmos* 10, 15 presenta el castigo de Yahvé: «Quebranta el brazo
del malo: Del maligno buscarás su maldad, hasta que ninguna ha-
lles». Pero Cristo también prometió guerra y no paz, destrucción y
no amistad, para aquellos que se negaban a reconocer el amor (*Mateo* 10, 34-35; comparar esto con *Mateo* 5, 39).

CRISTO Y EL SUFRIMIENTO

Gabriela se habría reunido a aquellos pocos fieles que no abandonaron a Cristo en el Gólgota. En otra vida, habría permanecido junto a las Marías que miraban llorosas desde una colina cercana [14]. O quizá hubiera sido Verónica. Pues su devoción a Jesús y su tendencia a comparar sus propios sacrificios a los del Redentor nos lleva a concluir que está reviviendo por medio de su poesía un drama personal de profundo sentido:

> Está sobre el madero todavía
> y sed tremenda el labio le estremece
>
> («Viernes Santo», p. 11)

Los verbos indican un acto simultáneo al momento en que se escriben, no solamente para implicar una observación directa de la Crucifixión, sino también para poner de relieve a un Cristo siempre presente. El «Canto del justo» ofrece una escena similar en que la poetisa es de nuevo una atenta observadora que desprecia su propio sufrimiento frente a la inmensidad del de Jesús:

> Pecho, el de mi Cristo,
> más que los ocasos,
> más, ensangrentado:
> ¡desde que te he visto
> mi sangre he secado!
>
> (p. 18)

Y en forma paralela, cada verso inicial de las estrofas que siguen va enumerando las partes del cuerpo: «Mano», «Brazos», «Costado», «Mirada», «Cuerpo». El adjetivo po-

---

[14] *Mateo* 27, 55, 56.

sesivo «mi» tiene, aquí, una fuerza mayor de lo corriente;
quiere representar un lazo vigoroso y personal. En la pe-
núltima estrofa, como antes, el presente de indicativo de
«mirar» presta más vitalidad a la imagen:

> Cuerpo de mi Cristo,
> te miro, pendiente,
> aún crucificado.
> ¡Yo cantaré cuando
> te hayan desclavado!

(p. 19)

También el adjetivo «pendiente», el adverbio «aún» y
el subjuntivo «hayan», contribuyen a crear la impresión de
un Cristo siempre presente con quien la poetisa se armo-
niza.

El énfasis sobre la destrucción física del cuerpo, la sangre, el sudor, las uñas, la carne rasgada, es abrumador.
No se omite un solo detalle del martirio de Cristo. El lector
se siente sobrecogido por la imagen de este Salvador des-
garrado con «carnes en gajos abiertas» y «venas vaciadas
en ríos» («Al oído del Cristo», p. 5). Hay verbos y frases
que describen un ataque violento: «llagar», «tajear», y «el
flanco hendido de Cristo, / el ángulo de su boca» [15]. Se enu-
meran los instrumentos de tortura usados en el Cristo fla-
gelado y clavado en la Cruz:

> ¡Garfios, hierros, zarpas, que sus carnes hiendan
> tal como se parten frutos y gavillas;
> llamas que a su gajo caduco se prendan,
> llamas como argollas y como cuchillas!

(«Al oído del Cristo», p. 7)

---

[15] Respectivamente, «La cruz de Bistolfi», p. 4; «Canto del justo»,
p. 18; «Lámpara de catedral», p. 749.

Se reitera a menudo la imagen de la carne cortada en rodajas como la fruta o dividida en haces de retoños de vino:

> Desde tu vertical cae tu carne
> en cáscara de fruta que golpean...;
> El hierro que taladra tiene un gusto frío,
> cuando abre, cual gavillas, las carnes amorosas [16].

El sufrimiento de Cristo alienta en la poetisa un odio de sí misma:

> ¡Odio mi pan, mi estrofa y mi alegría
> porque Jesús padece!
>
> («Viernes Santo», p. 11)

Desgarrando sus propias heridas, trata de aumentar su angustia para sentir, al menos en parte, la carga que Cristo soportó: «...¡desde que te he visto / rasgué mis heridas!» («Canto del justo», p. 19). Ningún sacrificio humano puede igualar al de Cristo, y todas las comparaciones son vanas:

> Mano de mi Cristo,
> que como otro párpado
> tajeada llora:
> ¡desde que te he visto
> la mía no implora!
>
> (p. 18)

Sin embargo, Gabriela está convencida de que, si bien el sufrimiento absoluto puede existir sobre una base humana, ningún otro puede igualarse al suyo, que sólo rivaliza con el de Cristo. Los paralelismos son inconfundibles: «Ame mi gozo y mi agonía: / ¡ame la prueba de mi cruz!»;

---

[16] «Nocturno del descendimiento», p. 397; «El ruego», p. 100.

y «Los que cual Cristo hicieron la Vía Dolorosa...»; y finalmente en «La cruz de Bistolfi» [17]:

> Cruz que ninguno mira y que todos sentimos,
> la invisible y la cierta como una ancha montaña:
> dormimos sobre ti y sobre ti vivimos;
> tus dos brazos nos mecen y tu sombra nos baña.
>
> (p. 4)

Las imágenes traen recuerdos de la muerte de Cristo al expresar distintas variaciones de «clavo», «clavar» y «clavarse» [18]: «Ha venido el cansancio infinito / a clavarse en mis ojos al fin» («Nocturno», p. 80). Las heridas corporales hacen recordar la llaga del costado de Cristo: «¡Llevo abierto también mi costado...!» (p. 79). Cuando quiere expresar el dolor que le causa la muerte de su sobrino Juan Miguel, escribe:

> Otra vez sobre la tierra
> llevo desnudo el costado...
>
> («El costado desnudo», p. 706)

Como Tomás dudaba de la llaga de Cristo hasta meter en ella su mano [19], también la herida en el costado de Gabriela es innegable:

> Como a Tomás el Cristo,
> me hunde la mano pálida

---

[17] «El himno cotidiano», p. 352; «Mis libros», p. 35. Según la *Enciclopedia Italiana* (Milán, 1930), Leonardo Bistolfi (1859-1933) era un escultor de Turín, conocido por sus interpretaciones religiosas de las tumbas y de la muerte. Hizo un crucifijo en Villabasse en 1901.

[18] Para más ejemplos ver «La cruz de Bistolfi», p. 4; «El suplicio», pp. 20-21; «Éxtasis», p. 64; «Dios lo quiere», p. 70; «Canción de los que buscan olvidar», p. 113.

[19] Alusión a *Juan* 20, 27.

porque no olvide, dentro
de su herida mojada.

(«La obsesión», p. 89)

Hay poca novedad en los sentimientos, imágenes y actitudes de la poesía que he seleccionado para esta sección. Muchos devocionarios animan a los piadosos a aportar visiones directas de Cristo en la Cruz, para que la idea de su sacrificio permanezca siempre viva [20]. En los períodos de tentación o angustia, o cuando la fe necesite renovarse, San Francisco de Sales incita a que «corráis en espíritu a abrazar la Santa Cruz, como si vierais a Cristo crucificado ante vosotros» [21]. Su teoría es que, para recibir más fuerte impacto, no se debe intelectualizar el Calvario, y que tampoco la imaginación debe reconstruirlo como una pieza teatral. Considerada como ideación o como drama vicario, la Pasión de Cristo se reduce a teología, y su comprensión se sustituye a la verdadera. La persona verdaderamente devota debe intentar tener compasión del dolor físico de Cristo y participar así de él. Pero el poeta debe unir el sentimiento y la idea, los detalles sensibles y la abstracción teológica [22].

Fray Luis de Granada sugiere un método que puede acercar más al alma la Pasión de Cristo. A través de la imaginación, y no del intelecto,

debemos figurar [el juicio final, o el infierno, o el paraíso] ...
de la manera que ella es, o de la manera que pasaría, y hacer

---

[20] Ver Louis Martz, *The Poetry of Meditation: A Study in English Religious Literature of the Seventeenth Century* (New Haven, 1954), p. 73. Estoy en deuda con este trabajo por sus fuentes religiosas, filosóficas y poéticas.

[21] Ver San Francisco de Sales, *Introduction to a Devout Life (Introducción a la vida devota)*, traducida al inglés por John K. Ryan (Nueva York, 1950), pág. 188.

[22] Martz, *Poetry of Meditation*, p. 79.

cuenta que allí en aquel mesmo lugar donde estamos pasa todo aquello en presencia nuestra; para que con esta representación de las cosas sea más viva la consideración y sentimiento dellas.

Este fenómeno es evidente en los ejemplos que pone, pero hace Fray Luis otra sugerencia, aún más importante:

Y algunos hay que dentro de su mesmo corazón imaginan que pasa cualquiera cosa destas que piensan; porque pues en él caben ciudades y reinos, no es mucho que pueda caber también la representación y figura destos misterios[23].

Lo que se destaca en el último pasaje es la unidad esencial entre los sentimientos del poeta y los de Cristo. Fray Luis describe físicamente el Calvario como si fuera un sitio al que uno podría dirigirse, aunque con dificultad, o que el Calvario está tan vivamente compuesto en la imaginación que casi aparece ante los ojos. Pero el mayor desafío al hombre es vivir interiormente el sufrimiento de Cristo, como sugiere la poesía:

Ame mi gozo y mi agonía:
¡ame la prueba de mi cruz!

(«El himno cotidiano», p. 352)

Fray Luis exige la debida perspectiva sobre el significado del sufrimiento de Cristo. Para él, el ejercicio de la devoción es un medio y no un fin. El hombre ha de ascender a la Cruz simbólicamente, escalón por escalón, para alcanzar una comprensión total del amor de Cristo, de la expiación y de la caridad. A cambio de eso, cada hombre paga la deuda por el acto de Cristo con eterna gratitud y reverencia y asimismo absteniéndose de pecar. Esos son,

---

[23] Fray Luis de Granada, *Obras*, en *Biblioteca de Autores Españoles* (Madrid, 1848), II, 13.

según Fray Luis de Granada, los objetivos de la meditación sobre Cristo. Pues una contemplación demasiado larga del sufrimiento en sí mismo, podría llegar a convertir los medios en fin. Respecto a esto, cabría preguntarse si no ha excedido la poetisa los límites de la discreción; solamente en *Desolación* aparecen ochenta y ocho veces en sesenta y tres poemas las expresiones que se refieren a heridas, destrucción, fracturas y desgarramiento de la carne. Sin embargo, las estadísticas por sí solas no pueden comunicar la impresión predominante de violencia. Aunque precisa admitir que después de *Desolación* hay menos sangre.

CRUZ, ÁRBOLES Y MADERA

Al desarrollar metafóricamente la simbiosis de Cristo con la Cruz, la poetisa describe la madera, o las cosas hechas de madera, como santas y como símbolos del sufrimiento personal, de la humillación y de la muerte. Hojas, ramas, troncos y raíces de árboles, a través del antropomorfismo, se convierten en cabellos, brazos, cuerpos y pies [24]. El viento que sopla entre las ramas hace un ruido quejumbroso, similar al gemido humano, y lleva consigo «... la fragancia / de su costado abierto!» («Tres árboles», p. 126). Los versos, «Tres árboles caídos / ... apretados de amor, como tres ciegos», representan a Cristo y a los dos ladrones, Dimas y Gestas [25]. Uno de los árboles, más retorcido que los otros, se vuelve y

---

[24] Sin ninguna intención estética, el «árbol» se usa como una simple metonimia de la Cruz en *Hechos* 5, 30; 10, 39; 13, 29; *Gálatas* 3, 13; *I Pedro* 2, 24.

[25] Ver Joseph Gaer, *The Lore of the New Testament* (Boston, 1952), pp. 69-70, 196, 208, 215-216, 221, 228, 230. Ver también sus fuentes, pp. 340, 342.

> ...tiende
> su brazo inmenso y de follaje trémulo
> hacia otro, y sus heridas
> como dos ojos son, llenos de ruego.
>
> (p. 126)

Gabriela une su sino al de estos árboles en un pacto de
amor y dolor: «Estaré con ellos... / Y mudos y ceñidos, /
nos halle el día en un montón de duelo»[26] (p. 126).

En otra parte canta un «Himno al árbol» (pp. 347-349)
en términos que hacen pensar en la Crucifixión: el árbol
está arraigado y «clavado por garfios pardos en el suelo».
El árbol ofrece aspiración celestial («una intensa sed de
cielo»), purificación («hazme piadoso hacia la escoria / de
cuyos limos me mantengo»), y una aureola de santidad
(«amplia sombra refrescante / y con el nimbo de tu esencia»). Y, finalmente, el culto al árbol conduce a la mitigación del pecado, seguido de amor universal y beneficencia.

En «La encina», una maestra abnegada, Brígida Walker,
gracias a su aceptación estoica de la adversidad, se convierte idealmente en «encina espléndida de sombra perfu-
mada, / por cuyos brazos rudos trepara un mirto en flor»
(p. 54). El tronco lleva señales conocidas («llagado»); es a
la vez frágil y aromático, fuerte y recto: «Pasta de nardos
suaves, pasta de robles fuertes»[27]. El desempeño sin tregua

---

[26] La posible relación mística, franciscana, no ha escapado a la
atención de Ulrich Leo («La literatura hispanoamericana y los alemanes», en *Interpretaciones hispanoamericanas: Ensayos de teoría y
práctica estilísticas, 1939-1958* [Santiago, Cuba, 1960], pp. 194-197).
«Himno al árbol», p. 347, comienza con el epíteto típicamente franciscano: «Árbol Hermano...».

[27] María, hermana de Marta, ungió los pies de Cristo con el
aceite fragante del nardo (*Marcos* 14, 3; *Juan* 12, 3); *Amós* 2, 9 considera a Moab «fuerte como los robles», pero no rivaliza con
Dios.

y el amor llegan a ser «leño heroico [que] se ha vuelto, encina, santo» (p. 55). La santificación continúa cuando la poetisa espera que la «encina», herida en el costado, no sienta dolor. La humanidad entera («el leñador») le debe a ella reverencia. Finalmente, en el momento de morir, la poetisa dice en presencia de Dios:

> ¡... y que cuando
> el rayo de Dios hiérate, para ti se haga blando
> y ancho como tu seno, el seno del Señor!
>
> (p. 56)

Los abnegados cargan con la cruz del sacrificio, pero su propio cuerpo es también la cruz a la que están atados hasta la muerte. Y cuanto mayor la perseverancia en esta vida, más gloriosa será la muerte.

El ciprés está relacionado tradicionalmente con el duelo, quizá porque se planta en los cementerios o quizá porque se asocia a la imagen medieval de que la viga transversal de la cruz estaba hecha de madera de ciprés[28]. Sea cual fuere el origen de ambas connotaciones, Gabriela las combina en las metáforas que siguen. Al hablar de la desesperación por la muerte de su madre y su alejamiento de Chile, su cuerpo es una «alzadura de lento ciprés» («Nocturno de la consumación», p. 382); como Cristo fue aparentemente abandonado en la Cruz, se siente ella olvidada por Dios. En la muerte de su sobrino Juan Miguel, aparece la misma metáfora: «Soy yo misma mi ciprés, / mi sombreadura y mi ruedo» («Luto», p. 712). La mortificación está bien clara, pero aún más esencial es el deseo de convertirse en árbol para salvarse del dolor de la vida[29]. En «Luto» dice también:

---

[28]   Gaer, *New Testament*, pp. 209-211; ver p. 341, índice de fuentes.
[29]   Esta idea es análoga a la expresada por Rubén Darío en «Lo fatal».

> ... pero yo que me ahogo me veo
> árbol devorado y humoso,
> cerrazón de noche, carbón consumado,
> enebro denso, ciprés engañoso,
> cierto a los ojos, huido en la mano.

De nuevo en «Nocturno de la consumación», imagina la transitoriedad de la vida como un árbol consumido en llamas y ella, el árbol, desaparece de la vida sin dejar cenizas, solamente un vestigio de humo: «Dame Tú el acabar de la encina / en fogón que no deje la hez» (p. 384). El cuerpo no se desintegra porque ella se deshizo del cuerpo hace tiempo. Ella sigue siendo un «árbol de humo y con ojos abiertos» (p. 712) que ha muerto por dentro y sólo mantiene con la existencia un contacto marginal, casi inmaterial:

> Igual que las humaredas
> ya no soy llama ni brasas.
> Soy esta espiral y esta liana
> y este ruedo de humo denso
>
> (p. 711)

En general, la poetisa se identifica con los árboles, sacudidos éstos por las tempestades o floreciendo en cortos intervalos bajo la llovizna que anuncia la fecundidad o que significa lágrimas y desastre [30]. El epílogo de *Poesías completas* se llama acertadamente «Último árbol» (pp. 797-799); marca medio siglo de búsqueda de la tranquilidad espiritual. Las alusiones a la Crucifixión van de lo evidente a lo sutil: «... mi costado de fuego», «Isla de mi sangre», «parvedad de reino» (humildad), «tamarindo» (color rojo y corazón ácido), «cedro» (majestad y gloria) [31]. La sangre se cuaja en

---

[30] Ver «La lluvia lenta» y «Pinares», pp. 140-144.
[31] «Cedar», *Dictionary of the Bible*, ed. James Hastings (Nueva York, 1963). En la tradición medieval el cedro es el soporte de la Cruz (ver Gaer, *New Testament*, pp. 209-211).

«frescor» y «silencio», metáfora que exalta el reposo espiritual y la serenidad en la muerte. La poetisa quiere dejar
atrás toda la materia, porque sabe que la muerte la aguarda como «árbol sin nombre / que cargué como a hijo ciego». El «árbol», o cuerpo, será transportado pronto por el
«Arcángel verdadero / adelantado en las rutas / con el
ramo y el ungüento!»; ella será llevada al lugar del definitivo descanso, donde cesará el dolor y su alma se entre-
gará a Dios [32].

«Manos de obreros» muestra un leve rastro de la presencia de una leyenda medieval según la cual «la Cruz en
que Cristo fue crucificado estaba hecha de la madera de
un árbol que brotó de un esqueje del Árbol de la Ciencia,
conectando así la Caída y la Salvación del hombre, lo cual
integra la historia de la cristiandad» [33]. Con una visión casi
surrealista, la poetisa concibe a los hombres como manos,
separadas de sus cuerpos y su mente, realizando tareas vul-
gares de una forma continua y sumisa. En la estrofa co-
rrespondiente, las manos de los obreros se amoldan a los
mangos de madera y se convierten en madera:

> Parecidas a sus combos
> o a sus picos, nunca a su alma;
> a veces en ruedas locas,
> como el lagarto rebanadas,
> y después, Árbol-Adámico
> viudo de sus ramas altas.

(pp. 738-739)

---

[32] Arnold Whittick, *Symbols, Signs and Their Meaning* (Newton,
Mass., 1960), p. 279, menciona la compleja relación entre Dios y el
alma, y el árbol o la piedra y el cuerpo, estudiada por William Ro-
bertson Smith, *Lectures on the Religion of the Semites* (Nueva York,
1907), p. 84.

[33] Whittick, *loc. cit.* Para detalles de la leyenda ver Gaer, *New
Testament*, pp. 208-210, 341. Cfr. también «Tree» en George Ferguson,
Signs and Symbols in Christian Art (Nueva York, 1961), p. 31.

El linaje humano primitivo («Árbol-Adámico») precede a la conciencia moral del hombre y a su percepción del mundo. Gabriela aísla significativamente las facultades intelectuales («viudo de sus ramas altas») de los obreros de su capacidad para el trabajo físico. Pero a pesar de su embrutecimiento y estupidez, y de ser herramientas e instrumentos de la sociedad, poseen una vislumbre de humanidad y compasión puesto que cantan, bailan, trabajan y crean. En este aspecto se libran de las consecuencias de la Caída del hombre y automáticamente alcanzan la salvación: «¡...Jesucristo las toma y retiene / entre las suyas hasta el Alba!» (p. 740).

Dios Padre deseó que Adán, antes de la Caída, cuidara tranquilamente el Huerto del Edén. Adán depende del Dios Padre en cuanto a su integridad, paz y las pocas libertades que le han sido concedidas. Después de probar el Árbol de la Ciencia, llega a conocer las diferencias entre el bien y el mal y se ve condenado a labrar el suelo duro y maldito [34]. Adán paga por su desobediencia y su curiosidad y, al haber elegido libremente, tiene que continuar empleando su razón y su voluntad en todas las terribles disyuntivas de la vida. La dificultad está en que la carga de Adán es también la del hombre. Adán eligió por toda la humanidad, condenándola así al apartamiento de Dios Padre. Pero a través de Cristo, el hombre se salva de la maldición de Adán y vuelve, en cierto modo, a un estado de inocencia, sin pecado, laborioso y contento. La poetisa expresa en «Manos de obreros» la redención de la colectividad humana mediante el trabajo y la fe en el Hijo de Dios [35].

---

[34] Ver *Génesis* 2, 15, 19-20; 3, 23.
[35] Cfr. una discusión similar sobre Milton de Roland Mushat Frye, *God, Man and Satan: Patterns of Christian Thought and Life in «Paradise Lost», «Pilgrim's Progress» and the Great Theologians* (Prin-

En la teología, «el barco» suele representar la Iglesia de Cristo porque conduce a los pecadores y a los fieles sobre las aguas peligrosas y les protege de la maldad del mundo [36]. Resulta difícil reconciliar el sentido ortodoxo de esta imagen con el que adquiere en la trilogía titulada «Canciones en el mar». La Iglesia no sustituye a Cristo, que es el barco de esta alegoría: «¡Ay!, barco, no te tiemblen los costados / que llevas a una herida» (p. 112). Cristo es barco, navegante y estrella polar: responsable, hábil y constante. La poetisa ha confiado la travesía y la salvación a las manos «del hombre que sufre en la proa, / el viento del mar» (página 115). La unión es a la vez dolorosa y capaz de aliviar el dolor:

> En la proa poderosa
> mi corazón he clavado.
> Mírate barca, que llevas
> el vértice ensangrentado.

                                                    (p. 113)

El doble sacrificio sobre la proa y el mástil es lavado por las embestidas del mar:

> Sobre la nave toda puse
> mi vida como derramada.

---

ceton, 1960), pp. 43-44. Velázquez (1599-1660) apunta a la redención del hombre por el trabajo en «Las hilanderas» y también en otros cuadros.

[36] Whittick, *Symbols*, pp. 262-263, dice que «en algunas representaciones, el barco es llevado a lomos del pez, lo que indica que a los miembros de la Iglesia les guía Jesús a través de los mares de la vida». Cfr. el poder de Cristo para dominar la tempestad *(Mateo* 8, 24-27), con lo cual se gana la confianza de los discípulos. Por cierto, la palabra «pez» en griego ('Ιχθύς) es un acrónimo de Jesús Cristo Hijo de Dios Salvador, según Ferguson, *Signs and Symbols*, p. 18.

> Múdala, mar, en los cien días,
> que ella será tu desposada [37].

(pp. 113-114)

La relación ofrece una promesa de fe eterna y resuelta en Cristo. Pero con el tiempo la poetisa revoca su promesa de fidelidad total.

Veintitrés años más tarde, como consecuencia de la muerte de Juan Miguel, las imágenes de Gabriela respecto a la Cruz, implican una oposición a Jesucristo. Agobiada por una profunda angustia, la poetisa de nuevo desnuda su costado en la habitual imagen del martirio. Rechaza a Cristo como ideal y niega que sea suya la cruz que ella soporta; prefiere la soledad del abandono y del sufrimiento a la desilusión que la espera al poner en él su fe. Niega que la Cruz ofrezca protección:

> ... y, si duermo, queda expuesto [el costado]
> a las malicias del lazo
> sin el aspa de ese pecho
> a la torre de ese amparo.

(«El costado desnudo», pp. 706-707)

Y aún va más lejos: ¡Cristo ya no es su infalible guía en la adversidad!

> Ya no más su vertical
> como un paso adelantado
> abriéndome con su mástil
> los duros cielos de estaño
> y conjugando en la marcha
> el álamo con el álamo.

(pp. 707-708)

---

[37] Aparte del viaje simbólico, Gabriela probablemente escribió «Canciones en el mar» cuando viajaba de Valparaíso a Veracruz en 1922. Ver en el capítulo II sus razones para dejar Chile y aceptar una colocación en Méjico.

La posición de Gabriela —reflejada en la poesía de este momento particular— no debe ser considerada como algo irrevocable sino más bien como el resultado de un gran dolor. Es verdad que nunca volvería a ser Jesús, como antes, el salvador total y el redentor omnipresente. Por otra parte, tampoco volvería a inspirar la poesía torturada y ahogada de dolor que había derivado de su dependencia excesiva del Cristo doliente, como medio de redención y amor definitivo. En último análisis, la muerte de Juan Miguel la obligó a una síntesis entre su absoluta confianza en Cristo y su total alejamiento de Él. La poetisa llega a la idea de que el remedio para el dolor del hombre, si es que existe, no se encuentra fuera del individuo en los actos de los demás, ni está determinado por la flagelación y cruci- fixión propia, ni puede aliviarse con una constante reflexión sobre la angustia. Después de recobrarse del golpe que su- puso para ella la muerte de Juan Miguel, y purgado ya su rencor inicial contra Jesucristo, Gabriela se embarca en una nueva travesía espiritual en que ya no la guía el simbólico mástil enhiesto, pero tampoco ha abandonado del todo el «barco». Y, como consecuencia, el dolor no volvió a inspirar aquella poesía en la que estaba presente el Cristo sangrante y crucificado.

SANGRE Y AGUA

En la Pasión de Jesucristo, el agua de que se llena al morir es símbolo de la aceptación del Hijo por el Padre. Es la respuesta de Dios a la declaración anterior de Cristo, «Tengo sed»[38]. Los soldados tomaron estas palabras lite-

---

[38] Ver *Juan* 19, 28, 34. En cuanto a la explicación científica de un laico de la sangre y el agua en el cuerpo muerto de Cristo, ver James A. Bishop, *The Day Christ Died* (Nueva York, 1957), p. 309.

ralmente y le ofrecieron una esponja empapada en vinagre
para realzar las burlas; además, el vinagre contribuía a aliviar el dolor. Pero Cristo rechazó el calmante porque no
pedía ni un refresco líquido ni una disminución del sufrimiento. Estaba sediento de un indicio por parte de Dios
de que el sacrificio y la expiación no habían sido en vano.
La Palabra vino cuando la lanza de Longinos atravesó su
costado; en la muerte, manaron como un signo de Dios el
agua y la sangre.

En los poemas de Gabriela, la sangre no pierde su significado simbólico al ser transformada en agua. Pero el sentido primario de la sangre y el agua como «bases de la vida»
se extiende hasta incluir ciertos atributos sólo aplicables
a la sangre: sacrificio, martirio, expiación y amor paterno.
Aparte de una semejanza literal y física con la sangre, el
agua posee cualidades que aquélla no tiene. El agua, al sugerir extensión horizontal (mar, río), caída vertical (lluvia),
y movimiento (río, lluvia), sirve para propagar y transmitir
los significados simbólicos adquiridos por la sangre. El
agua no es sólo un agente de transmisión, sino también un
símbolo transformado, co-partícipe de los significados dis-
tintivos de la sangre.

Cristo es la fuente principal de toda sangre: «... manos
que sangraron con garfios y en ríos» («La sombra inquie-
ta», p. 43). Figurativamente, la sangre brota también del
costado de la poetisa y, o bien se une al río de la sangre
de Cristo, o bien forma su propio charco. Las citas siguientes ilustran tales posibilidades. La primera tiene, además,
un artículo determinado singularizante: «Cristo, el de las
venas vaciadas en ríos» («Al oído del Cristo», p. 5). La poetisa, en su desesperación silenciosa, se enfrenta a la necesidad de vivir con sus tragedias personales:

> ... me han dado esta montaña mágica,
> y un río y unas tardes trágicas
> como Cristo, con que sangrar.
>
> («Serenidad», p. 116)

Y de nuevo continúa, incansable en su acoso, el dolor exacerbado:

> Vivo una vida entera en cada hora que pasa;
> como el río hacia el mar, van amargas mis venas.
>
> («Poema del hijo», p. 105)

La corriente horizontal no cesa nunca, ni siquiera cuando la sangre se vuelca en el mar:

> ¡Y no untó mi sangre
> la extensión del mar!
>
> («Balada», p. 76)

El mar es ilimitado y puede contener todo desbordamiento. La poetisa parece tener presente la inutilidad que sugiere el versículo del *Eclesiastés* 1, 7: «Los ríos todos van al mar, y el mar no se llena». Las abluciones no pueden de ninguna manera borrar el dolor o la muerte: «¿No hay agua que los lave de sus estigmas rojos?» («Interrogaciones», página 85). El mar es incapaz de diluir los ríos afluyentes de sangre; el mismo mar se torna rojo para reflejar su doble sacrificio.

La sangre de Cristo que desciende verticalmente es semejante a un chaparrón estival: «El cielo es como un inmenso / corazón que se abre, amargo. / No llueve: es un sangrar lento / y largo» («La lluvia lenta», p. 140). La imagen copia a Cristo pero la amargura pertenece a la poetisa. La sangre que desciende enrojece a la humanidad —«regando la vida» («Canto del justo», p. 19)— y la avisa de los pecados por los que Cristo sigue expiando debido a los que aún subsisten.

En *Tala*, la sangre ya no corresponde a todas las manifestaciones anteriores del agua. Un río de sangre, esta vez ascendente en vertical, anuncia la Resurrección. La poetisa santifica y espiritualiza la sangre y el agua al desmaterializarlas, cuando habla de un «Río vertical de gracia» («Locas letanías», p. 399). Entonces, la poetisa ofrece una paradoja en que la sangre de Cristo deja de fluir libremente y queda estancada: «Mi sangre aún es agua de regato; / la tuya se paró como agua en presa» («Nocturno del descendimiento», p. 396). De esta manera, demuestra la humildad al comparar el gotear insignificante con la fuerza potencial de la sangre apresada de Cristo. La poetisa amplía la imagen «agua en presa» combinando las antítesis: «parado y corriendo vivo / en su presa y despeñado» («Locas letanías», p. 399). El segundo verso es un pleonasmo; la explicación de la paradoja del primer verso sirve también para el segundo. Se produce una tensión dramática yuxtaponiendo el sentido físico y literal de «parado» con la significación espiritualizada de «corriendo vivo»: Su sangre se ha congelado, pero el significado del sacrificio es eterno.

En *Lagar*, «presa de agua» es una metáfora de Cristo que a primera vista parece demostrar una posible serenidad por su asociación con «sosiego». Sin embargo, los contextos precedentes y presentes de la frase desmienten su significado explícito. Se une a «mi sosiego la presa de agua» la ironía paradójica del verso, «... y mis gozos la dura mina» («Recado para la 'Residencia de Pedralbes', en Cataluña», p. 586). La sangre y el agua fluyen menos, señalando la renuncia, el estoicismo y la resignación. No han desaparecido ni se han resecado los fluidos, lo cual marcaría el fin del sufrimiento: solamente están contenidos. Si en aquel momento Gabriela hubiera hecho una recapitulación de su vida, si hubiera podido dejar un último mensaje definitivo a las jóvenes de la Residencia de Pedralbes, hay dos frases de las estrofas finales que habrían servido para expresar su angustia constante. En la primera quiere ser recordada como la «cierva herida», otra metáfora del Cristo herido[39]. En la otra, se manifiesta como el ser doliente que ya no puede engañarse con la fácil ilusión de que pueda uno librarse de la carga de la existencia por el deseo o la plegaria. Ese peso no se apartará nunca de su vida. Ni el fin de las lágrimas ni la sangre reseca —y menos aún los sentimientos contrarios asociados con «agua en presa», es decir, Cristo como reserva de esperanza y la negación de su amor— pueden mitigar el sufrimiento cuando se siente obligada a decir: «¡... y doy la cara a mi agonía!».

LÁGRIMAS, SAL Y SUDOR

No hay escenario más majestuoso que el del Calvario —«el resplandor cárdeno del Calvario eterno» («Al oído del Cristo», p. 6)— donde la sangre redentora de Cristo sumergió al hombre en un valle de lágrimas[40]. La mano

---

[39] El ciervo y sus semejantes, venado, cabritillo y gacela, aparecen frecuentemente asociados con muerte, miedo, inocencia, paz y ligereza. En cuatro alusiones el ciervo se dirige a Cristo: «Nocturno de la derrota», pp. 386, 388; «Locas letanías», p. 399; «Sol del trópico», p. 458. Para un estudio exhaustivo de «el ciervo herido» en la literatura española, ver María Rosa Lida, «Transmisión y recreación de temas grecolatinos», *Revista de Filología Hispánica*, I (1939), esp. 31-52.

[40] Cfr. *Lucas* 23, 27-28; *Hebreos* 13, 12. La redención sólo es posible a través de la aceptación del sacrificio, de aquí las lágrimas que resultan del dolor y el pecado.

herida de Cristo es como «otro párpado / [que] tajeada
llora» («Canto del justo», p. 18). El verbo «cuajar» se usa
fuera de su contexto normal para expresar cómo los fariseos de hoy en día evitan el hecho de la imagen sangrienta
de Cristo, y por eso «no cuaja en sus ojos dos lágrimas claras» («Al oído del Cristo», p. 6) [41]. En «Éxtasis», la respuesta
emocional de la poetisa al amante que se suicidó es paralela a la que se da a Cristo. Después de pedir a Cristo que
cese el dolor por medio de la humildad absoluta —es decir, la muerte— contempla su relación con el muerto como
un «amasijo fatal de sangre y lágrimas» (p. 64).

María Magdalena es el arquetipo de la penitente llorosa,
dispuesta a amar con mayor pasión por haber pecado y
luego haberse arrepentido [42]. María es mencionada dos veces pero la primera alusión es más oportuna. Cristo la
mira desde la Cruz: «... y para ungir sus pies busca la
trenza / de Magdalena, ¡y la halla ensangrentada!» («Al
pueblo hebreo», p. 9). Es obvio que la poesía de Gabriela
no sirve de guía para la Biblia. Fue otra María, la hermana
de Marta, la que enjugó los pies de Cristo con sus cabellos
en Betania. Y una falsa tradición relaciona a María Magdalena con la pecadora anónima que anteriormente, en Cafar-
naum, había limpiado los pies de Cristo [43]. Aunque es un
hecho que María Magdalena no secó los pies de Cristo, sí
es cierto que lloró junto a su sepultura. Es improbable que
Gabriela no conociera el papel de la Magdalena como penitente afligida, pero también es posible que creyera en la
leyenda falsa pero popular. De nuevo en oposición a la Bi-

---

[41] Cfr. *Juan* 9, 37 y siguientes.
[42] Perry J. Powers, «Lope de Vega and *Las lágrimas de la Madalena*», *Comparative Literature*, VIII (1956), 279.
[43] *Juan* 12, 3; *Lucas* 7, 38.

blia, la imagen poética presenta a Cristo buscando los cabellos de María; en realidad, las mujeres buscaron fervientemente lavar su cuerpo. Para la poetisa la Biblia es un punto de partida, y no algo que se copia. María Magdalena, la eterna mujer sollozante, se destaca metafóricamente, si se acepta que en la «trenza... ensangrentada» se funden la sangre, esencia de la Crucifixión, y las lágrimas, la especialidad de María.

La poesía escrita antes de 1922 está empapada en lágrimas. Hay en ella más de cincuenta referencias directas a combinaciones de llorar, llanto, lágrimas y sollozar. Esta cuenta no incluye las versiones metafóricas de agua, sal y mares, ni tampoco las lágrimas implícitas por heridas, sufrimiento, dolor, abandono y muerte. Gabriela Mistral redujo la poesía lacrimosa en lo que sigue a *Desolación*, en parte debido a cambios en su vida personal y en parte por su creciente madurez poética. Es decir, que mientras las lágrimas, la compasión, el dolor y la muerte todavía empapaban sus obras, su creciente habilidad poética imaginaba expresiones nuevas y más sutiles de su sufrimiento. Y mientras en sus dos primeros libros, *Desolación* y *Ternura*, la emoción guiaba a la razón, en los dos últimos, *Tala* y *Lagar*, la intelectualidad canalizaba sus emociones. Y el resultado fue beneficioso.

Lo mismo que la sangre amplifica el aspecto connotativo del agua, ya que participan ambas del acto sacrificador, el agua en su doble papel de mar y de lágrimas implica la sal, que es un signo de amargo padecimiento y de oblación. En el *Levítico* 2, 13, la sal se requiere para los sacrificios y las ofrendas: «... en toda ofrenda tuya ofrecerás sal». *Marcos* 9, 49 continúa la tradición: «Porque todos serán salados con fuego, y todo sacrificio será salado con sal». Este condimento indispensable a la comida humana sazona también «el alimento de Dios»[44]. La siguiente imagen que trata la decepción de un amante infiel está marcada por un vestigio de la Crucifixión: «...y me clavo como un dejo / de salmuera en tu garganta» («Dios lo quiere», p. 70). «Clavo» simboliza el instrumento de castigo; la «salmuera» puede ser la hiel que le dieron a Cristo con el vinagre[45]. En efecto, la poetisa inflige la penitencia del sacrificio por la perfidia y el pecado. Pero lo irónico es que, inversamente, es ella la que sufre las heridas del crucificado («me clavo») y saborea el dolor: «En tu abierto manto no cabe / la salmuera que yo bebí» («A la Virgen de la Colina», p. 27)[46]. El sacrificio no supone la sumisión voluntaria a la fuerza divina con un propósito de renovación espiritual a expensas de la comodidad propia. Tampoco es la tranquila aceptación de las calamidades que el destino puede arrojar impunemente.

Aunque la vida es «amarga como un sorbo de mares» («Tribulación», p. 77), y la sal implica destrucción, la poetisa, en una acción que desafía la inmensa tarea, sigue luchando contra la amargura y la destrucción. Para manifestar esta lucha, se ponen en juego los significados y usos contrarios de la sal. Pues la sal no sólo destruye la carne, empobrece el suelo y niega, simbólicamente, la vida, sino que también contribuye a preservar, y por lo tanto, a mantener la vida. Las funciones básicas y opuestas de la sal forman parte integrante del espectro poético de Gabriela, ya que refuerzan otros símbolos de muerte y destrucción, vida y fertilidad. La sal mantiene siempre sus cualidades de

---

44 Ésta es una interpretación ampliada del *Levítico* 21, 8, 17. Ver «Salt», *Dictionary of the Bible*.

45 *Mateo* 27, 34.

46 En contraste, en «Gracias en el mar», p. 556, «la sal en la garganta» anuncia la despedida a un amigo desde la cubierta de un barco; sólo incidentalmente hay alguna amargura como resultado de la nostalgia y la tristeza.

amargura, desintegración, esterilidad y desesperación [47]. Pero
se puede argüir que la presencia de la sal en los sacrificios
y oblaciones desde los tiempos bíblicos, su enorme importancia en la conservación de los alimentos y su abundancia,
pueden prestar al acto del sacrificio y a la víctima una santidad que ninguna otra materia es capaz de darles. Es decir, la sal corroe la carne pero por esta misma característica su presencia en el sacrificio santifica la ofrenda a Dios;
su abundancia, asimismo, puede tomarse como un signo
de permanencia y vida eterna; destruye la carne viva pero
preserva como alimento la carne de la víctima [48]. Esta teoría
está cabalmente validada en «Canción de los que buscan
olvidar», donde la poetisa espera que un viaje oceánico
pueda borrar las memorias amargas del martirio. Clavada a
la cruz, al parecer por una eternidad, la poetisa pide librarse
del sacrificio; ruega que la misma sal que ha causado tanto
daño limpie sus heridas:

> Lávalo, mar, con sal eterna;
> lávalo, mar; lávalo, mar;
> que la Tierra es para la lucha
> y Tú eres para consolar.
> ....

---

[47] Por ejemplo, en «A la Virgen de la Colina», p. 27, Gabriela
expresa su amargura por no ser capaz de ofrecer amor físico de
forma adecuada: «... ver que un vaso de hieles di». La desintegración de la carne aparece en «Nocturno de la derrota», p. 388, como
«con el liquen quemado en sus sales». La esterilidad es un tema
dominante, y se pueden citar varios ejemplos; quizá el mejor está
en «Sal», p. 445, donde la poetisa da la mano a Raquel y a Rebeca.
Y otra vez en «Sal», p. 446, donde se ve la desesperación de un
sufrimiento eterno e innegable: «... y el puñado de Sal y yo / en
beguinas o en prisioneras, / las dos llorando, las dos cautivas, /
atravesamos por la puerta ...».

[48] En cierto modo esto es una aplicación del «Covenant of Salt»
a la poesía de Gabriela. Ver *Dictionary of the Bible*, que se refiere
a *Números* 18, 19; *II Crónicas* 13, 5.

> Lávalo, mar, con sal tremenda,
> lávalo, mar; lávalo, mar.
> O me lo rompes en la proa
> que no lo quiero más llevar.
>
> (p. 113)

La sal, al ser empleada de esta manera, señala el deseo de la poetisa de escapar del dolor y al mismo tiempo destaca que, al usar la sal como bálsamo, sólo se logra una intensificación del sacrificio y de la autoflagelación.

En *Lagar* aparece «Una piadosa», uno de los poemas más sobrecogedores de la obra de Gabriela, si las metáforas e imágenes se interpretan como representando la búsqueda de «una piadosa» a Jesús tras una larga separación. Se le aplican a Cristo las metáforas tradicionales: «[el] hombre del faro»; «sólo mira al Este, / —emparedado que está vivo—»; «el herido»; «el hombre que va a contarme / lo terrestre y lo divino» (pp. 634-635). Lo que asombra es la confrontación con un Jesús gastado y viejo, ineficaz, descrito en los términos más aterradores: «viejo salobre y salino», «escupido de marea» y «parado en sal y olvido». No se trata de una mera caricatura puesto que la piadosa intenta conseguir una respuesta seria. Lleva consigo una ofrenda («jarro de leche») que simboliza, por una parte, la compasión de la madre por el hijo y, por otra, una renovación del espíritu de sacrificio de la Cruz («sorbo de vino»). Pero resulta que ni la leche purificadora ni el vino sacrificial pueden restaurar la vitalidad y la dignidad, y menos la divinidad, a un dios ineficaz que parece no haber nacido siquiera: «...¡y de inmóvil, y mudo y ausente, / ya no parece ni nacido!» (p. 635). No está muy claro cuáles son las circunstancias particulares que conducen a este punto de vista, no tiene ninguna relación con otros poemas de la misma sección. Sin embargo, complementa «Luto» y «El costado desnudo».

Algunas de las imágenes más mordaces tienen su origen en *Lucas* 22, 44: «Y estando en agonía, oraba más intensamente; y era su sudor como grandes gotas de sangre que caían hasta la tierra». Esta imagen tiene varios contextos. En «Al oído del Cristo» y «Viernes Santo», alusiones casi idénticas abarcan el mismo tema: «Ya sudó sangre bajo los olivos» y «en tu sudar sangre» (pp. 6, 10) se refieren a la traición de los discípulos y los hombres que se ocupan de sus placeres privados y poco les importa la agonía de Cristo. En un contexto paralelo, «En su sudor de sangre bebieron nuestras raíces»[49], la poetisa se refiere a los olivos animados y vivientes que presencian la agonía de Cristo y responden a su dolor con un fervor más hondo del que tienen Simón Pedro y los otros discípulos. La respuesta de los olivos es ontológica y no fisiológica; rehuyen el agua y se alimentan en cambio de la sangre de Cristo. El siguiente verso de «Luto» es totalmente distinto de los otros contextos: «Soy yo misma ... mi sudario sin costura» (p. 712). Aparte de la confusión de las fuentes bíblicas[50], no hay duda de que la poetisa, veinticinco años después de la poesía sanguinaria de *Desolación*, usa una expresión de tiempos anteriores para reiterar la angustia inexpresable que le produce la muerte de su sobrino Juan Miguel. El cuerpo de la poetisa es sudario de su propia sangre.

Se intensifica en esta poesía la imagen de la sangre que fluye de heridas abiertas. Esta sangre mezclada con sudor que rezuma de los poros representa una fuerte dramatiza-

---

[49] «Motivos de la Pasión», *Desolación*, p. 236.
[50] La imagen confunde «una túnica sin costura» (*Juan* 19, 23) con un «sudario» o «mortaja» (*Juan* 11, 44; 20, 7), en realidad una cofia. «Sudario» también se aplica al pañuelo de Verónica.

ción de la intensidad de la poetisa y de la Pasión de Cristo. El valor total de estas imágenes visuales y olfativas incluye todos los elementos de los líquidos sangre y agua: color rojo, movimiento, sal, amargor, hedor y congoja, así como la relación íntima y carnal de la sangre con el sudor.

VINO

El verde valle de Elqui produce las más dulces uvas y pasas de Chile. De niña, Gabriela se deleitó en las faenas comunes de la vendimia. En su poesía, el vino y las múltiples variantes asociadas con él, se derivan de dos fuentes: los recuerdos vivos de su infancia y el Nuevo Testamento, con el significado que Jesús dio al vino. Al estudiar las connotaciones religiosas del vino, es necesario tener en cuenta la fuente primaria y prosaica que condicionó su conciencia de él un líquido que conserva la vida; para ella el vino tiene una importancia ontológica. No hay que olvidar tampoco los beneficios económicos de la viticultura. Ese contacto físico con el líquido, la pulpa, las uvas y las prensas, le dejó un recuerdo de olores, sabores, colores y sensaciones táctiles que sostuvo y formó la substancia de sus imágenes poéticas. Mi tema será aquí el sentido poético y religioso de las metáforas e imágenes y el conocimiento directo de los aspectos esenciales del vino como creador y destructor de vida que aprendió desde niña en Monte Grande [51].

El vino y la sangre tienen en común bastantes propiedades ostensivas para señalar su intercambiabilidad metafórica. En esta poesía ambos han de significar la vida, la

---

[51] A Gabriela le gustaba el vino. Sin embargo no admitió el exceso ni la embriaguez según Matilde Ladrón de Guevara en *Rebelde magnífica* (Santiago, 1957), pp. 21, 22.

muerte y el sufrimiento. Comenzaremos con el lagar, símbolo de la muerte: «Dicen que la vida ha menguado en mi cuerpo, que mis venas se vertieron como los lagares ...»[52]. En «Nocturno», la mujer traicionada por su amante pide a Dios que, puesto que ya está medio destruida, la aplaste tal como estrujara los racimos: «¡Y en el ancho lagar de la muerte / aún no quieres mi pecho oprimir!» (p. 79).

En «Hospital», la imaginación de la poetisa ve a los heridos de guerra como «carnes estrujadas / de lagares que no conozco» (p. 681). Nadie puede eludir la muerte, es cierto; la ilusión de fraternidad no quita el que se sienta cada uno perdido y como atrapado en un «laberinto blanco y redondo»[53]. La muerte no llega piadosamente, de un solo golpe, a cercenar la agonía de la vida. Más bien la gente desaparece, se desvanecen las capacidades y la vida decae por un lento desgaste: «Se va de ti mi cuerpo gota a gota...// ¡Se te va todo, se nos va todo!» («Ausencia», página 535). Si existiera algo permanente, algo que apresara una verdad eterna, sería la sangre o su equivalente. Y se encuentra en los labios de los dolientes, de los que quedan para desaparecer («como humedad de tu cuerpo evaporo»), recordando a los seres queridos que fueron aplastados prematuramente, tal como el jugo de las uvas a las que no se dejó madurar: «Sangre sería y me fuese en las palmas / de tu labor, y en tu boca de mosto»[54] (p. 536). Dios no elige con inteligencia, y menos aún con imaginación, cuando se trata de la muerte. Los seres hermosos y serenos pueden

---

[52] «Poemas de las madres», *Desolación*, p. 206.
[53] *Apoc.* 19, 15 se refiere al lagar como una metáfora de muerte y destrucción: «... y él pisa el lagar del vino del furor y de la ira del Dios Todopoderoso».
[54] Mosto (latín *mustum*) es el zumo de uva antes y durante la fermentación.

partir demasiado pronto e inmerecidamente, mientras que los feos y atormentados pueden vivir más allá de lo soportable:

> Te acordaste del negro racimo
> y lo diste al lagar carmesí...
> Te acordaste del fruto en febrero,
> al llagarse su pulpa rubí.
> ¡Llevo abierto también mi costado,
> y no quieres mirar hacia mí!
>
> («Nocturno», p. 79)

Por otra parte, Dios no puede guiar y controlar cada acción humana. Si el hombre se suicida, no anula el amor innato de Dios hacia él, sino que limita su propia capacidad de amar a Dios. Tampoco cree la poetisa que el Dios de la Justicia y la Rectitud domine al Dios del Amor, y que el primero elija sus víctimas para la matanza. Si el hombre es siempre «zarpa dura», Dios es siempre «¡el vaso donde se esponjan de dulzura / los nectarios de todos los huertos de la tierra!» («Interrogaciones», p. 85). También en el Nuevo Testamento se encuentra este punto de vista. Recuerda el lenguaje de Jesús, que habla del amor que dará a aquellos que le sigan, como de un vino que hay que beber para simbolizar la unión del Redentor y el redimido. En *Mateo* 26, 27-28 Cristo dice: «Bebed todos de él [cáliz] porque esta es mi sangre de la alianza, que por muchos es derramada para remisión de los pecados». La poetisa ha probado ese vino:

> ...mas yo, que te he gustado, como un vino, Señor,
> mientras los otros siguen llamándote Justicia,
> ¡no te llamaré nunca otra cosa que Amor!
>
> (p. 85)

El vino no se bebe como la sangre transubstanciada en el altar de la iglesia sino más bien como la sangre de la Cruz, dotada metafóricamente con los atributos de la sangre y del vino [55]. Esto explica, por una parte, la religiosidad de la poetisa y, por otra, su habilidad poética. En cuanto a lo primero, Gabriela raramente se prosternó ante un sacerdote en una iglesia; demandaba directamente a Cristo el alivio de su dolor. Respecto a lo segundo, el vino muy pocas veces deja de ser una metonimia exacta aplicada a la sangre, especialmente en lo que representa de sufrimiento y de amor. El siguiente pasaje de *Lucas* 5, 39, que la poetisa utilizó con pertinencia, explica este principio: «Y ninguno que bebiere del añejo, quiere luego el nuevo; porque dice: El añejo es mejor». Donde la Escritura da fe de la falta de perspicacia de los discípulos, la poetisa da vuelta a la parábola para afirmar su dependencia de la sangre-vino del cuerpo de Cristo que ofrece en la misma medida gozo y sufrimiento: «Palpita aún el corazón que heriste: / vive de ti como de un viejo vino» («Canciones de Solveig», p. 147) [56]. El próximo ejemplo introduce un término nuevo, «falerno», en el léxico de la poetisa. Usado en el contexto, «el falerno del viento bebí» [57] («Nocturno», p. 79), el sintagma intensifica el papel de la sangre y el vino; están fundidos y saturan el aire que ella respira.

El interés por el vino nunca acaba en embriaguez mística. Su abierta confesión de amor a Cristo es apasionada y sincera, pero la pasión y la sinceridad no llevan siempre al

---

[55] Es raro que no encuentre ninguna referencia al agua convertida en vino.

[56] Aunque esto es posiblemente amor profano y no dirigido a Cristo, el Nuevo Testamento sigue siendo la fuente y la analogía se puede aplicar también.

[57] El Falerno es un vino italiano dulce y sin espuma que se hace cerca de Nápoles.

rapto y al éxtasis. En su emoción no hay balbuceos ni palabras del estilo *no sé qué*. Existen, desde luego, dudas y emociones intensas, pero nunca la firme *unio*, ni la noche oscura del alma, ni las voces interiores propias del místico embriagado [58]. Las referencias directas a la embriaguez rozan sólo ligeramente las connotaciones místicas, como ocurre en «Ixtlazihuatl», la montaña mejicana personificada que busca pureza y ofrece reposo: «Está tendida en la ebriedad del cielo» (p. 145). Están ebrios los objetos personificados o las otras personas, pero raramente la poetisa [59]. La embriaguez implicará movimientos indeterminados e involuntarios, especialmente en relación con el viento que mueve los árboles. La poetisa se refiere al «junco ebrio» («La ansiosa», p. 599), y dice, «Juega como los ebrios / el aire que lo ha herido» («Enfermo», p. 540). La intoxicación puede darse como metáfora para sentimientos exagerados y alucinaciones fantásticas como con respecto al Dios del Antiguo Testamento alabado por su «locura embriagada» («El Dios triste», p. 37), y como en «un cuento de hombre beodo» («Hospital», p. 682).

---

[58] «Éxtasis», pp. 64-65, es un ejemplo de la clase de desesperación que produce un deseo de morir en los brazos de Cristo y que causa también confusión y balbuceo, como lo evidencian la fraseología difícil, el hipérbaton y el pesimismo. Pero la inefabilidad y el deseo de plenitud derivan de un ansia de huir del dolor y no de la preparación para la unión mística. Sobre este problema ver Lowry Nelson, Jr., «The Rhetoric of Ineffability: Toward a Definition of Mystical Poetry», *Comparative Literature*, VIII (1956). 323-336. La hermana Rose Aquin Caimano, O. P., del Dominican College de Blauvelt (Nueva York), a quien debo varias aclaraciones, publicará pronto su disertación sobre el misticismo de Gabriela (ver bibliografía) en la Pageant Press.

[59] «Mis libros», p. 34, alude al entusiasmo de la poetisa por la viveza, el dolor y el amor de la poesía en Frédéric Mistral, como «yo te aspiré embriagada».

Gabriela emplea el vocabulario de la vendimia para resumir su filosofía sobre la continuidad de tema y sentimientos en la obra poética:

Lleva este libro [*Tala*] algún pequeño rezago de *Desolación*. Y el libro que le siga —si alguno sigue— llevará también un rezago de *Tala*.

Así ocurre en mi valle de Elqui con la exprimidura de los racimos. Pulpas y pulpas quedan en las hendijas de los cestos. Las encuentran después los peones de la vendimia. Ya el vino se hizo y aquello se deja para el turno siguiente de los canastos... [60].

Era de esperar, pues, que el aspecto religioso de la poesía pasaría por una evolución en que, hablando en metáfora, el nuevo vino recibiría el «bouquet» y la suavidad del viejo, infundiendo él mismo su aroma y madurez.

LA NATURALEZA Y LA LEYENDA DE VERÓNICA

La oscuridad que descendió sobre la tierra a la muerte de Jesús aparece recreada como «cielo de estaño» y «cielo de añil» [61]. El «estaño» y el «añil» prestan valor cromático a la imagen. Vale subrayar «estaño» porque en «El costado desnudo», en contraste con «Nocturno», la poetisa niega su afinidad con «los duros cielos de estaño», y al hacerlo afirma que si llega la muerte no destrozará su cuerpo ni le inspirará versos tan torturados como los de *Desolación*. Al mismo tiempo Cristo ya no está manchado de sangre, los instrumentos de tortura han desaparecido y la unión de la

---

[60] *Tala* (3.ª ed., Buenos Aires, 1946), p. 153.
[61] *Mateo* 27, 45; *Marcos* 15, 33; *Lucas* 23, 44. «Nocturno», p. 80, y «El costado desnudo», p. 708, contienen ambos el «cielo de estaño»; «cielo de añil» está sólo en el primero.

poetisa con Juan Miguel, su sobrino muerto, está despojada
de violencia:

> Han de ponernos en valle
> limpio de celada y garfio,
> claros, íntegros, fundidos
> como en la estrella los radios...
>
> («El costado desnudo», p. 709)

La naturaleza poetizada riela con tintes rojos. La poetisa
presta su propia rojez al ocaso:

> ¿Seré yo la que baño
> la cumbre de escarlata?
>
> Llevo a mi corazón la mano, y siento
> que mi costado mana.
>
> («Cima», p. 137)

Recíprocamente, el crepúsculo recuerda la carne desgarrada: «...y en cualquier país las tardes / con sangre serán
mis llagas» («Dios lo quiere», p. 70). El anochecer no recuerda el reposo, sino la hora del entierro: «Y en la llanura
blanca, de horizonte infinito, / miro morir inmensos ocasos
dolorosos» («Desolación», p. 123). El hiperbólico «inmenso»
aparece de nuevo en íntima asociación con un corazón cósmico que se abre, no para arrojar lluvia, sino sangre[62]. El
corazón en «La montaña de noche» (p. 133), se transforma
en inmensa y siempre rebosante copa, que simboliza el cuerpo herido. La naturaleza, sensible al dolor de la poetisa y
al sufrimiento de Cristo, participa activamente compartiendo el color, el olor, la humedad y todas las emociones que
supone la Crucifixión:

---

[62] Ver «La lluvia lenta», p. 140: «El cielo es como un inmenso /
corazón que se abre, amargo. / No llueve: es un sangrar lento / y
largo.» Cfr. «Cima», p. 136: «Hay algún corazón en donde moja / la
tarde aquella cima ensangrentada».

El sol de ocaso pone
su sangre viva en los hendidos leños
¡y se llevan los vientos la fragancia
de su costado abierto!

(«Tres árboles», p. 126)

Pero los viajes a otros países, el emprender nuevas tareas, la total entrega a Cristo no pueden aliviar el dolor ni borrar los pensamientos tristes. El hombre, atado al espacio y al tiempo y esclavo de mil caprichos, no puede escaparse de la condición humana porque sus principales facultades, es decir, la memoria y la ideación simbólica, pueden producir dolor físico y moral sin necesidad de estímulos directos. Por muy impresionantes y tranquilos que sean los ocasos de escarlata, por mucho que revelen la majestad de la naturaleza y la mano divina que prepara visiones tan esplendorosas, la poetisa sólo ve en ellos la hora del sufrimiento: «...me han dado esta montaña mágica, / y un río y unas tardes trágicas / como Cristo, con que sangrar» («Serenidad», p. 116).

La leyenda de Verónica no aparece en el Nuevo Testamento, se deriva más bien del rico folklore que rodea a la Crucifixión [65]. A juzgar por el uso especial en la poesía de su nombre, de su acto y de las consecuencias de este acto, la poetisa mostró un ardiente interés por esta mujer legendaria. Para caracterizar el sufrimiento irremediable, Gabriela compara su lienzo poético con el velo de Verónica, éste marcado con la imagen que Cristo dejó en él cuando seguía su Vía Dolorosa: «Yo en mis versos el rostro con sangre, / como tú sobre el paño, le di» [64]. Los elegidos, a través del

---

[63] Gaer, *New Testament*, pp. 166-167, 204, 211 y esp. pp. 212, 341.
[64] «Nocturno», p. 80. Cfr. «Mis libros», p. 35: «Los que cual Cristo hicieron la Vía Dolorosa, / apretaron el verso contra su roja herida, / y es lienzo de Verónica la estrofa dolorida; / ¡todo libro es purpúreo como sangrienta rosa!».

sacrificio, aceptan el sufrimiento sin tregua como esencia de la vida. Los actos de Cristo inspiran a algunos, como a Verónica, una compasión sin igual por el prójimo, y a otros, como a San Francisco de Asís, una auto-flagelación rigurosa. Pero aún existen otros que comparten el heroísmo de Cristo consubstanciándose con su drama, mirando el sufrimiento personal como un sacrificio para Él, y finalmente, transformando ese drama y ese sacrificio en inspiración poética. Verónica se convierte en una metáfora que manifiesta el sacrificio grabado indeleblemente con el dolor y la sangre. Y la poetisa no se conforma con dejar dormir su propia experiencia; fortificada por el amor de Dios, desea expresar el dolor de la vida como lo siente y lo ve, a saber, como una mancha roja en el paisaje de su existencia:

> Creo en mi corazón, el que yo exprimo
> para teñir el lienzo de la vida
> de rojez o palor, y que le ha hecho
> veste encendida.
>
> («Credo», p. 32)

El sacrificio engendra el sacrificio; crea una relación dinámica entre los martirizados y los aspirantes al martirio, y a aquéllos, a su vez, les inspira sacrificios cada vez más heroicos. Por estas razones, la poetisa expresa sin timidez su esperanza de que las jóvenes de la Residencia de Pedralbes modelen sus pensamientos y sentimientos según los de ella: «La pasión mía me recuerden, / la espalda mía me la sigan». Y luego, transformando la imagen auditiva en visual, la poetisa desea que las estudiantes recuerden su rostro en sus oraciones: «...y la oración, que es la Verónica, / tenga mi faz cuando la digan» («Recado para la 'Residencia de Pedralbes', en Cataluña», p. 586).

El rostro de Cristo aparece también en la naturaleza. En «Lecturas espirituales», como una metáfora implícita, la naturaleza marcada con la torturada faz de Cristo se ofrece como un vendaje para mitigar las heridas del hombre: «Toda la belleza de la Tierra puede ser venda para tu herida. Dios la ha extendido delante de ti; así, como un lienzo coloreado te ha extendido sus campos de primavera» [65]. En contraste con esto, en «La huella», Gabriela, entristecida y horrorizada por la inmensa destrucción que desató la Segunda Guerra Mundial, contempla el holocausto como culminación de dos mil años de sangre derramada. Este de-sastre empezó cuando Cristo vertió su sangre y, claro, el acto homicida parece repetirse sin fin. El hombre, en efecto, ha borrado su alma, su capacidad de amor y ternura, y ha confiado a su cuerpo, concha vacía, el mantenimiento de su dignidad y orgullo. La consecuencia irónica es que no han sobrevivido ni el cuerpo ni el alma. Sólo una huella de sangre en la arena revela la eterna presencia del «hombre fugitivo»: «...¡y la Tierra-Verónica / que me lo balbucea!» (p. 683). El hombre parece inclinarse a la autodestrucción desde el momento en que nace: el ambiente, los padres, los amigos y las condiciones humanas preexistentes marcan su conciencia desde su primer aliento. En esto estriba uno de los puntos salientes de la imagen de Verónica, ahora un símbolo: El hombre rara vez se escapa de su condición humana impuesta por la herencia genética y social. Aunque luche durante una vida entera por conocer el sentido de su existencia, estará siempre equivocado si no se ahonda en su propio ser. La poetisa, en su búsqueda de la serenidad en Méjico, no pudo librarse de la suma total de la angustia que había sentido en Chile. Tampoco podía ad-

---

[65] «Lecturas espirituales», *Desolación*, p. 232.

mitir que la belleza de Ixtlazihuatl reflejaba su actual estado interior de espíritu. Veía más bien el reflejo de su faz angustiada en los escarpados picos de los Andes:

> Mas tú la andina, la de greña oscura,
> mi Cordillera, la Judith tremenda,
> hiciste mi alma cual la zarpa dura
> y la empapaste en tu sangrienta venda.
>
> («El Ixtlazihuatl», p. 146)

El significado dominante del tema de Verónica (de acuerdo con la discusión general sobre su poesía) es que el arte se hace eterno cuando el sufrimiento constante del poeta penetre su substancia. También Esther de Cáceres ha llegado a la conclusión de que Verónica representa la suma total del dolor de la poetisa. Como resultado de las experiencias de Gabriela, el canto se ve enriquecido y dotado con lo que llama esta autora «el gran don de la poesía ontológica» [66]. Y la poesía de Gabriela esencialmente no es otra cosa que la revelación de un alma, con sus heridas en un continuo abrirse.

EL LENGUAJE DEL SACRIFICIO

La crítica de las secciones anteriores parece sugerir que la poesía de Gabriela Mistral se ocupa principalmente de los aspectos destructivos e hirientes del sacrificio de Cristo, y que la poetisa no captó nunca la sublime naturaleza de su sacrificio amoroso por la humanidad. El realismo violento de muchas imágenes crea un efecto centrípeto que lamentablemente fuerza al lector a concentrarse en pensamientos torturantes, abandono, sufrimiento y carne desgarrada. Sin

---

[66] Cáceres, «Homenaje», p. 333.

embargo, estos elementos son simplemente la preparación esencial para el primer acto de un drama que concluye con un himno triunfal al amor nacido del sacrificio. Por la manera en que lo expresa la poetisa y por el hecho de haber brotado del dolor, el amor mismo tiende a verse oscurecido por un lenguaje cortante que, al parecer, contradice el amor. En los párrafos siguientes, discutiré la naturaleza del sacrificio convertido en amor, del dolor que aporta el placer, del sufrimiento suavizado por la devoción. No trato de minimizar o despreciar el sufrimiento —que es bastante sincero— sino más bien de demostrar que la redención y la salvación pueden emanar de las situaciones más desesperadas; que a pesar del sacrificio, o en realidad a causa de él, el individuo puede superar la perfidia, la muerte de los seres queridos y el alejamiento esencial entre el hombre y el hombre y entre el hombre y Dios.

El lenguaje que expresa sacrificio en Gabriela Mistral nos revela al estudiarlo que, aunque haya muchas imágenes de destrucción y sentimientos de angustia, existen también imágenes antitéticas (aunque no contradictorias) de alivio, placer y deleite. A través del oxímoron, que es un artificio poético tradicional usado para expresar un dolor profundo transformado en gozo, su poesía penetra en uno de los misterios del sentimiento religioso [67]. Al unir el oxímoron y la paradoja, la poetisa confirma el elemento incognoscible de su poesía; existe un nudo que ningún crítico puede desatar. Quizá este misterio sólo pueda ser comprendido por aquellos que hayan realizado sacrificios semejantes. El juego de contrarios permite al dolor despertar el placer, y no necesariamente para disminuir este dolor, puesto que el intento

---

[67] Eleanor McCann explica la sutil antítesis («Oxymora in Spanish Mystics and English Metaphysical Writers», *Comparative Literature*, XIII [1961], 16-25).

es soportar el mayor sufrimiento posible, sino más bien para revestir el dolor de significado religioso.

Por lo tanto, el oxímoron no es un simple artificio literario; la poetisa aguanta las heridas que vuelven la vida más intensa, gozosa y santa. «El himno cotidiano», oración para pedir la disminución del orgullo y la persistencia del amor sin mancha, concluye con esta guía de conducta personal:

> Ame a los seres este día;
> a todo trance halle la luz.
> Ame mi gozo y mi agonía:
> ¡ame la prueba de mi cruz! (p. 352)

La conjunción demuestra la inseparabilidad entre el gozo y la agonía; son concomitantes y funcionan en reciprocidad. Más aún, el adjetivo posesivo «mi», repetido tres veces, pone de relieve la aceptación de una carga personal.

De acuerdo con esta perspectiva, la existencia es un combate sin fin entre la pena y el placer, siendo este último consecuencia del dolor y no de una alegría previa o inocente. La naturaleza trágica de la existencia se debe más al deber de sacrificio personal que Cristo impuso a sus seguidores que a la elección pecaminosa de Adán. La carga del placer que nace del dolor se origina en el mayor sacrificio de la Cruz: «¡Estuvimos prendidos, como el hijo a la madre, / a ti, del primer llanto a la última agonía!» («La cruz de Bistolfi», p. 4). Aunque el sacrificio es inevitable, también es verdad que la Cruz nos llama con constante amor:

> Cruz que ninguno mira y que todos sentimos,
> la invisible y la cierta como una ancha montaña:
> dormimos sobre ti y sobre ti vivimos;
> tus dos brazos nos mecen y tu sombra nos baña.
>
> (p. 4)

En esta estrofa se unen los opuestos apareando paradójicamente las cualidades físicas negativas con las emociones positivas inflexibles, en modo tal que la ausencia de
una cruz real no borra la sensación de sacrificio personal e
íntima inherente a todos los seres humanos.

Pero incluso el gozo total —es decir, el amor— carece de
sentido si el impulso inicial de amar no brota de la lección
del supremo dolor de Cristo: «El amor nos fingió un lecho,
pero era / solamente tu garfio y tu leño desnudo» (p. 4). Así
pues, el sacrificio total es la muerte física después de la
cual viene el renacimiento espiritual. El crítico norteame-
ricano Cleanth Brooks, en «The Language of Paradox», cita
un verso de «Canonization» de John Donne: «Podemos morir de amor si no podemos vivir de él», y ofrece esta explicación de las heridas que confieren la vida y el amor: «En
los siglos XVI y XVII 'morir' significa experimentar la consumación del acto de amor» [68]. Puesto que la vida santa y el
amor puro surgen de una aniquilación de los sentidos, el
sometimiento al sacrificio es el descubrimiento de una vida
más intensa. Este es el sentido de la metáfora que usa Gabriela para la muerte, «clavo de ensueño», en conjunción
con el figurativo «me muero»; unidos sugieren su participación total en la eterna vida de Jesucristo:

> De toda sangre humana fresca está tu madero,
> y sobre ti yo aspiro las llagas de mi padre,
> y en el clavo de ensueño que le llagó, me muero.
>
> (p. 4)

---

[68] Cleanth Brooks, *The Well Wrought Urn: Studies in the Structure of Poetry* (Nueva York, 1947), pp. 11-21, esp. p. 16. Recordamos
también cómo se puede aplicar esta afirmación a la famosa estrofa
de Santa Teresa de Jesús: «Vivo sin vivir en mí, / y tan alta vida
espero, / que muero porque no muero».

Brooks continúa con una exégesis que es especialmente aplicable a «La cruz de Bistolfi». Dice, parafraseando a Donne:

> Nuestra muerte es en realidad una vida más intensa... Podemos permitirnos cambiar la vida (el mundo) por la muerte (el amor), porque la muerte es la consumación de la vida... Después de todo, no se espera vivir *del* amor pero se espera y se desea morir *por* él.

El homenaje de la poetisa a las maestras rurales resume esa vida que aguanta voluntariamente sus heridas para poder amar más intensamente:

> La maestra era alegre. ¡Pobre mujer herida!
> Su sonrisa fue un modo de llorar con bondad.
> Por sobre la sandalia rota y enrojecida,
> era ella la insigne flor de su santidad.
>
> («La maestra rural», p. 51)

La víctima tiene que poseer de antemano un amor caritativo, sobre todo si quiere participar del gozo que acompaña a la muerte por sacrificio: «Los hierros que le abrieron el pecho generoso / ¡más anchas le dejaron las cuencas del amor!» (p. 52). El comparativo «más anchas» indica que por muy sublime que sea la caridad de la maestra demostrada en sus ilimitados servicios, más glorioso aún es el amor nacido del dolor más intenso del sacrificio[69]. Lo mismo que Cristo, llamado Rabí o Maestro por sus discípulos[70], la maestra rural parece destinada a una apoteosis

---

[69] A propósito de «La maestra rural», Gabriela dice en *Epistolario: Cartas a Eugenio Labarca (1915-1916)*, ed. Raúl Silva Castro (Santiago, 1957), p. 271: «No quiero en ella el arte sino la idea religiosa».

[70] Ver *Mateo* 26, 25, 49; *Marcos* 9, 5; 11, 21; 14, 45; *Juan* 1, 38, 49; 4, 31; 9, 2; 11, 8.

divina: «...y era su vida humana la dilatada brecha / que suele abrirse el Padre para echar claridad» (p. 53). La maestra se ve alzada repetidamente a un nivel divino por el sacrificio que brota del amor: «...enseñar y amar intensamente sobre la tierra es llegar al último día con el lanzazo de Longinos en el costado ardiente de amor»[71]. Al verdadero maestro no le importa el conocimiento sino la sabiduría, no los buenos modales sino la ética universal, y no el éxito sino la dedicación sin recompensa. Al huir de las cosas efímeras de la vida, la maestra acepta la carga que conduce finalmente a una existencia espiritual: «Vestía sayas pardas, no enjoyaba su mano / ¡y era todo su espíritu un inmenso joyel!» (p. 51). Gabriela, que fue maestra rural durante más de quince años, se incluye a sí misma en esa minoría selecta que ilumina al inculto, que protege del mal al inocente y que ofrece el amor al despreciado.

EL PRINCIPIO VITAL: AGUA Y LECHE

Para Gabriela, el agua podría caracterizar actividad humana. El agua, corriente y estancada, puede representar lo rápido y lo indolente, lo cambiante y lo estable, lo vivo y lo muerto. Cuando pasa sobre las rocas, el agua puede emitir una canción. Puede estar fría o caliente. Y lo que es aún más importante, el hecho de que el agua sea indispensable para mantener la vida refuerza el juicio de que la esencia del agua es la vida. También la sangre, aunque carente de los atributos físicos más variados del agua, participa de su significado esencial. Los antiguos hebreos atribuían a la sangre la propiedad de *nefeš*, la «sede del alma», la fuente

---

[71] «La oración de la maestra», *Desolación*, p. 198.

de la vida [72]. En la ley hebrea, participar de la sangre de un animal supone destrozar la vida y merecer el ostracismo de la tribu [73]. El «principio vital» es básico en ambos líquidos, y este principio no se altera si la sangre se vierte en el sacrificio o la expiación. Aunque se entrega una vida, la víctima alcanza otra, más alta, por su sacrificio en remisión de los pecados. El de Jesucristo fue único en razón de que no expió por un pecado personal, sino por los pecados ajenos. Al ser atravesado su cuerpo, brotaron la sangre y el agua para glorificar la nueva vida que anunciaba su sacrificio. En este contexto, precisamente, aparecen con frecuencia la sangre y el agua en la poesía de Gabriela Mistral, es decir, dotadas con las implicaciones religiosas del acto de Cristo.

En realidad, la voluntad de Cristo de sacrificarse a sí mismo fue un deseo de morir en espera de una vida posterior; su cuerpo pereció para que su espíritu viviera eternamente [74]. En la poesía de Gabriela se da un proceso similar. La humillación propia, la abstinencia, la penitencia e incluso un deseo de morir («Ahora, Cristo, bájame los párpados...» [«Éxtasis», p. 64]) la conducen finalmente a la esperanza de un renacimiento espiritual en el agua y la sangre, líquidos rejuvenecedores:

> Creo en mi corazón, que cuando canta
> hunde en el Dios profundo el flanco herido,
> para subir de la piscina viva
> como recién nacido.
>
> («Credo», p. 31)

---

[72] *S.v.* «Blood», *Dictionary of the Bible.*
[73] *Levítico* 17, 10-14.
[74] El brillante análisis del arquetipo del renacer de Maud Bodkin sugiere el enfoque de esta sección *(Archetypal Patterns in Poetry: Psychological Studies of Imagination* [Nueva York, 1958], *passim).*

Un período de crisis emocional y religiosa puede dar paso a nuevos sentimientos y esperanzas. Esta renovación se manifiesta también en la capacidad de la poetisa para dar nueva forma a su expresión poética y para sentirse, tras muchos versos amargos, purificada y libre del sufrimiento que la ha perseguido. Todo esto está implícito en la selección anterior y explícito en la siguiente: «En estos cien poemas queda sangrando un pasado doloroso en el cual la canción se ensangrentó para aliviarme» [75]. La sangría poética fue la catarsis de Gabriela. Unida al sacrificio de Cristo por la poesía, logró un mínimo de serenidad en la purificación que supone la actividad creadora.

En el poema alegórico «El barco misericordioso», la poetisa doliente está en un barco, símbolo de Cristo; las palabras familiares «costados», «rojos frutos», «jarcias vívidas», «tiemblen» y «herida» —todas ellas símbolos y expresiones del sacrificio y el martirio— son reemplazadas por «esperanza» (p. 112). Así como una vez ha contemplado la sangre de Cristo como el símbolo del sacrificio, ahora mira al mar como «un oleaje vivo» que le traerá la «dulzura de rodillas». En otro contexto, logran el mismo efecto dulcificante las heridas de Cristo, que se convierten en bálsamo para el alma febril: «Toda dulzura de su dorso mana; / el valle en ella tierno se reclina» («El Ixtlazihuatl», p. 145). Con respecto a la compasión y misericordia de Cristo, aparece de nuevo la visión de una copa cósmica «donde se esponjan de dulzura / los nectarios de todos los huertos de la tierra!» [76]. Esta copa, que es su metáfora predilecta para el cuerpo herido que derrama sus fluidos vitales, tiene un po-

---

[75] «Voto», *Desolación*, p. 259.
[76] «Interrogaciones», p. 85. Cfr. «La maestra rural», p. 51: «¡Dulce ser! En su río de mieles, caudaloso, / largamente abrevaba sus tigres el dolor».

der casi hipnótico sobre la fantasía de la poetisa cuando imagina, por ejemplo, la situación enigmática de un corazón «siempre vertido, pero nunca vaciado» («Credo», p. 32). El optimismo que subyace este misterio todavía sugiere que la vida es sacrificio. Pero sugiere también que, a pesar de la pérdida de las «resinas» (una variante metafórica de los fluidos vitales), el cuerpo nunca queda vacío mientras Cristo vierte a su vez en él el líquido espiritual del amor.

También la sangre y la leche se mezclan para intensificar las propiedades vitalizadoras de ambas. Un niño santo nace de una aspiración, de un sueño que requiere para realizarse fusión de fluidos vitales:

> Musgo de los sueños míos
> en que te cuajaste,
> duerme así, con tus sabores
> de leche y de sangre.
>
> («Canción de la sangre», p. 196)

En el famoso «Poema del hijo», «río de mi vida bajando a él, fecundo» amplía la metáfora anterior y le agrega movimiento (p. 102). Pero no cambia el objetivo, que es engendrar milagrosamente al niño ideal. La poetisa desplaza las imágenes de sangre y leche a los actos de sacrificio y adoración.

Gabriela importuna a Cristo para que se cuide de su madre muerta que le ha amado y ha ensalzado su nombre e inocencia. El ruego se dirige al Cristo nacido de mujer, como si estuviera buscando compasión o apelando a su humilde origen humano:

> Cristo, hijo de mujer,
> carne que aquí amamantaron
> ....

recibe a la que dio leche
cantándome con tu salmo...

(«Locas letanías», p. 398)

En «Lápida filial», que nos choca por la atrevida sugerencia de que la madre muerta fuese divina y hubiese criado «con una leche más que otra viva», la poetisa le ruega
su resurrección. Y si la resurrección no es posible, un arcángel puede configurar «formas y sangre y leche» del cuerpo de la hija que, siendo recipiente de sustento divino,
puede redimir a su madre por el sacrificio de sí misma. La
madre puede unirse así a «la vasta y santa sinfonía / de
viejas madres: la Macabea, / Ana, Isabel, Lía y Raquel!»
(pp. 380-381).

«Campeón finlandés» elogia a los heroicos finlandeses
quienes, desde 1939 a 1941, resistieron a los invasores rusos,
pero finalmente sucumbieron a su número. El poema sigue
simultáneamente dos corrientes de sentimiento religioso en
un proceso que recuerda a la elegía «Al pueblo hebreo»,
dedicada a los judíos asesinados en los *pogroms* de Polonia. El espíritu y el lenguaje de los dos Testamentos se
funden para alabar al pueblo finlandés martirizado que intentó salvar «el arco-iris de las Vírgenes de Cristo, / y la
bautizada frente de tus niños», con un despliegue de valor
semejante al de los Macabeos, defensores de la Tora y del
estado judío contra los paganos: «¡Partes el cielo, ríes y
lloras / al abrazar a Judas Macabeo!» (pp. 678, 679). Se
refiere de nuevo al sacrificio de Cristo y a la fortaleza de
los judíos:

No lloran ni las madres ni los niños,
ni aun el hielo, en la Finlandia enjuta
como la Macabea, que da sudor de sangre
y da de mamar sangre, pero no llora llanto;

> y nosotras tampoco lloramos, atizando
> el ruedo y los cogollos de tu hoguera.
>
> (p. 678)

El epíteto «la Macabea»[77] unifica la alusión compleja y múltiple a la sangre y a la leche. En «sudor de sangre» se incluye el sufrimiento heroico, ora como Macabeo, ora como fiel a Cristo. Las gentes finlandesas, que habían consagrado su sangre en defensa de sus derechos como individuos libres —prefiriendo la muerte a la ignominia en manos de los rusos— son consideradas firmes apóstoles de la verdad y la inocencia, puesto que escogen el martirio antes que renunciar a sus principios religiosos.

Puede que sea pura coincidencia acabar el estudio de los símbolos del sacrificio cristiano con referencias a los judíos. Recordemos, en contraste, que el capítulo titulado «La tradición hebraica» concluye con la presencia de Jesucristo en un poema que ensalza a los judíos. El espíritu de sacrificio que guiaba y continúa guiando a los judíos a través de las adversidades contiene el germen de la plenitud religiosa. Esta semilla se arraigó y floreció en el supremo acto de Cristo que, como los judíos perseguidos, se encomendó a las manos de Dios. Por esta razón los finlandeses del poema precedente, aunque la muerte les espera, encuentran ánimo en los actos inspirados de los héroes cristianos y judíos.

Así pues, la esencia de la poesía del sacrificio, bien sea en relación con un poeta, una raza o una persona de inspiración divina, consiste en subordinar el destino individual

---

[77] El epíteto se puede referir también a la poetisa. Cfr. «Nocturno de la derrota», p. 387, donde exalta su abandono, su intransigencia y su afinidad espiritual con los hebreos diciendo: «Yo nací de una carne tajada / en el seco riñón de Israel, / Macabea que da Macabeos ...».

y terrestre a ese fin superior, el cual confiado a Dios, se convierte en un comienzo. En la época de las dos guerras mundiales, cuando la fe en Dios provocaba risa, cuando la tecnología había reemplazado la sencillez de la vida rural, cuando la verdad y la bondad se negociaban como mercancías, Gabriela Mistral se presenta como modelo de constancia que no vende los principios religiosos fundamentales por una vida efímera y ostentosa de ciencia, maquinaria y economía. Su poesía, tampoco abandona los senderos que ella ha trazado con su propio esfuerzo, es decir, el amor, la ayuda a los débiles, la abnegación y una continua búsqueda del significado de Dios.

A través de una firme adhesión al tema del sacrificio, la poesía misma sufre en el altar de las nuevas formas técnicas. La renovación poética, sin embargo, no es una función necesaria de las aventuras novedosas sino más bien una virtud que sale de la imaginación y del espíritu. Las aventuras son fugitivas y las sensaciones fugaces, pero el espíritu capaz del sufrimiento y de la reverencia, debido a que se enfoca sobre la esencia permanente de Jesucristo, no necesita dorar los valores transitorios con la respetabilidad artística. El espíritu que así se entrega, la imaginación que se anima de este modo, llegan a transformarse por el renacimiento espiritual. Entonces la vida y el arte se esfuerzan por lograr la integración, de forma tal que cada uno responde al otro. El hombre se crea de nuevo por el arte y se rehace a imagen de Dios. Con este acto, el hombre hace lo posible por asegurar la inmortalidad de sus obras y la trascendencia de su ser.

VI

CONCLUSIÓN

Entre los temas poéticos que Gabriela Mistral trató insistentemente —el amor y la angustia, la vida y la muerte, la naturaleza y el hombre— el que ocupa una posición crucial es su elaboración del significado de Dios. En la poesía, el Dios del Antiguo Testamento y Jesucristo, en su respectiva firmeza y caridad, parecen asemejarse en sus atributos de omnisciencia y omnipresencia. Sin embargo, a Yahvé la poetisa le atribuye las características arraigadas en la Escritura y en el inconsciente colectivo. El rigor de Yahvé dificulta cualquier forma de acercamiento en busca de compasión y benevolencia. Además Yahvé tiene poder absoluto sobre la vida y la muerte. La compasión y el amor, entonces, tendrían poco valor para el hombre si éste estuviera condenado a enfrentarse para siempre a la ira de esa deidad post-edénica. Por contraste, lo que Yahvé concedía a regañadientes, Jesucristo lo ofreció con abundancia. Por lo tanto, el Dios del Sinaí hizo al hombre consciente de su propia angustia e insignificancia mientras que el sacrificio de Cristo le reveló al hombre la experiencia única de un ser divino que participaba del dolor humano. Esto explica los llamamientos de Gabriela al Jesucristo torturado que conocía el sufrimiento de los hombres y que había prometido la redención. Sentía que el camino a Cristo merecía la pena, por torturado que fuese, y que ningún obstáculo podría impedírselo. Incluso cuando por fin eligió el sendero cristiano, no dejó de reconocer que los cristianos y los judíos tenían una herencia común de sufrimiento.

Gabriela vivió en contacto íntimo con el Antiguo Testamento toda su vida. Su afición por repetir, en edad avanzada, historias de héroes y heroínas bíblicas, aprendidas de memoria en el regazo de su supuesta abuela judía, dio origen a leyendas sobre ella que la transformaron —debido también a su porte austero y fuerza espiritual— en una heroína bíblica encarnada. En los *Salmos* descubrió la majestuosidad de Dios; en *El Cantar de los Cantares*, su belleza; en el *Eclesiastés*, la vida perecedera de sus criaturas; en *Isaías*, la bondad y la ira de Dios. Gabriela distaba mucho de ser judía en el sentido formal, pero se identificaba psíquicamente con la persecución y desarraigo de la raza errante. Se refiere en su poesía a las mujeres bíblicas que imploraban a Dios un hijo, y eso implica muchas huellas de su propia infertilidad. Pero para ella, como para las matriarcas bíblicas, la fecundidad personal era secundaria respecto al papel de la madre como progenitora de una raza. Vivió siempre atenta a las necesidades de los niños desposeídos, lo que le mereció el epíteto de «virgen-madre». La fe firme de Job y su espíritu desafiante frente a los injustos ataques de Dios sugieren un hondo paralelismo con la propia intransigencia de Gabriela, rasgo que la define personalmente y marca su poesía con el sello de la tradición hebraica.

Parece incongruente que Gabriela, tan profundamente entregada a un universo en cuyo centro estaba Dios, pu-

diera interesarse por la filosofía budista, ya que ésta niega
la existencia de Dios y el poder de los milagros. Al tratar
de reforzar su creencia de que la divinidad del hombre es
una virtud que depende de su capacidad para el bien y el
mal, y no una concesión renuente de la Iglesia y del clero,
rompió con la religión institucionalizada. En la teosofía,
que abarca principios cristianos y budistas y afirma que la
verdad es la forma más alta de religión, pudo mantener
su amor por Jesucristo y su unidad con todas las criaturas.
Así pues, en todos los sentidos, el estudio de la teosofía
la acercó más a Dios al acercarla más al espíritu de Dios
que mora en todos los hombres. Y lo que es más importante, la teosofía libera al individuo de aceptar ciegamente
los dictados de la casta sacerdotal. Gabriela rechazaba los
edictos egoístas y condescendientes de la Iglesia de Chile,
porque ésta no se esforzaba por elevar a sus fieles, sino que
ofrecía sentimentalismo en lugar de piedad, exigía fe y no
daba los medios para que esa fe pudiera sostenerse. La teosofía, enemiga de la teología, se basa en una mentalidad
abierta e investigadora que afirma la naturaleza racional de
la religión.

El énfasis que da la teosofía a la formación de una hermandad universal, sin perjuicio del credo, el color, el sexo
o la raza, produjo un hondo efecto en las creencias religiosas de Gabriela Mistral, incluso después de haber dejado
de unirse a las reuniones e investigaciones de la Sociedad
Teosófica. La teosofía, que la unió a Tagore, tenía un nivel
práctico y ético además del teórico y religioso. La influencia
de este aspecto práctico es evidente en su ayuda física,
moral y financiera para la fundación de escuelas libres y bibliotecas y el asilo de los niños refugiados y sin hogar. En
el nivel teórico, la hermandad del hombre implica su fusión con las formas fugaces del universo, teniendo como

propósito lograr la integridad y la armonía. El hombre realiza por este acto los sueños mesiánicos de amor universal y de comprensión. En *Ternura* las manos que se unen fraternalmente y el corro de niños que da vueltas en las «Rondas», ejemplifican un mundo que olvida su egotismo para participar de un acto que permite al individuo unificarse con la totalidad. Esto es también precisamente el significado de «Canciones de cuna»:

> Dios padre sus miles de mundos
> mece sin ruidos.
> Sintiendo su mano en la sombra
> mezo a mi niño.
>
> («Meciendo», p. 153)

La madre que mece al niño, en un acto de total abnegación, es análoga a la mano de Dios que está moviendo la cuna y uniendo su criatura con la vasta creación de Dios.

El contacto con la teosofía elevó la conciencia que tenía la poetisa del espíritu misterioso y divino que penetra el universo. En su concepción del nacimiento, misión y sacrificio de Cristo, describe un arco cósmico: nace Cristo de mitos astrales; su faz aparece, transfigurada, en el trigo que se convierte en el pan chileno, y, simbolizado por Krishamurti, el espíritu de Cristo es ubicuo, suponiendo que el hombre esté preparado para reconocer su sacrificio. La poetisa hace gala de su aversión a la escena tradicional de la Natividad, con su María de amor empalagoso y su Niño Jesús estereotipado, nacido de padres blancos y aureolados, en una confortable posada. Los sustituye por padres de piel oscura para poner de relieve que Cristo pertenece también a los aldeanos subdesarrollados de la América del Sur. Frente a los iconos que presentan a Cristo en su sacrificio lavado y peinado, ofrece una imagen sobrecogedora y cortante del Cristo expiando por los pecados del hombre. En este sentido, su poesía muestra la tendencia a desmitificar las versiones cómodas y fáciles de la vida de Cristo. Los europeos y los norteamericanos han revestido estas versiones de su propia ingenuidad por una insistencia natural en lo religioso que no se oponga a su sentimiento de supremacía y no recuerde los pecados ni el sufrimiento.

Contrariamente a la nota tierna y sentimental que predomina en la poesía dedicada a Cristo Niño en *Ternura*, el tono dominante respecto a Cristo en *Desolación* es violento y estridente. Las razones de este despliegue de lenguaje amargo y de dolor exacerbado en relación con el sacrificio de Cristo son muy complejas y tienen mucho que ver con los sentimientos personales de la poetisa de traición y persecución y con su concepto de la religión. Está confirmado que Gabriela Mistral recibió insultos de sus conocidos, de los críticos, los políticos y los dirigentes religiosos y, como consecuencia, se sintió víctima de la perfidia y la persecución. También está claro que Gabriela creía que el sacrificio es la forma más noble del empeño religioso, como lo prueba su aceptación por Cristo y el deseo que éste demostró de intensificar sus sufrimientos al rechazar el calmante. La poetisa misma, haciéndose semejante a la legendaria Verónica, rechazó el bálsamo que podía haber hecho su vida más agradable pero con menos sentido. Y esa poesía suya que trata de iluminar el dolor de Cristo insistiendo en la sangre y el sudor, lleva la marca indeleble de su tragedia religiosa y personal. La poesía de Gabriela Mistral lleva las cicatrices de las heridas que continuamente se cierran o se abren.

No se deleitaba en el dolor por sí mismo; el sacrificio no era un fin sino un medio. En edad temprana, Gabriela

Mistral se sintió desgarrada entre dos tendencias en conflicto, la budista y la cristiana. La posición budista consiste en que el dolor emana del deseo y la presencia de aquél prueba la existencia *a priori* del deseo. Para templar sus apetitos y olvidar la tentación carnal, observaba los ritos yoga de la auto-purificación y la contemplación; es decir realizaba actos de caridad, disciplinaba sus pensamientos y evitaba en sus comidas la carne animal. La idea cristiana supone todo lo contrario de la budista y sostiene que el dolor vale la pena e incluso es necesario cuando emula el acto supremo de Cristo. Por tanto, el dolor no es el resultado de la presencia del deseo, sino la aspiración a participar del sacrificio. El punto de vista cristiano va todavía más allá y afirma que la existencia misma es un duelo entre el dolor y el placer y que este último es siempre resultado del sufrimiento y nunca de una alegría previa. Como el padecer es inevitable, entonces, el concepto cristiano ofrece una justificación más noble que la que brinda el budismo por el sacrificio. Esta justificación del dolor, hace la angustia más tolerable y la vida más santa.

Una crisis religiosa después de 1924, la forzó a réconciliar su temprana aversión a la Iglesia con los posibles beneficios de la Iglesia a la sociedad. También Gabriela tenía que reconciliar su elección consciente de la teosofía y el budismo con las discrepancias que no podía menos de ver en ellos. Las tres deidades irreconciliables, la del judaísmo, la del cristianismo y la del budismo, cada una con su propio sello de rectitud, dolor y caridad, entraban como parte íntegra en este conflicto. La religión, además de ofrecer una realización personal en la vida religiosa, debe también señalar un camino para el mejoramiento de la sociedad en conjunto. En esta última consideración encontró Gabriela Mistral la llave para la religión verdadera. Influida en parte por Bergson y en parte por los socialistas cristianos, empezó a creer en una cristiandad dinámica que pusiera por encima de las necesidades personales del sacerdocio el servicio y la caridad. Un cristianismo místico tiene en cuenta la raza, el individuo colectivo. Y ella veía en el mejoramiento de la raza la tarea suprema de la Iglesia, si de verdad quería practicar el mismo sacrificio que exigía a los demás. En los últimos treinta años de su vida, Gabriela Mistral creía que la Iglesia tenía el poder suficiente para iniciar las reformas que le permitirían ofrecer un cristianismo caritativo, dinámico y ennoblecedor.

APÉNDICES

APÉNDICE A

Llegué a conocer los vínculos de Gabriela Mistral con la teosofía y el pensamiento oriental en una serie de conversaciones que tuve en noviembre de 1966 con don Ricardo Michell Abos-Padilla, presidente de la Sociedad Teosófica de Chile desde 1955. Después de 1919 ambos, Michell Abos-Padilla y Gabriela Mistral, pertenecían a la logia Despertar, en La Serena, Chile, fundada dos años antes por Demetrio Salas Maturana. Otros miembros de la logia fueron Ramón Clares Pérez, que era médico, Rosa y Virginia Jácome, Lucy Hinch y Zacarías Gómez, amigo de Gabriela de toda la vida (ver Ap. B). Los miembros, después de discutir sobre filosofía esotérica en la casa de Salas Maturana, se iban muchas veces a las playas cercanas a seguir filosofando y gozar al mismo tiempo del aire libre y el sol, como parte integral de su dedicación al ejercicio, al vegetarianismo y a la vida sana. Cuando volvió Gabriela a Chile en 1925, reanudó las charlas y paseos con sus amigos de la logia de La Serena.

Los miembros de la logia tenían libre acceso a las bibliotecas privadas de unos y otros; las de Salas Maturana, Clares Pérez y las hermanas Jácome contenían muchos escritos esotéricos. Michell Abos-Padilla recuerda claramente

que Gabriela «devoraba los libros teosóficos» prestados por
sus amigos. Entre los que recuerda figuran *Cristianismo
esotérico, Introducción al yoga* y *Hacia el templo* de Annie
Besant; *El hombre visible e invisible* y *Formas de pensamiento* de Charles Leadbeater; *El hombre: Cómo y dónde
vino y a dónde va* de Besant y Leadbeater; *Cartas que me
han ayudado* de Jasper Niemans; los anónimos *Despertad,
hijos de la luz* y *El espíritu de los por nacer; Concentración,
Construcción del carácter* y *Métodos y entrenamiento de los
hindúes* de Ernesto Good; *El evangelio de Rusia* y *Jean-
Christophe* de Romain Rolland; y *Senderos en la montaña,
El pájaro azul* y *El gran misterio* de Maurice Maeterlinck.

Además de platicar conmigo, Michell Abos-Padilla pre-
paró exclusivamente para mí un texto que bosqueja el movimiento teosófico de La Serena y enumera, lo mejor que
su memoria se lo permite, los libros que le eran familiares
a Gabriela Mistral y que probablemente ella leyera desde
1919 a 1925. Para suplir las lagunas de su memoria formi-
dable, entre corchetes he proporcionado la información que
faltaba o he realineado algunas obras con sus posibles autores. En todo lo demás, no he alterado ni el sentido ni el
orden de su texto.

No hay palabras que puedan expresar mi reconocimiento a Michell Abos-Padilla. Al ayudarme, pagaba también la
deuda que tenía con la autora y con otras personas que le
permitieron alcanzar las visiones interiores que guían su
vida. Le quedó siempre la impresión especial de aquellas
palabras de Gabriela que recuerda:

> Ricardo, el mundo necesita ser redimido, no importa quién
> lo ejecute. Que lo haga el budismo, el islamismo, que lo haga
> la masonería o que lo haga el ateísmo, es algo de valor se-
> cundario. Lo importante es que el mundo nazca a un mundo
> nuevo.

El sentido de justicia de Gabriela, libre de sectarismo, tuvo un efecto profundo y duradero; Michell Abos-Padilla recuerda con cariño su «grandeza, serenidad y majestad». A continuación, transcribo su texto titulado «Notas para un estudio sobre Gabriela Mistral y la Teosofía».

Títulos de obras teosóficas que estuvieron en poder de Gabriela Mistral, en La Serena, colocadas en los anaqueles de su biblioteca, o depositadas desordenadamente sobre una mesa u otro mueble al alcance de la poetisa. Algunas de estas obras eran de su propiedad, y otras, las más, las tuvo temporalmente prestadas de la Logia teosófica de esa ciudad, presidida por don Demetrio Salas Maturana, o de las bibliotecas particulares de don Zacarías Gómez, de las hermanas Rosa y Virginia Jácome, del Doctor Ramón Clares Pérez (Médico Cirujano), o de Ricardo Michell Abos-Padilla (actual Presidente de la Sociedad Teosófica de Chile, desde 1955).

Puede haber omisiones, por olvido. También es posible que haya inclusiones indebidas o equivocadas, por falta de la memoria del informante. Éste no podría asegurar que Lucila Godoy leyera todos y enteramente los títulos que siguen. Pero sí puede asegurar que ella exhibió interés patente por numerosos temas y pormenores tratados en los libros consignados en este inventario. Por ejemplo, en las tertulias intelectuales tenidas con sus amigos estudiantes de Teosofía serenenses, ella participó más de una vez activamente en el estudio y debate (principalmente en su casa y ocasionalmente en paseos a la playa de La Serena y en el recorrido de unos dos kilómetros por la Alameda que conduce a la orilla del mar) de tópicos como los referentes a: Dhyana — Samadhi — Dharma — Buddhi — Atma — Brahma — Karma — Prana — Kundalini — Manvántara — Pralaya — Kama — Manas — El Logos de un Universo y las Huestes creadoras — La naturaleza trina del hombre: Nous, Psiquis y Soma = La Trinidad: Voluntad, Amor, Sabiduría, encarnada en el Cuaternario: Mente, Emoción, Pasión y Músculo, etc.

Otro ejemplo de su interés por la literatura teosófica, lo dio cuando se trató el tema de la Yoga. Entonces ella demostró tener conceptos claros y exactos sobre cada uno de los sistemas: Raja Yoga, Jnana Yoga, Bhakti Yoga, Hatha Yoga.

En otras ocasiones demostró a sus contertulios haber asimilado bastante de sus lecturas sobre los Misterios de Osiris, de Orfeo, de Thebas, de Mithra, de Krotona.

El informante recuerda una exposición de ideas que ella hizo en términos aproximadamente a los siguientes: «Dejad que los niños vengan a mí, pues de ellos es el Reino de los Cielos. No habéis de buscar el Reino de los Cielos aquí ni allá ni acullá, porque el Reino de los Cielos está dentro de vosotros. Es un estado de bienaventuranza de que se goza cuando el 'yo' se desvanece, cuando uno se desentiende y olvida de sí mismo. Éste es el Reino de los Cielos; lo más próximo a nosotros, pues es la naturaleza intrínseca y la esencia primaria de nuestro ser, consubstanciales e idénticas con la naturaleza y esencia de Dios (nuestro Padre que está en los Cielos). En esto consiste la semejanza del Hombre con Dios; vale decir, la identidad, la unidad, de la criatura con el Creador.»

El informante no ha podido recordar algunos títulos de Steiner (uno relativo a la sangre [*The Occult Significance of Blood*], otro referente a la realidad interior del hombre) y otros de Jinarajadasa (concernientes al Arte y a otros temas), que también vio entre las obras teosóficas existentes en la pieza de trabajo y de reunión de Gabriela Mistral con sus amigos.

Annie Besant, *Doctrina del corazón; Lecturas populares sobre Teosofía; El hombre y sus cuerpos; El sendero del discipulado; Constitución septenaria del hombre; Los ideales de la Teosofía; Un mundo en transición; El poder del pensamiento; La sabiduría antigua; La sabiduría de los Upanishads; Reencarnación, Karma; La genealogía del hombre.*

Charles W. Leadbeater, *Un libro de texto de Teosofía; La vida interna; Protectores invisibles; Más allá de la muerte; Los sueños; Clarividencia; A los que sufren; Nuestra relación con los niños; El sistema (solar) a que pertenecemos; El plano astral y el Devakán.*

Besant y Leadbeater, *Las 30 últimas vidas de Alcione; La química oculta.*

H. P. Blavatsky, *La clave de la Teosofía; Glosario teosófico; Isis sin velos; La voz del silencio; Por las grutas y selvas del Indostán.*

A. P. Sinnett, *El Buddhismo esotérico; El mundo oculto.*

Mario Roso de Luna, *Wagner, mitólogo y ocultista.* Otros títulos de la Biblioteca de las Maravillas.

Bhagavān Dāsa, *La ciencia de las emociones.*

Edouard Schuré, *Los grandes iniciados.*

[George R. S.] Mead, *¿Vivió Jesús 100 años antes de Cristo?;* [*Pistis Sophia, a Gnostic miscellany*]; [*Apolonio de Thyana*].

Mabel [Cook] Collins, *Luz en el sendero.*

H. S. Olcott, *Catecismo buddhista.*

E[dwin] Arnold, *La luz del Asia.*

Aimé Blech, *Luz y tinieblas.*

[Edward George] Bulwer-Lytton, *Zanoni.*

Dos Chelas, *El hombre: Fragmentos de una historia olvidada.*

Swami Vivekânanda, *La filosofía yoga;* [*Los aforismos de Patanjali*].

Franz Hartmann, *Ciencia oculta en la medicina;* [*Magia blanca y magia negra en la medicina*].

Scott Eliot, *La perdida Lemuria; La Atlántida.*

Doctor Pascal, *Ensayo sobre la evolución humana; Las leyes del destino; Bases científicas de la Teosofía.*

[Jiddu] Krishnamurti (Alcione), *A los pies del maestro; La educación como servicio.*

Ralph Wald[o] Trine, *En armonía con el Infinito.*

Miguel de Molinos, *Guía espiritual.*

Nietzsche, *Así hablaba Zaratustra.*

Paracelsus, [*Four treatises*].

Meister Eckhart, [*Treatises and Sermons*].

Ramakrishna, [*Gospels of Ramakrishna*].

Rabindranath Tagore, [*Gitanjali*].

Otros autores y otras obras, Lao-Tse; Confucio; Jacobo Boehme; Porfirio; Plotino; Orígenes; *El Bhagavad Gītā; El Dhammapada; Vida de Pitágoras; Los versos dorados de Pitágoras.*

Revistas, *Le Lotus Bleu; El Loto Blanco; Revista Teosófica Chilena; La Nueva Era.*

APÉNDICE B

Estoy profundamente agradecido a don Guillermo Gómez Marzheimer de Santiago por concederme permiso para usar la correspondencia entre su difunto padre, don Zacarías Gómez, y Gabriela Mistral. Como los herederos de don Zacarías no querían, naturalmente, separarse de estos valiosos documentos el tiempo necesario para transcribirlos o fotocopiarlos, hube de optar por unos apuntes sumarios. Me resulta más fácil estudiar el contenido de la correspondencia por temas en lugar de cronológicamente. Algunas de estas cartas ya están integradas al texto y a las notas; el resto se explica aquí.

La correspondencia que yo vi incluye una postal fechada en 1927 y cartas que cubren un período de quince años después de 1940. Don Guillermo Gómez supone, sin embargo, que hubo muchas más cartas y que lo que ha quedado es sólo parte del epistolario completo. Algunas cartas pueden haberse perdido; otras, destinadas solamente a su padre, quizá hayan sido destruidas.

La relación personal y filosófica entre don Zacarías y Gabriela empezó en La Serena en 1919, cuando ambos pertenecían a la logia teosófica de aquella ciudad. En 1925, cuando Gabriela regresó a Chile, volvieron a ponerse en contacto; al partir ella más tarde, iniciaron un intercam-

bio epistolar. Don Zacarías, como fundador de la Librería
Orientalista de Santiago (ahora situada en la calle Catedral
1145 y propiedad de su hijo don Hernán Gómez), suministró generosamente a Gabriela la información y libros que
deseaba sobre teosofía y sobre cuestiones literarias. En
efecto, él consideraba su tienda más que como una fuente
de ganancias materiales, como extensión de una profunda
convicción religiosa, y esta idea le animaba a ayudar abne-
gadamente a los amigos que se unían a él en la búsqueda de
la verdad y la sabiduría.

Durante su estancia en la ciudad de Méjico, en casa de
Palma Guillén de Nicolau (probablemente en 1949; la fecha
es ilegible), Gabriela Mistral pidió a don Zacarías los siguientes libros «orientalistas» de Max Heindel: *Principios
ocultos de la salud y de la curación, Cristianismo Rosacruz,
Filosofía Rosacruz* y *Cartas a los estudiantes.* El 3 de octubre de 1947 demostró interés por los Rosacruces:

> Extraños y agudos me parecen esos libros sobre Raja-yoga.
> Me interesa saber si ellos no salieron de cabeza nacista («Je-
> rarquía» descubre eso). Me parece más sano lo Rosacruz.

En notas del 20 de octubre de 1951 y 18 de abril de 1954,
reitera su interés. Esta última nota, especialmente, contiene
una frase críptica, inexplicable, que se refiere a Doris Dana
o a Gilda Péndola, las secretarias que la acompañaron a
Chile: «La compañera que llevaré es una Rosacruz muy
amante de nuestras ideas».

En su carta del 3 de octubre de 1947 Gabriela da las
gracias a don Zacarías por haberle enviado una copia de
Revista Teosófica, que contenía un artículo de Pearl Buck
y Ramón Clares. La muerte del Dr. Clares y del Dr. Bu-
cheli, ambos teósofos, la mueve a preguntar por el curso
de sus vidas desde que ha dejado de verlos. A su demanda,

don Zacarías replicó, el 7 de octubre de 1947, que la restauración de la salud y la continuación de una vida agradable dependen de mantener la armonía que ha enseñado a sus hijos la Madre Naturaleza. Sobre el tema general de la muerte misma, y refiriéndose especialmente a la muerte de Carlos Errázuriz, escribió don Zacarías el 15 de septiembre de 1948:

> La muerte es LUZ. Entre el mundo visible y el invisible, bien sabe usted que no hay otro puente de comunicación que el del pensamiento. Es con lo que mejor podemos ayudar a los que fueron nuestros buenos amigos en la tierra, a que encuentren a su vez buenos y angelicales amigos en su peregrinación hacia el cielo. En el reino de las almas, un sentido y muy humano pensamiento, también puede ser una ayuda y una luz. ¿No pensaremos más o menos lo mismo? ¡Mejor para nuestro buen amigo! Además, no olvidemos que las almas están siempre en manos de Dios, y Dios es siempre justo.

En una hoja de papel metida entre las cartas, el librero hizo una lista de parte del material que envió a Gabriela el 14 de marzo de 1950: Revistas tituladas *Sophia, El servidor, El médico del alma, La sabiduría oculta, Meditaciones religiosas, Las llaves del reino interno, La fuerza de la No-violencia* y *Selecciones de Vivekânanda*. En una nota breve del 6 de octubre de 1951 le preguntaba si había leído *En las horas de meditación*, de F. J. Alexander; Gabriela contestó (20 de octubre de 1951) que estaba leyendo *Pláticas* de Annie Besant y Charles Leadbeater. La correspondencia sostenida prueba el constante interés de Gabriela Mistral por la literatura que trata de teosofía, de los Rosacruz, la meditación, lo oculto, la curación por la concentración, la oración y la dieta apropiada.

Don Zacarías se encargó con gusto de la administración de los asuntos personales y de los negocios de Gabriela mientras ella permanecía en el extranjero. Este trabajo no tenía salario; tampoco suponía una atención constante a sus asuntos financieros. Pero siempre que Gabriela necesitara una ayuda especial —distribuir dinero a los pobres, enviar un cheque a su hermana Emelina o averiguar por qué no llegaban sus propios cheques— se dirigía a su amigo de confianza. Resulta irónico que una persona que en teoría tuviera poco gusto por las finanzas (se dice que Gabriela nunca manejaba dinero), revelase en sus cartas una preocupación exagerada por cosas como la devaluación del peso chileno y el alto costo de la vida en Estados Unidos (8 de mayo de 1946), una póliza de seguro de vida que había caducado (1944), 35.970 pesos que le debía la Editorial Zig-Zag (14 de junio de 1946), 5.000 pesos que donó a los niños pobres de Monte Grande (14 de junio de 1946), 200.000 dólares que de hecho se pagaron a María Luisa Bombal pero se dijo que habían sido pagados a Gabriela (1 de marzo de 1947), la pérdida de dos meses de sueldo como cónsul de Chile (1 de marzo de 1947) y, finalmente, los cheques de viaje para Emelina, que siempre estaban en discusión.

En otra cuestión personal, la secretaria de Gabriela Mistral, Consuelo Saleva, escribió a don Zacarías desde Petrópolis que Gabriela le estaría enormemente agradecida si informaba a Emelina del estado de Juan Miguel Godoy Mendoza:

> Gabriela está muy preocupada y tristísima con la gravedad de Yin-Yin y me encarga usted se lo escriba a la Emelina para que ella rece por él.

La fecha de esta carta es claramente el 16 de agosto de 1943, justo tres días después de la muerte del muchacho.

La carta no alude a muerte sino, en el peor de los casos, a enfermedad grave o accidente. Si está fechada correctamente ¿querrá decir esto que Gabriela quería dar la noticia a Emelina gradualmente? Pero entonces ¿por qué no dejaría a su fiel amigo que resolviera la situación con su tacto habitual? En una palabra ¿por qué se le ocultaba la verdad a don Zacarías? Y si la carta está mal fechada y es anterior a la muerte ¿podrá esto indicar que Juan Miguel no estaba de buen humor antes de su muerte, que sería todo lo contrario de lo que ella sostuvo con tanta firmeza? Esta carta muestra la misma confusión que hemos observado en el texto referente a la muerte de Yin-Yin.

Don Zacarías demostraba una preocupación personal por la precaria salud de Emelina y su constante sufrimiento, aunque él mismo solía estar libre de enfermedades a causa del duro ejercicio y de un régimen vegetariano estricto. En una carta a Gabriela del 21 de diciembre de 1944, comentaba las posibles causas de la mala salud de Emelina: «[Vd.] no debe inquietarse por ser algo habitual en ella que no se puede ver libre de dolencias y sufrimientos, por uno u otro motivo; además, según mi parecer, existe en ella una especie de 'gozo' de sufrir, sin el cual no puede tener sentido su vida». La aguda descripción que hace don Zacarías de Emelina como una mujer desesperada porque la cuiden mientras espera la muerte, se puede aplicar a Gabriela misma. En la contestación siguiente (el 17 de enero de 1945), Gabriela respondía por sí misma y por Emelina:

> No crea que yo vivo en racionalista. Después de mi duelo [muerte de Yin-Yin], he debido coger los pedazos de mí misma *y rehacer mi mente*. Creo que nuestra vida espiritual no anda distante. Voy a mandar a Eme[lina] una preciosa «oración de salud» por ensayar sacarla de su pesimismo tremendo.

Don Zacarías fue quien telegrafió a Gabriela, el 28 de marzo de 1947, la noticia de la muerte de Emelina. Es evidente que este hombre mantuvo vivo el amor mutuo de las hermanas con su extraordinaria preocupación por ambas, y que su solicitud, por otra parte, alimentó los lazos emocionales de Gabriela con Chile.

Las cartas aluden también a una serie de dificultades con los editores de *El Mercurio*. El 15 de septiembre de 1948, Gabriela informó a su amigo de que se negaba a enviar ningún artículo más a *El Mercurio* porque el redactor jefe, Rafael Maluenda, nunca contestaba a sus peticiones. Después se mostraba indignada porque la administración del periódico había tratado a don Zacarías con desdén cuando intentó cobrarle un cheque. Para calmar a Gabriela, el editor, don Agustín Edwards, le había enviado a ella, ya el 2 de septiembre de 1948, a través de don Zacarías, una respuesta afirmando que se habían publicado todos los artículos y poemas que había entregado. Además, don Agustín incluía una afirmación breve pero cortés de Maluenda (el 27 de agosto de 1948) que decía que la eliminación del suplemento literario no supondría la supresión de las obras de Gabriela. Por el contrario, Maluenda le pedía que enviara más colaboraciones cuando tuviera tiempo.

En dos ocasiones, don Zacarías puso aparte su papel de administrador, intermediario y librero y se concentró en tratar de definir el espíritu de Gabriela Mistral visto a través de sus obras de caridad y en el campo de la literatura. El 26 de junio de 1946 escribió:

> Para mí es usted una verdadera santa laica, que actúa en la humana vida terrenal, como mensajera de la alta Jerarquía que debe reinar en el Reino Eterno; para mí nunca dejará usted de ser un alma GRANDE, de sentimientos unitarios y uni-

versales, que trabaja, lucha, se esfuerza y se gasta en llevar luz al pensamiento y amor al corazón de los hombres.

En la segunda ocasión, el 9 de enero de 1952, cinco años antes de la muerte de Gabriela, trataba de resolver el enigma de dos almas que, a pesar de estar lejos en el espacio y en el tiempo, podían compartir un mundo común de sentimientos:

> Yo no la veo con los ojos que la miran los intelectuales, los literatos, los poetas, los filósofos y grandes artistas o pensadores, sino con los ojos del alma, que los da una fraternidad espiritual que ni la misma muerte podrá romper. Por eso, por la identificación de almas, por la familiaridad de sentimientos y afectos del corazón yo la distingo y la quiero como a una hermana espiritual a quien llamo Gabrielita.

APÉNDICE C

Basándose en las *Poesías completas,* lo que sigue es un índice onomástico clasificado de referencias religiosas y bíblicas, ordenadas tabularmente según el volumen de poesías a que pertenecen. Mis comentarios aquí no tratan profundamente las cuestiones religiosas o poéticas. Sólo intento dirigir la atención sobre los posibles usos de este apéndice como auxiliar del precedente estudio crítico. Los cuadros señalan las más importantes referencias religiosas de su poesía. Además, este índice clasifica por vez primera las alusiones de Gabriela Mistral a los principales problemas religiosos. Esta ordenación facilita una comprensión rápida de la frecuencia y distribución del material de distintas categorías a través de su obra poética. La frecuencia y distribución de estas referencias confirman el constante interés religioso a lo largo de toda la vida de la poetisa, e indican exactamente en qué poemas y, por lo tanto, en qué períodos de su desarrollo religioso-poético adoptó, rechazó y continuó las referencias. Las tablas no incluyen todas las posibles metáforas, imágenes o sentimientos religiosos que la poesía contiene y, a la inversa, los nombres incluidos no están siempre referidos en el texto. Pero las listas, usadas con discriminación, sirven de guía para determinar la profundidad y amplitud de la formación religiosa de Gabriela Mistral.

El análisis de los índices demuestra una mayor preocupación por las figuras religiosas en la poesía posterior a *Desolación*. Pero *Desolación* se distingue por la preponderancia de referencias a Dios, aunque gran número de ellas tienen su origen en los poemas en prosa. Las alusiones repetidas a Jesucristo, con sus variantes metafóricas, ocupan en *Desolación* una parte mayor que en cualquier otro libro. La poetisa ruega a Dios Padre y a Jesucristo el alivio del dolor, la salvación de los muertos y la protección de los inocentes. Los personajes reales, supuestos y legendarios del Antiguo y Nuevo Testamento son numerosos en el primer volumen, pero no se excluyen de los otros tres donde rivalizan en importancia. El uso continuo de personajes y toponimias bíblicas indica un interés en ellos incesante, lo cual viene a reforzar las conclusiones alcanzadas en el Capítulo III.

El índice podría dar la impresión de que *Ternura* tiene menos significado religioso, debido a que las alusiones a las tradicionales figuras religiosas son menos frecuentes. Con este motivo, resulta necesario advertir contra el peligro de fiarse demasiado de las tablas como guías infalibles para calibrar el fervor religioso. Debemos tener en cuenta el que las categorías y referencias revelen sólo un interés ostensible en las cuestiones religiosas. El sentimiento religioso verdadero no puede suponer necesariamente alusiones directas repetidas a Dios y a los otros personajes aquí mencionados. La esencia de *Ternura*, que las tablas solamente insinúan, está en los milagros de Dios, su inspiración divina, su amor por las criaturas inocentes, lo glorioso e inefable del nacimiento; todo ello indica intensa sensibilidad religiosa. El ardor religioso se manifiesta también a través de la conciencia poética que tiene la madre de su cercanía a los ritmos y armonías del universo cuando acuna a su hijo, criatura de las manos del Creador como toda la naturaleza. La poesía ahonda en un profundo sentimiento religioso sin recurrir indebidamente a los epítetos tradicionales de la religión, y por lo tanto las tablas desmienten a la vez la intensidad y la naturaleza del fervor religioso de *Ternura*.

Desolación sugiere la atracción de la poetisa por los fenómenos extraterrestres (ángeles), y por la astrología y astronomía, pero en *Ternura* esta atracción se intensifica, y en las dos últimas obras se trata con considerable extensión. Así como el interés por los ángeles, los santos y el ritual aumenta en *Tala* y *Lagar*, hay una clara disminución de referencias a Dios Padre y a Jesucristo en *Tala;* en cambio, en *Lagar*, esta propensión se detiene. *Tala* y *Lagar*, más católicos que los dos primeros volúmenes, se ocupan también más de las deidades antiguas griegas y precolombinas. De esto podemos concluir que, en concomitancia con el apaciguamiento general de la ira de Gabriela contra la Iglesia católica se da en ella un modo más impersonal, objetivo y maduro de tratar la angustia religiosa. También es verdad que ella no está menos acongojada, pero que ha agotado el mismo patrón poético de tratar a Jesucristo y a Dios en las dos primeras obras. Ha aprendido después a expresar el dolor con más sentido artístico y menos sentimentalismo. *Tala* y *Lagar* reflejan también sus lecturas de libros de mitología y filosofía y su paso de un sentimiento predominantemente personal a una conciencia de los problemas sudamericanos y universales.

Los poemas sobre niños, comunes a *Desolación* y a *Ternura* (algunos aparecen en el primero y son reeditados y ampliados en el segundo), están clasificados en *Ternura* para evitar confusión y reduplicación. El asterisco que sigue a los números de páginas indica que la referencia es a los volúmenes únicos de *Desolación, Ternura, Tala* y *Lagar;* las ediciones exactas están en la bibliografía. En casi todos los casos, el asterisco ha de referirse a poemas en prosa al final de *Desolación.* Estos poemas en prosa, aunque no figuran en las *Poesías completas,* complementan el cuerpo principal de la poesía y apoyan mi crítica. Los números de páginas entre paréntesis angulares indican referencias que aparecen sólo en las *Poesías completas,* y no forman parte de ninguno de los volúmenes por separado. Los paréntesis angulares significan o que la poetisa enmendó un poema ya existente o que la editora, Margaret Bates, añadió alguno nuevo a *Poesías.*

A pesar de la agrupación bastante arbitraria de las divinidades griegas con las de la antigua Roma y Asia, los «Sumarios Estadísticos de Índices» hacen ver la proporción relativa y absoluta en la frecuencia y la distribución dentro y entre los poemas de Gabriela Mistral. Para deducir el número absoluto de repeticiones («Rep.») en las categorías dadas de cada volumen, he sumado las columnas por cada una de las cuatro obras. Para determinar la proporción relativa, he usado el total de repeticiones de un volumen como porcentaje («Pct.») del total de los cuatro.

SUMARIO ESTADÍSTICO DE ÍNDICES

Categorías	Desolación		Ternura		Tala		Lagar	
	Rep.	Pct.	Rep.	Pct.	Rep.	Pct.	Rep.	Pct.
I. Dios Padre	93	59	31	19	7	3	30	19
II. Jesucristo	36	36	21	21	28	28	14	15
III. Hombres del Antiguo Testamento	12	28	5	13	16	38	9	21
IV. Mujeres del Antiguo Testamento	5	17	9	30	14	46	2	7
V. Toponímicos bíblicos	5	33	5	33	4	22	4	22
VI. Santos y figuras del Nuevo Testamento	17	32	12	23	8	15	16	30
VII. Santos no bíblicos	0	0	0	0	11	73	4	27
VIII. Ángeles	0	0	9	20	18	39	19	41
IX. Teología, ritual, invocaciones	18	18	24	24	26	26	32	32
X. Escritores y escritos religiosos	11	78	0	0	3	22	0	0
XI. Astrología y Astronomía	1	8	4	10	10	34	14	48
XII. Dioses y figuras quechuas y aztecas	2	9	3	13	17	77	0	0
XIII. Deidades griegas, romanas y asiáticas	3	7,5	3	7,5	14	35	20	50

I

Dios Padre	Desolación	Ternura	Tala	Lagar
Alfarero	214 *, 215 *, 216 *, 217 *, 217 *, 217 *, 218 *			
Amigo	197 *			
Amor	85			
Creador	31	345, 346		
Dios	12, 23, 23, 23, 30, 30, 32, 37, 37, 37, 38, 52, 55, 56, 60, 67, 69, 70, 76, 93, 96, 105, 107, 108, 109, 117, 124, 127, 199 *, 201 *, 202 *, 219 *, 219 *, 220 *, 220 *, 220 *, 224 *, 226 *, 227 *, 229 *, 233 *, 233 *, 234 *, 240 *, 241 *, 249 *, 252 *, 254 *	166, 167, 174, 227, 241, 242, 259, 267, 267, 269, 307, 311, 317, 321, 324, 333	425, 539, 543, 575, 577, 589	[508], 596 603, 615, 647, 647, 652, 652, 684, 684, 685, 699, 710, 717, 752, 764, 775, 798
Donador	83 *			
Dueño	12, 230 *, 232 *	235		632, 744, 745
Henchidor	202 *			
Jehová	13			
Justícia	85			
Maestro	197 *			747
Músico	234 *			
Padre	37, 52, 53,	153, 177,	384	657, 743,

I (continuación)

Dios Padre	Desolación			Ternura	Tala	Lagar
Padre (contin.)	84 *			270, 353, 353, 354, 354		744, 744, 791
Pudoroso	234 *					
Señor	3,	34,	37,	235, 321,		752
	56,	77,	83,	333, 334,		
	83,	83,	84,	350		
	84,	99,				
	100,	100,				
	100,	197 *,				
	230 *, 232 *,					
	232 *, 235 *, 251 *					
Tañedor	234 *					
Único						624, 745

II

Jesucristo	Desolación	Ternura	Tala	Lagar
El Bienvenido				753
Capitán			388	
Cristo	5, 6, 7,	177	380, 388,	[509], 678,
	9, 18, 18,		388, 392,	710, 749,
	18, 19, 19,		394, 396,	750, 761
	19, 35, 40,		396, 397,	
	42, 64, 65,		398, 399,	
	68, 89,		400, [492],	
	102, 116		572	

II (continuación)

Jesucristo	Desolación	Ternura	Tala	Lagar
Cruz	4			
Dios	31, 119, 147		378, 378, 407, 539	620
Dios-Chiquito				754
Dios-Niño				754
Dueño			564	
El	9			
Espíritu		270		
Hijo		270	564	
Jesucristo	22	186, 269, 304, 305, 305	399, 458, 564, 590	[496], 740
Jesús	10, 10, 10, 11, 51, 56, 231	356, 357		
Niño		183, 183, 184, 184, 356, 357	570	753
Niño de Belén		181, 182		
Padre			564	
Pastor		323, 323		
Rey	100		384	
Señor	22, 31, 42	350	590	[497]

III

Hombres del Antiguo Testamento	Desolación	Ternura	Tala	Lagar
Abel		323	387	[509]
Abraham	13, 51		575	
Adán		245	460	739
Booz	12, 13, 13, 14, 234 *			
Cam				780
David		304	[490], 521	633
Holofernes				660
Isaac			391	
Ismael			467	758
Jacob			432	
Job	35, 127, 128, 234 *			721
José			391, 529, 530	
Judas Macabeo			387	679
Melquisedec			387	
Nemrod			426	
Salmanazar			389	
Salomón	46		383n	
Seth		176		
Tobías		270		665

IV

Mujeres del Antiguo Testamento	Desolación	Ternura	Tala	Lagar
Abigail		174		
Agar	42, 128		447	

IV (continuación)

Mujeres del Antiguo Testamento	Desolación	Ternura	Tala	Lagar
Ana			381	757
Débora		233		
Eva		184 *, 292		
Isabel			381	
Judith	146			
Lía		220	381, 433	
Macabea			381, 387	678
Noemí			585	
Raquel		220, 269	381, 445	
Rebeca			445	
Ruth	12, 13			
Sabá		273, 298		
Sara			442, 447, 447	

V

Toponímicos bíblicos	Desolación	Ternura	Tala	Lagar
Belén		176, 187, 188, 356		
Calvario	6		396	
Canaán		238		
Hades				709
Huerto de los Olivos	80			665
Israel	51		387	
Jerusalén			384	
Jordán				719
Judá			521	
Judea				626
Sión	46			
Vía-Dolorosa	35			

VI

Santos y figuras del Nuevo Testamento	*Desolación*	*Ternura*	*Tala*	*Lagar*
Cirineo				708
Dimas	9, 126			
José		184		
Juan el Apóstol		251, 252, 252, 252, 252		
Juan el Bautista				[508], 719
Judas Iscariote	636, 637			
Lázaro	5	235	387	
Longinos	198 *	236		
Magdalena	9, 27			
María	9	184, 357, 494	83*, 570, 585	642, 717, 757
María (hermana de Marta)				625, 626, 627, 757
Marta	344		464, 572	625, 626, 627
Pablo			385	
Pedro	10, 236 *			604
Tomás	89			
Verónica	32, 35, 180, 232 *		586	683
Vírgenes de Cristo		304		678

VII

Santos no bíblicos	Desolación	Ternura	Tala	Lagar
Catalina de Siena			561	
Clara de Asís			561	
Domingo				761
Francisco de Asís	34		386, 387	
Francisco de Sales			386	
Jorge			465	
Juan de la Cruz			577	
Lucía			444	
Rosa de Lima				761, 762, 763
Teresa			561, 572	
Vicente de Pablo			386	

VIII

Ángeles	Desolación	Ternura	Tala	Lagar
Ángeles		246, 270	405, 413, 452, 513, 558, 585	617, 624, 746
Arcángeles		205, 246, 309, 309	380, 383, 476, 480	614, 619, 791, 798, 814
Custodio		270, 341, 342	413, 452	630, 631, 696, 746
Dominaciones				745, 791
Gabriel			480	
Miguel			480, 547	703, 718
Potencias			383	745
Rafael			457, 480	[508]
Tronos				791

IX

Teología, ritual, invocaciones	*Desolación*	*Ternura*	*Tala*	*Lagar*
Aleluya			410, 468	645, 786
Angelus	16			
Ave-María				626
Bautismo		172, 203, 268, 332, 369, 370, 370		602, 643, 678
Catedral				748
Cruz	100			
Epifanía			414, 427, 529, 566, 584	642, 773
Eterno, Eternidad	53, 76, 76, 105, 123, 147	233, 237	392, 404, 415, 417, 434, 471, 473, 519, 531, 559, 576	608, 685, 703, 705, 729, 746, 763, 772, 781, 792
Gloria				644
Gracia				757
Himno	52	321, 350		649, 746
Letanía			468	624
Navidad				690
Noche-Buena		258, 356		
Noel		343, 344		
Padre Nuestro	36, 79, 80, 106			
Pan		186, 304, 305, 310, 321		
Paraíso			415	750
Pascua		237, 258	572	
Patria				729, 745, 746
Pez		186, 269		

IX (continuación)

Teología, ritual, invocaciones	Desolación	Ternura	Tala	Lagar
Plegaria	38, 38, 52			
Resurrección			400, 427, 551, 552, 557	657, 722
Rezar	36, 118			
Salmo				657

X

Escritores y escritos religiosos	Desolación	Ternura	Tala	Lagar
Biblia	33			
Blake, William			577	
Cantar de los Cantares	19			
Dante	34			
Korán			521	
Mistral, Frédéric	34			
Nervo, Amado	34			
Omar Kayyan	45			
Petrarca	47			
Ramayana			417	
Salmos	33			
Tagore, Rabindranath	47			
Teócrito	44			
Tomás de Kempis	35			

XI

Astrología y astronomía	Desolación	Ternura	Tala	Lagar
Aldebarán				779
Andrómeda				792
Balanza				728, 739
Cangrejo			570	
Casiopea				720
Cruz del Sur	23			
Géminis		175	570	
León			570	
Orión				792
Osa Mayor			562	728
Sirio				681, 720
Taurus		175		
Toro		175		
Vía Láctea			418, 557	739
Virgo		174		
Zodíaco			461, 463, 570, 573	617, 657, 739, 762

XII

Dioses y figuras quechuas y aztecas	Desolación	Ternura	Tala	Lagar
Amautas		178		
Huitzilopochtli			575	
Inca			457, 462	
Ixtlazihuatl	145			
Mama Ocllo			463	
Manco **Cápac**			463	

XII (continuación)

Dioses y figuras quechuas y aztecas	Desolación	Ternura	Tala	Lagar
Maya			575	
Netzahualcoyotl	46			
Pachacámac		179	479	
Pájaro Roc			459	
Quetzalcóatl		276	459, 468, 470, 473	
Tláloc			472	
Viracocha			417, 460, 465	
Xóchitl			472	

XIII

Deidades griegas, romanas y asiáticas	Desolación	Ternura	Tala	Lagar
Agamemnón		223		
Antígona				648
Atreus			447	
Casandra				770
Ceres			417	
Cibeles		193	575	
Circe			393	
Dédalo				712
Deméter				791
Demiurgo				793
Erinna [sic]				650
Euménide				792
Eurídice			377	
Furia				640
Gea		184*		675, 681, 710, 791

XIII (continuación)

Deidades griegas, romanas y asiáticas	Desolación	Ternura	Tala	Lagar
Gorgona				785
Hades				709
Hebe				708
Júpiter	127			
Ligeia			430	
Medea			430	
Medusa			384	647, 649
Minerva				642
Narciso	127			
Nausicaa			555, 584	
Orfeo			377	
Prakriti				791
Sibila			573	
Talassa				650
Ulises			426, 584	
Vulcano	127			

APÉNDICE D

Deseo dar las gracias a la Sociedad Hebraica Argentina por darme permiso para reproducir el siguiente artículo, «Mi experiencia con la Biblia», primero porque es prácticamente desconocido, y después, porque documenta y mejora el argumento del capítulo III. Originariamente fue una conferencia dirigida a la Sociedad Hebraica, el 18 de abril de 1938; después se publicó en la revista de la Sociedad, *S.H.A.*, en las siguientes fechas de 1938: 1 de mayo, 15 de mayo y 1 de junio.

MI EXPERIENCIA CON LA BIBLIA

por GABRIELA MISTRAL

Conferencia leída en la Hebraica, el 18 de abril de 1938

Mi primer contacto con la Biblia tuvo lugar en la Escuela Primaria, la muy particular Escuela Primaria que yo tuve, mi propia casa, pues mi hermana era maestra en la aldea elquina de Montegrande. Y el encuentro fue en el texto curioso de *Historia Bíblica* que el Estado daba a los niños. Aquella Historia tenía tres cuartos de Antiguo Testamento, no llevaba añadido doctrinal y de este modo, mi libro se resolvió en un ancho desplegamiento de estampas, en un chorro de criaturas judías que me inundó la infancia.

Yo era más discípula del texto que de la clase, porque la distracción, aparte de mi lentitud mental, medio vasca, medio india, me hacían y me hacen aún la peor alumna de una enseñanza oral.

Con lo cual, mi holgura, mi festín del Antiguo Testamento tenía lugar, no en el banco escolar sino, a la salida de la clase, en un lugar increíble. Había una fantástica mata de viejo jazmín a la entrada del huerto. Dentro de ella, una gallina hacía su nidada y unos lagartos rojos llamados allá liguanas, procreaban a su antojo; la mata era además escondedero de todos los juegos de albricias de las muchachas; adentro de ella guardaba yo los juguetes sucios que eran de mi gusto: huesos de fruta, piedras de forma para mí sobrenatural, vidrios de colores y pájaros o culebras muertos; aquello venía a ser un revuelto basural y a la vez mi emporio de maravillas. Una vez cerrada la Escuela, cuando la bulla de las niñas todavía llegaba del camino, yo me metía en esa oscuridad de la mata de jazmín, me entraba al enredo de hojarasca seca que nadie podó nunca, y sacaba mi Historia Bíblica con un aire furtivo de salvajita que se escapó de una mesa a leer en un matorral. Con el cuerpo doblado en siete dobleces, con la cara encima del libro; yo leía la Historia Santa en mi escondrijo, de cinco a siete de la tarde, y parece que no leía más que eso, junto con Historia de Chile y Geografía del mundo. Cuentos, no los tuve en libros; esos me daba la boca jugosamente contadora de mi gente elquina.

Jacob, José, David, la Madre de los Macabeos, Nabucodonosor, Salmanazar, Rebeca, Esther y Judith, son criaturas que no se confundirían nunca en mí con los bultos literarios que vendrían después, que por ser auténticas personas no me dan en el paladar de la memoria el regusto de un Ulises o del retórico Cid, o de Mahoma, es decir, el sabor de papel impreso entintado. Tampoco se me juntarían mis héroes judíos con las fábulas literarias ni aun con otras leyendas sus hermanas. En mi alma de niñita no contó Hércules como Goliat ni la Bella del Monstruo como Raquel, ni más tarde Lohengrin se me hermanó con Elías. Hubo en mi seso una abeja enviciada en cáliz abierto de rosa de Sarón, es decir, en miel hebrea, y es que el patriarcalismo, siendo un clima humano, ha sido particularmente un clima de Sud América. Nada me costaba nada a mí, en el Valle cordillerano de Elqui, ver sentados o ver caminar, oír comer y hablar a Abraham y a Jacob. Mis patriarcas se acomodaban perfectamente a las fincas del Valle; desde la flora a la luz, lo hebreo se aposentaba fácilmente allí, y se avenía con la índole nuestra, a la vez tierna y violenta, con el vigor de nuestro temperamento rural y por sobre todo, con la humanidad que respira y traspira la gente del viejo Chile.

Pero a mi chilenidad le faltaba una condición soberana del hebreo, la mayor y la mejor: el realismo sobrenaturalista, el Jehová o Dios Padre permeando la vida, desde la mesa hasta la vendimia, entreverándose con nuestros días, mota a mota, y siendo, en fin, el cielo de nuestro amparo. El chileno es racionalmente religioso; en su material de hombre no entra lo visionario ni lo turba mesianismo alguno; se nos trenza con el cantar a lo humano, el cantar a lo divino. Y como yo necesité de este alimento, parece que apenas tuve uso de razón, y con la urgencia de un hambre verídica, de un apetito casi corporal, yo me buscaría esta enjundia en la Biblia y de ella comería toda la vida.

Para comenzar, yo había volteado y cogido, arquetipos judíos en el texto escolar que conté. Pero me los habían dado en una versión harto convencional, y con un sabor desabrido. Y lo bíblico, relato o canto, hay que tocarlo directamente, aunque sea en las traducciones; hasta magullado el espíritu de la lengua hebrea asoma en ellas aquí y allá, como los músculos de un prisionero entre el rollo de las cadenas. Toda traducción es una especie de cuerpo cautivo, es decir, mártir, pero es preferible siempre la traducción a un arreglo escolar de los relatos.

Mi contacto con la lírica judía, que había de ser la lírica de mi nutrimiento, lo hizo, cuando yo tenía 10 años, mi abuela, doña Isabel Villanueva.

Yo no sé por qué razón, a la altura de esos años de 1898, una vieja católica, de catolicismo provincial, podía ser una chilena con Biblia, y no sólo con Biblia leída, sino con texto sacro oral, aprendido de memoria en lonjas larguísimas. Pero a aquella curiosa mujer la llamaban los sacerdotes de la ciudad de La Serena «la teóloga» y tenía una pasión casi maniática de esa cosa grande que es la Teología, desdeñada hoy por la gente banal de nuestras pobres democracias. La frecuentación de la lectura religiosa, que era en ella cotidianidad, como el comer, había construido a esa vieja de 70 años, a la vez fuerte e inválida, de rostro tosco y delicado a un tiempo, chilena en los huesos y medio nórdica en la alta estatura, en color rojo y en ojos claros, la pasión de leer textos bíblicos, había dado a esa abuela profundidad en el vivir y un fervor de zarzas ardiendo en el arenal de una raza nueva.

Mi madre me mandaba a ver a la vieja enferma, y doña Isabel me ponía a sus pies en un banquito o escabel cuyo uso era sólo éste: allí se sentaba la niñita de trenzas a oír los Salmos de David.

La nieta comenzaba a recibir aquel chorro caliente de poesía, de entrañas despeñadas por el dolor de un reyezuelo de Israel, que se ha vuelto el dolor de un Rey del género humano. Yo oía la tirada de Salmos que a unas veces eran de angustia aullada y otras de gran júbilo, en locas aleluyas que no parecían saltar del mismo labio lleno de salmuera.

Mi abuela no tenía nada de escriba sentado ni de diaconisa pegada a su misa. La vieja diligentemente iba y venía de la salita a la cocina, preparando su dieta de enferma. Y cuando volvía a sentarse, tampoco se quedaba en «mujer de manos rotas», como dice el refrán español. Ella vivía de bordar casullas y ornamentos de iglesia. Sus manos de gigantona se habían vuelto delicadas en las yemas de los dedos y en ademanes por el trabajo de veinte años, gracias al cual ella comía y con el que pagó la escuela de sus hijos mientras crecían; casi todas las casullas de las catorce iglesias de La Serena salían de la aguja de doña Isabel, que subía y bajaba con el ir y venir del cubo en la noria o de los telares indios, servidumbre eterna, esclavitud sin más alivio que el dominical.

Oyendo los Salmos, no recibía sino un momento su vista sobre mí. Al soltar yo un disparate en la repetición, su mano se paraba de golpe, el bordado caía de la falda y sus ojos de azul fuerte se encontraban con los míos. Corregido el error, ella seguía bordando y yo, entre uno y otro versículo, tocaba a hurtadillas la tela, que me gustaba sobar, por el tacto del hilo de oro duro en la seda blanda.

Yo entendía bastante los Salmos bíblicos, en relación con mis diez años, pero no creo que entendiese más de la mitad. Un pedagogo francés, sabia gente que da sus clásicos a los niños desde los siete años, diría que lo de entender a medias no es cosa trágica, que lo importante es coger en la niñez el cabo de la cuerda noble y echarse al umbral de un clásico mientras llega el tiempo de entrar a vivir en su casa hidalga.

Entendía yo, en todo caso, algunas cosas de bulto, por ejemplo, que un hombre maravilloso, mi héroe David, gritaba a todo lo ancho del grito su amor de Dios, como si estuviese voceando sobre el rostro mismo de lo Divino. Yo entendía que ese hombre le entregaba a Jehová sus empresas de cada día, pero también sus mínimos cuidados de la hora. Yo sabía que el hombre David tomaba su licencia de Él, lo mismo que yo la de mi abuela, así para pelear como para alegrarse o tocar los instrumentos músicos.

Yo comprendía, con el mismo entender de hoy, que Aquel a Quien se hablaba rindiendo cuentas, a Quien se pedía la fuerza para andar y para resolver, y para capitanear hombres, era el tremendo y suave Dios Padre, el Dios de la nube rasgada, por donde Él veía vivir a su Israel. Yo entendía que la alabanza del Dios invisible que siendo «enorme y delicado», pesa sin pesar sobre cada cosa, era una obligación de loor ligada al hecho de ser hombre, de decir palabra en vez de dar vagido animal, y que cantarlo era el oficio de aquel David que se llamaba Músico y que daba al Señor el nombre de Mayor.

Muchas cosas más entendía, pero las que cuento eran las mayores, y yo creo que ellas fundaban mi alma, me tejían, me calentaban los miembros primerizos de la víscera sobrenatural.

Después del recitado de mi abuela, bastante lento, derretido de fervor, porque nunca lo dijo mecánicamente, aunque se lo supiese como la tabla de multiplicar, venía la parte menos agradable, para mí, la angostura de su exigencia de abuela pedagoga. Doña Isabel volvía a comenzar la hebra de versículos, que yo debía ahora repetir y echarme a cuestas de la memoria. Mi memoria siempre fue mala, y sobre todo, incapaz de fidelidad, y yo repetía, soltando a cada trecho palabras propias, de las que mi abuela medio se indignaba, medio se reía. Con su risa blanca en la cara roja, me gritaba de que yo podía trocar cosas en cualquier texto menos en esos, en sus Salmos, en su salterio.

¿Por qué ella, en vez de darme puras oraciones de Manual de Piedad, según la costumbre de las viejas devotas de Coquimbo, le daba a su niñita boba, de aire distraído, lo menos infantil del mundo, según piensan los tontos de la Pedagogía? ¿Por qué le echaba ese pasto tan duro de majar y tan salido de tiempo y lugar, esa cadena de salmos penitenciales y de salmos cantos jubilares? Nunca yo me lo he podido comprender, y me lo dejo en misterio porque me echó al regazo de la infancia el misterio y no lo he tirado como tantos y hasta me he doblado los misterios que recogí entonces, por voluntad de guardar en mí la reverencia, el amor de índole reverencial, la adoración ciega, porque ciega es siempre, de lo Divino.

Mi abuela pasó por mi vida parece que sólo para cumplir este menester de proveerme de Biblia, en país sin Biblia popular, de ponerme esta narigada de sal no marítima, sino de sal gema que fortifica y quema a la vez, a mitad de la lengua. Ella no fue la abuela que viste a la nieta de pequeña, pues no asistió a mi primera infancia. Ella no ayudó a mi madre en ningún cuido material de su carne chiquita: ella no me cuidó ni sarampión, ni difteria; ella no me vio ser maestra de escuela ni llegaron nunca mis pobres versos a sus ojos rendidos de aguja y Biblia; ella no conoció mi cara adulta, aunque viviría casi 90 años.

Las únicas estampas que yo le guardo son estas de su cara bajada a mí y mi cuello subido a ella, en su porfía para hacer correr de mi seso a mis tuétanos, los Salmos de su pasión.

Y sin embargo, a pesar de las pocas briznas de tiempo que ella me dio y del mal destino que nos había de separar, ella, mi Isabel Villanueva, vieja santa para quienes la convivieron, ella sería la criatura más penetrante que cruzó por mi vida chilena. Pasó de veras como un dardo de fuego, por la niñez mía, como el pájaro ardiendo del cuento balkánico, extraña e inolvidable, diferente de cuanta mujer yo conocí, criatura vulgar por la modestia y a la vez secreta como son todos los místicos. Su vida interna era oculta y sólo por un momento, a causa de tal o cual signo que ella no alcanzaba a hurtar se sabía de golpe que esa mujer del servir y el sonreír constantes, del coser y el bordar con ojos heridos, tenía mucha ciencia del alma y que la industria inefable que es la de pecho adentro, había conseguido logros de culto en esa alma.

El Dios Padre que ella me enseñó, la tenga en su cielo fuerte que no se ralea de vejez. Él le haya dado la dicha que aquí no probó ni en una dedada de miel cananea.

Tiempo después, entre los 15 y los 20 años, y sobra contarlo, porque es la aventura de cualquier sudamericano, les digo que anduve haciendo sesgueos estúpidos y dándome tumbos vergonzosos con lecturas ínfimas, del cinco al diez, con novela y verso que eran insensateces de hospicio...

Todo ese vagabundeo entre plebes verbales y escrituras, paupérrimas, toda esa larga distracción, no importaban mucho, nada es muy grave cuando la banalidad manosea sólo en nuestros forros y no llegan a la semilla del ser, a hincarse allí por mondarla y tirarla al basurero. La Biblia había pasado por mí y su gran aliento recorría visible o invisiblemente mis huesos, atajada en el punto tal por la torpeza, estorbada más allá por la falta de medio concordante con ella; pero no se había ido de mí, como sale y se pierde nuestro hálito; precisamente a causa de que su naturaleza es la de no irse, cuando se la absorbió en la infancia y su virtud es la de calar en el hombre y no cubrir sólo de cierto yeso su periferia.

Entre los 23 y los 35 años, yo me releí la Biblia, muchas veces, pero bastante mediatizada con textos religiosos orientales, opuestos a ella por un espíritu místico que rebana lo terrestre. Devoraba yo el budismo a grandes sorbos; lo aspiraba con la misma avidez que el viento en mi montaña andina de esos años. Eso era para mí el budismo, un aire de filo helado que a la vez me excitaba y me enfriaba la vida interna; pero al regresar, después de semanas de dieta budista a mi vieja Biblia de tapas resobadas, yo tenía que reconocer que en ella estaba, no más que en ella, el suelo seguro de mis pies de mujer.

Ella volvía a cubrir siempre con esa anchura que tiene de tapiz tremendo de voces, los tratos y manejos infieles ensayados con lo Divino, ella, a la larga, ganaba en esa pelea de textos orientales que se disputaban mi alma en una lucha absurda, como el de un petrel del aire con el puma de mi quebrada chilena.

Yo no sabría decir cuánto le debo a ella, a mi Madre verbal, a la enderezadora de mi laciedad criolla y a la castigadora de mis renuncias budistas.

El trato con ciertos libros, pero sobre todo con la Santa Biblia, es intimidad pura y no se puede escarmentarla sin que ella sufra en esta operación verbal lo que una entraña expuesta se dolería en el aire.

Ahora me queda por decir lo formal, que es a la vez lo esencial del contagio de la Biblia sobre mí: pues en lo hebreo andan juntos y entrabadas como carne y tendón el fondo con la forma.

Los Salmos de mi abuela, y después de ellos mi lectura larga y ancha de la Biblia total, que yo haría a los 20 años, me habituaron a su manera de expresión que se avino conmigo como si fuese un habla familiar que los míos hubiesen perdido y que yo recuperé con saltos de gozo.

Yo sé muy bien que hay en la Biblia muchas líneas de expresión: hay el orden de la crónica, seco y tónico; hay las islas de lo idílico en la historia de José o en la de Ruth; hay el dramático de Job, tan diferente del patético de David; hay el orden clásico del Eclesiastés y los Proverbios, y, para no seguir, hay entre las fragosidades de Ezequiel y Jeremías, las colinas medio doloridas, medio felices de Isaías, puente de cuerda echado ya sobre la orilla cristiana. La riqueza es una de las causas de la fascinación que irradia el Santo Libro y que lleva hacia él a fieles e infieles, a finos y a bastos. La variedad constante evita la fatiga de una Escritura, que pudo tener la pesadez mortal de las otras de su género, de todas las demás; la Biblia llega a parecer una geografía continental, en la cual el caminador, siempre fresco, que la recorre, pasa, en turnos como de mano paterna a mano materna, de esta montaña a aquellos collados y de esos al otro vallecito de gracia. Siempre se anda por la Biblia cogido por el Israel innumerable que, con modo varonil o femenino a grandes tajos de frenético amor, lucha, cree, duda, protesta y reprende, pero que no duerme nunca, que parece ser la criatura de una vigilia eterna.

Pero existe, en todo caso, un acento bíblico general; hay unos denominadores comunes que valen para aquella masa de documentos colectivos y piezas individuales: existe realmente un verbo hebreo que en el Santo Libro mantiene una columna vertebral, la unidad, o bien el aire de familia entre las figuras del largo fresco.

Para mí —y yo no vengo a decir sino la Biblia mía, en mí— la unanimidad del Santo Libro lo dan estas cosas: el riscoso tono verídico; la expresión directa que el judío prefiere, en vertical de despeñadero andino, por el que la maldición o la bendición caen a nosotros; una trama constante de violencia brutal y de unas indecibles dulzuras; el realismo que, como el de los españoles, deja circular un airecillo lírico y contante, y sobre todo una intensidad extremada, que no se relaja, no se afloja, no se dobla nunca, verdadero misterio de la expresión esencial, dada en un ardor que escuece la boca. El hebreo de la Biblia, tal vez el hebreo de todo tiempo, es un hombre henchido y ceñido a la vez, que carga el verbo de electricidad de acción, es el que menos ha pecado contra el baldiísmo de la palabra, el que no cae en el desabrimiento y la laciedad de la expresión.

A los diez años, yo conocí esta vía de la palabra, desnuda y recta y la adopté en la medida de mis pobres medios, a puro tanteo, silabeando sus versículos recios, tartamudeando su excelencia y arrimándome a ella, a la vez con amor y miedo de amor.

Había encontrado algo así como una paternidad para mi garganta, como una tutoría cuando menos en mi amarga orfandad de una niña de aldea cordillerana, sin maestro, y sin migaja de consejo para los negocios de su alma muy ávida, mucho.

De este lote de virtudes expresionales de la Biblia, parece que las que más me hayan atraído sean la intensidad y cierto despojo que no sólo aparta el adorno, sino que va en desuello puro. Heredera del español de América, es decir, de una lengua un poco adiposa, la Biblia me prestigió su condición de dardo verbal, su urgido canal de vena caliente. Ella me asqueó para toda la vida de la elegancia vana y viciosa en la escritura y me puso de bruces a beber sobre el manadero de la palabra viva, yo diría que me echó sobre un tema a aspirarle pecho a pecho el resuello vivo.

La ciencia de decir en la Biblia, el comportamiento del judío con el verbo, aun considerada aparte del asunto religioso, es una enorme lección de probidad dada por Israel a los demás idiomas y a las otras razas. El acento de veracidad de la Escritura, de que hablan los críticos, es lo que en gran parte, ha hecho la actualidad permanente de la Biblia, esa especie de marcha interrumpida del Santo Libro a través de los tiempos más espesos de materia y más adversos a su orden sobrenatural.

Había en los antiguos tiempos, en ciertos cruceros geográficos del Viejo Mundo, unos lugares de convocación, sitios cruciales de cita donde se juntaban los diferentes, para hablar de algún negocio eterno o temporal.

Vosotros, hebreos y nosotros cristianos, poseemos queramos o no confesarlo, un lugar de convocación, especie de alta y ancha meseta tibetiana, en la cual encontrarnos, vernos al rostro, ensayar siquiera el cerco de la unidad rota; en el cual podemos, sin desatar entero el nudo de nuestro conflicto, ablandar el filo de la tensión, y este país o este clima moral, es, en la Biblia, vuestro Viejo Testamento que nos es común, común, común.

Ay, gozo fresco para nosotros y, anchura dulce, la de esta abra de reunión donde podemos, con los ojos puestos en los ojos, comer igual bocado de oro en nuestro Job, ciudadano del dolor, en el Jacob, abajador de la Tierra al cielo y en el David, que tañía, tañedor mejor que el salterio, el corazón del género humano.

Hay una alegría grande entre las mayores que fue pulverizada por el vanidoso Siglo XIX y es la de provocar masa y también multitud. Yo soy no poco tribal, o si queréis, medioeval, en todo caso, amiga de comunidad por serlo de comunión, y siento no sé qué euforia viviendo una hora de lo que llama la Iglesia, «la comunión de los Santos». Parece que esta dicha sólo podemos lograrla y disfrutarla si acudimos a esos puntos de convocación de que he dicho, como la Biblia, o las viejas leyendas universales.

Por eso he querido hablarles, como quien dice de la peana de la unidad nuestra, y os he traído esta conferencia vergonzante, sin sentir el bochorno de mi torpeza con tal de que, a lo largo de esta hora, nuestra sangre estuviese batiendo unánime sobre el mismo asunto inmenso e íntimo, terrenal y divino.

LUGAR DE PUBLICACIÓN DE REVISTAS Y PERIÓDICOS
CITADOS FRECUENTEMENTE

The Americas	Washington, D.C.
Anales	Universidad de Chile, Santiago
Antártica	Santiago
Asomante	San Juan, Puerto Rico
Atenea	Concepción, Chile
Conferencia	Santiago
Cuadernos	Paris
Cuadernos Americanos	México
Cuadernos del Guayas	Guayaquil
Cuadernos Israelíes	Jerusalem
Cultura	San Salvador
Marcha	Montevideo
El Mercurio	Santiago
Mundo Hispánico	Madrid
La Nación (B.A.)	Buenos Aires
La Nación (S)	Santiago
El Nacional (C)	Caracas
El Nacional (M)	México
Nosotros	Buenos Aires
Novedades	México
La Nueva Democracia	New York
Política y Espíritu	Santiago
Repertorio Americano	San José, Costa Rica
Revista de América	Bogotá
Revista de Educación	Santiago
Revista Hispánica Moderna	New York
Revista Iberoamericana	México
Revista Nacional	Montevideo
Sur	Buenos Aires
La Torre	San Juan, Puerto Rico
El Universal	Caracas

BIBLIOGRAFÍA

MATERIALES SIN PUBLICAR

Dos colecciones de materiales sin publicar referentes a Gabriela Mistral se han usado en la preparación de este volumen: su correspondencia con Zacarías Gómez, 1940-1955 (ver Ap. B); los microfilms de sus escritos sin publicar, Reels A a S, Manuscript Division, Biblioteca del Congreso, Washington.

A través de correspondencia personal, he tenido el privilegio de tomar información de las siguientes personas: Hermana Rose Aquin, O.P., marzo 31, abril 11, 1965; Margot Arce de Vázquez, octubre 20, 1961; Margaret Bates, noviembre 5, 30, 1964; Jal B. Dorab, diciembre 12, 1963; P. Joseph E. Dunn, diciembre 8, 1965; José Santos González Vera, julio 12, 1962; P. Ivan Nikolić, S.J., diciembre 1, 1965; P. Renato Poblete, S.J., diciembre 22, 1965; Margaret T. Rudd, noviembre 13, diciembre 4, 1964; y Luis Vargas Saavedra, junio 1972.

También aumentaron mis conocimientos sobre Gabriela Mistral, las entrevistas que tuve con los siguientes: Manuel Bandeira, Río de Janeiro, Brasil, diciembre 1966; Isolina Barraza de Estay, Vicuña, Chile, septiembre 1966; Enrique Lafourcade, Los Ángeles, California, agosto 1961; Ricardo Michell, Santiago, Chile, noviembre 1966; Mariná de Moraes Sarmento, Petrópolis, Brasil, diciembre 1966; y María Urzúa, Santiago, Chile, octubre 24, 1966.

OBRAS SELECTAS DE GABRIELA MISTRAL

«Alabanzas a la Virgen», *El Mercurio*, 23 agosto 1925, p. 3.
«Cartas de Gabriela Mistral a Juan Ramón Jiménez», *La Torre*, VIII, 31 (1960), 190.

«El catolicismo en los Estados Unidos», *El Mercurio*, 27 julio 1924, página 8.

«La charca», *Nueva Luz* (Órgano de la Rama Teosófica Arundhali, Santiago), III, 24 (marzo 1914), 570-571.

«Cómo edifican», *La Nueva Democracia*, XII, 1 (1931), pp. 12-14.

«Considérations sur Rousseau et autres réflexions», *Revue de l'Amérique Latine*, XI (abril 1926), 324-326.

«Cristianismo con sentido social», *Atenea*, II, 9 (1925), 472-477.

Desolación, 2.ª ed., Santiago, Editorial del Pacífico, 1957.

«Divulgación religiosa. Sentido de las letanías: Virgen de las Vírgenes», *El Mercurio*, 12 abril 1925, p. 3.

Epistolario: Cartas a Eugenio Labarca (1915-1916), Ed. Raúl Silva Castro. Santiago, Universidad de Chile, 1957.

«Fray Bartolomé», *Repertorio Americano*, 14 octubre 1933, pp. 209-210.

«El himno al árbol», *Nueva Luz*, II, 21 (diciembre 1913), 500-502.

Lagar, Santiago, Editorial del Pacífico, 1954.

La lengua de Martí, La Habana, Secretaría de Educación, 1934.

«Limpia tu fuente», *Luz y Sombra* (Valparaíso), I, 2 (noviembre 1915), sin paginar.

«Mi experiencia con la Biblia», *Revista S.H.A.* (Sociedad Hebraica Argentina, Buenos Aires), 1 mayo 1938, pp. 3, 4; 15 mayo 1938, pp. 6, 7; 1 junio 1938, p. 6.

«El 'Moisés' de Miguel Ángel», *Revista Católica* (Santiago), 4 octubre 1924, pp. 541-543.

Motivos de San Francisco, Ed. César Díaz-Muñoz Cormatches, Santiago, Editorial del Pacífico, 1965.

Páginas en prosa, Ed. José Pereira Rodríguez, Buenos Aires, Kapelusz, 1962.

«El placer de servir», *Revista Teosófica Chilena*, V, 6 (agosto 1924), 130.

Poema de Chile, Ed. Doris Dana, Barcelona, Editorial Pomaire, 1967.

Poesías completas de Gabriela Mistral, Ed. Margaret Bates, 2.ª ed. rev., Madrid, Aguilar, 1962, 3.ª ed. rev., 1966.

«Prólogo», en *José Martí: Versos sencillos*, La Habana, Secretaría de Educación, 1939.

«Prólogo», en *Rabindranath Tagore: Poeta y filósofo hindú*, trad. Raúl Ramírez, Santiago, Minerva, 1917.

«Recado de Navidad», *Abside*, XIII (1949), 7-13.

Recados: Contando a Chile, Ed. Alfonso Escudero, Santiago, Editorial del Pacífico, 1957.

«Siena», *El Mercurio*, 7 diciembre 1924, p. 9.

«Silueta de Sor Juana Inés de la Cruz», *Abside*, XV (1951), 501-506.

«Sobre la xenofobia», *La Nueva Democracia*, XXIX, 1 (1949), 22-26.

Tala, 3.ª ed., Buenos Aires, Losada, 1946.

Ternura, 3.ª ed., Buenos Aires, Austral, 1946.

«Una explicación más del caso Krishnamurti», *La Nación* (B.A.), 1 agosto 1930, pp. 5-6.

«Unidad cristiana», *La Nueva Democracia*, XXV, 3 (1944), 8-9.

«'Un viejo tema': La poetisa chilena comenta el informe de Kinsey», *Life en Español*, 26 octubre 1953, pp. 30, 32.

«Yo conozco a Cristo», *La Nueva Democracia*, XXIX, 4 (1949), 25.

FUENTES BIBLIOGRÁFICAS

Albanell, Norah, y Nancy Mango, «Los escritos de Gabriela Mistral y estudios sobre su obra», en *Gabriela Mistral*, Washington, Pan American Union, 1958, pp. 49-90.

Escudero, Alfonso M., O.S.A., *La prosa de Gabriela Mistral: Fichas de contribución a su inventario*, Santiago, Universidad Católica de Chile, 1950.

——, «La prosa de Gabriela Mistral: Fichas de contribución a su inventario», *Anales*, CXV, 106 (1957), 250-265. Adiciones al anterior.

Pinilla, Norberto, *Bibliografía crítica sobre Gabriela Mistral*, Santiago, Universidad de Chile, 1940.

Rosenbaum, Sidonia C., «Gabriela Mistral», en *Modern Women Poets of Spanish America*, Nueva York, Hispanic Institute, 1945, pp. 262-264.

——, «Gabriela Mistral: Bibliografía», *Revista Hispánica Moderna*, III (1937), 135-140.

ESTUDIOS CRÍTICOS SOBRE GABRIELA MISTRAL

Adams, Mildred, «Speaking of Books», *New York Times*, enero 27, 1957, sec. 7, p. 2.

Aguilera, Honorio, «El alma cristiana de Gabriela Mistral», *La Revista Católica de Santiago*, LXVII (1959), 2481-2484.

Alba, Pedro de, «Dádivas espirituales de Gabriela Mistral», *La Nueva Democracia*, XXVII, 3 (1947), 52-55.

——, «Elogio de la Peregrina Iluminada», *ibid.*, XXV, 9 (1944), 16-18.

——, «Gabriela Mistral por los caminos de América», *Boletín de la Unión Panamericana*, LXXX (1946), 123-131.

——, «Hispanismo e indigenismo de Gabriela Mistral», *Anales*, CXV, 106 (1957), 79-80.

——, «Oración por Gabriela Mistral», *Filosofía y Letras*, XXXI (1957), 237-244.

Alba, Víctor [*pseud*. Pere Pagés], «Gabriela Mistral; la gran poetisa chilena, que conquistó el Premio Nobel, vista por Palma Guillén de Nicolau, que la acompañó en su estancia en nuestro país», *Hoy* (México), 30 agosto 1952, pp. 36-37.

——, «La Mistral vista por su amiga y secretaria», *Anales*, CXV, 106 (1957), 91-94.

Albareda, Ginés de, «Figuras literarias del mundo hispánico», *Revista Javeriana* (Bogotá), XXXII, 158 (1949), 149-152.

Alegría, Ciro, «Visita a Gabriela Mistral», *Norte* (New York), VIII, 8 (1948), 27, 50-51.

Alegría, Fernando, «Gabriela Mistral Awarded the 1945 Nobel Prize for Literature», *Bulletin of the Pan American Union*, LXXX (1946), 29-33.

——, *Genio y figura de Gabriela Mistral*, Buenos Aires, Eudeba, 1966.

——, «Hacia una definición de la poesía chilena», *Atenea*, XXXIV, 378 (1957), 170-185.

——, «La poesía chilena: Una conferencia de Eduardo Anguita», *Cultura*, n.º 5 (1955), pp. 119-122.

Alonso, Carmen, «Hacia Gabriela», *El Nacional* (M), 3 febrero 1957, Suplemento Semanario, p. 6.

Anastasía Sosa, Luis V., «El sentido de la vida en algunas imágenes de Gabriela Mistral», *Revista Iberoamericana de Literatura* (Montevideo), II, III (1960-1961), 5-78.

Arancibia Laso, María de, «Homenaje a Gabriela Mistral», Conferencia pronunciada el 18 de diciembre de 1945 en el Palacio de Bellas Artes de la ciudad de Méjico.

Arango, Rubén, «Vida, pasión y poesía de Gabriela Mistral», *Revista de las Indias* (Bogotá), n.º 101 (enero-febrero 1948), pp. 293-305.

Araquistain, Luis, «Magisterio y poesía», *Repertorio Americano*, 23 marzo 1925, pp. 52-53.

Arce, Magda, «Presencia de Gabriela Mistral», *Educación* (Caracas), VI, 43 (1946), 3-34.

——, «Presencia de Gabriela Mistral», *Anales*, CXV, 106 (1957), 31-38.

Arce de Vázquez, Margot, *Gabriela Mistral: Persona y poesía*, San Juan, Puerto Rico, Asomante, 1958.

——, *Gabriela Mistral: The Poet and Her Work*, trad. Helene Masslo Anderson, New York, New York University Press, 1964.

——, «Vida y poesía de Gabriela Mistral», *Asomante*, II, 2 (1946), 5-13.

Arciniegas, Germán, «Gabriela, la fantástica chilena», *Cuadernos Israelíes*, n.º 4 (1960), pp. 22-26.

——, «Gabriela Mistral y Pío XII», *El Tiempo* (Bogotá), 13 octubre 1958, p. 5.

——, «El poema inédito de Gabriela», *Cuadernos*, n.º 23 (marzo-abril 1957), pp. 17-19.

——, «Recado sobre Gabriela Mistral», *Novedades*, 3 marzo 1957, «México en la Cultura», p. 3.

Arias, Augusto, «Vida de Gabriela Mistral», *Cuadernos Israelíes*, n.º 4 (1960), pp. 43-44.

——, «Zweig y Gabriela Mistral», *Letras del Ecuador*, XII, 107 (1957), 1, 8, 23.

Arias, Irene de, «Ada Negri y Gabriela Mistral», *Criterio* (Buenos Aires), 12 diciembre 1946, pp. 560-564.

«Arribo a Chile de Gabriela Mistral», *Atenea*, XXXI, 349-350 (1954), 173.

Arrigoitia, Luis de, «Gabriela Mistral: Ideas pedagógicas en su periodismo americano», *Pedagogía* (Univ. de Puerto Rico), XII, 1 (1964), 85-97.

——, «Pensamiento y forma en la prosa de Gabriela Mistral», Tesis doctoral en la Fac. de Filosofía y Letras, Univ. Central de Madrid.

Asturias, Miguel Ángel, «Gabriela Mistral», *Ficción* (Buenos Aires), n.º 8 (1957), pp. 49-50.

——, «Gabriela Mistral», *El Nacional* (C), 1 agosto 1957, sec. lit., p. 3.

Balensi, Jean, «Gabriela Mistral ha vuelto a encontrar en Francia su patria de elección», *Revista de la Universidad del Cauca* (Popayán, Colombia), n.º 9 (junio 1946), pp. 33-37.

Baquerizo Moreno, Alfredo, *Ensayos, apuntes y discursos*, Guayaquil, Biblioteca Guayaquil, 1940, pp. 69-77.

Baquero, Gastón, «Gabriela Mistral en la Selva de Nieve», *Diario de Centro-América*, sec. inf., 29 enero 1946, p. 3; 30 enero 1946, p. 3; 31 enero 1946, p. 3.

Barrios, Eduardo, «El primer libro de Gabriela Mistral», *Anales*, CXV, 106 (1957), 26-30.

Bates, Margaret, «A propos an article on Gabriela Mistral», *The Americas*, XIV (1957), 145-151.

——, «Gabriela Mistral», *ibid.*, III (1946), 168-189.

——, «Gabriela Mistral's 'Poema de Chile'», *ibid.*, XVII (1961), 261-276.

Becerra y Córdoba, Esaú, «Gabriela Mistral, producto indoamericano», *Universidad de Antioquia* (Medellín), n.ᵒˢ 75-76 (enero-febrero 1946), pp. 483-485.

Bello, Christian, «Francia y Gabriela Mistral», *Antártica*, n.ᵒˢ 15-16 (noviembre-diciembre 1945), pp. 103-105.

Berchmans, John, O.P., «Gabriela Mistral and the Franciscan Concept of Life», *Renascence*, V (1952), 40-46, 95.

Bergés, Consuelo, «Cuando sus labios ya no cantan», *Insula* (Madrid), 15 febrero 1957, pp. 1, 4.

Bermejo, Vladimiro, «Itinerario de Gabriela Mistral», *Revista Excelsior* (Lima), 3 enero 1935, p. 27.

Bietti, Oscar, «Evolución de la poesía de Gabriela Mistral», *Nosotros*, 2.ª época, VI, 68 (1941), 187-193.

Binvignat, Fernando, «Gabriela», *Atenea*, XV, 158 (1938), 245-250.

Blanco Segura, Ricardo, «Gabriela Mistral», *Cuadernos Israelíes*, n.ᵒ 4 (1960), pp. 30-38.

Bollo, Sarah, «Gabriela Mistral: Una voz lírica continental», *Revista Nacional*, VIII, 90 (1945), 324-328.

——, «La poesía de Gabriela Mistral», *Insula* (Buenos Aires), II, 6 (1944), 83-92.

——, «La poesía de Gabriela Mistral», *Revista Nacional*, XI (1948), 79.

Bonilla, Marcelina, «Mujeres de América», *Pan-América* (Tegucigalpa), X, 120 (1954), 11.

Brenes Mesén, Roberto, «Gabriela Mistral», *Nosotros*, XXIII, 245 (1929), 5-22.

Bueno, Salvador, «Aproximaciones a Gabriela Mistral», *Anales*, CXV, 106 (1957), 58-67.

Bulnes, Alfonso, «Notas acerca de Gabriela Mistral», *Andean Quarterly* (Santiago) (Fall 1946), pp. 5-8.

Bunster, Enrique, «Triunfo póstumo de los 'Recados de Gabriela Mistral'», *La Prensa* (Buenos Aires), 20 abril 1958, 2.ª sec., p. 5.

Bussche, Gaston von dem, «Análisis estilístico del poema 'La copa' de Gabriela Mistral», *Anales*, CXIV, 101 (Primer trimestre 1956), 159-163.

——, «Gabriela Mistral: Chilena universal», *Quaderni Ibero-Americani*, III, 23 (1959), 503-506.

——, «Visión de una poesía», *Anales*, CXV, 106 (1957), 176-194.

Cáceres, Esther de, «Alma y poesía de Gabriela Mistral», en *Poesías completas de Gabriela Mistral*, 3.ª ed. rev., Madrid, Aguilar, 1966, pp. xv-xci.

——, «Homenaje a Gabriela Mistral», *Revista Nacional*, VIII, 90 (1945), 328-336.

——, «La poesía de *Lagar*, último libro de Gabriela Mistral», *El País* (Montevideo), 13 enero 1957, p. 3.

Caimano, Sister Rose Aquin, O.P., «Mysticism in Gabriela Mistral: A Clarification», tesis doctoral sin publicar, St. John's University, Jamaica, New York, 1967.

Campoamor, Fernando G., «Recado a la maestra insepulta», *Cuadernos Israelíes*, n.º 4 (1960), pp. 39-40.

Capdevila, Arturo, «¡Paz, Gabriela Mistral!», *Cuadernos Israelíes*, n.º 4 (1960), pp. 2-4.

Cardona Peña, Alfredo, «Murió sin juntarse con el sol, su marido», *Novedades*, 3 marzo 1957, «México en la Cultura», p. 3.

Caronno, Atilio E., «A propósito de un artículo de Gabriela Mistral», *Nosotros*, XX, 208 (1926), 142-143.

Carranza, Eduardo, «Gabriela Mistral», *Cuadernos Israelíes*, n.º 4 (1960), pp. 27-29.

——, «Gabriela Mistral, madre cantando», *Voces de América* (Cartagena, Colombia), III, 17 (1946), 195-196.

Carrera, Julieta, «Gabriela Mistral», *Pensamiento Peruano* (Lima) (noviembre-diciembre 1945), pp. 47-53.

——, *La mujer en América escribe: Semblanzas*, México, Ediciones Alonso, 1956, pp. 23-31.

Carrera Andrade, Jorge, «Muerte y gloria de Gabriela Mistral», *El Nacional* (C), 25 abril 1957, sec. lit., p. 8. Publicado también en *Cuadernos*, n.º 23 (marzo-abril 1957), pp. 26-28.

——, «La quinta de Gabriela Mistral», *Revista de América*, VIII, 23 (1946), 153-160.

Carrillo, Morita, «Letanías otoñales a Gabriela», *El Universal*, 22 enero 1957, índ. lit., p. 4.

Carrión, Benjamín, «Cartas de Gabriela Mistral a Benjamín Carrión (1927-1955)», *Letras del Ecuador*, XI, 105 (1956), 10-11.

——, «Meditación sobre Gabriela Mistral», *Anales*, CXV, 106 (1957), 70-78.

——, «La palabra maldita», *Cuadernos Americanos*, XIV, 3 (1955), 7-14.

——, «Santa Gabriela Mistral», *Letras del Ecuador*, X, 100 (1954), 3, 4, 52.

——, *Santa Gabriela Mistral (Ensayos)*, Quito, Casa de la Cultura Ecuatoriana, 1956.

——, «Sí, Santa Gabriela Mistral», *Cuadernos Americanos*, XVI, 3 (1957), 238-244.

Carrión, Fanny Natalia, «Tu corazón de flor», *Filosofía, Letras y Educación* (Quito), XI, 26 (1958), 199-200.

Casa de la Cultura Ecuatoriana, «Homenaje a Gabriela Mistral», *Revista del Núcleo del Azuay* (Cuenca, Ecuador), VIII, 12 (1957), 119-181.

Castellanos, Enrique, «Gabriela Mistral», *El Universal*, 29 enero 1957, índ. lit., p. 3.

Castellanos Taquechel, Enrique, *Tres recados de Gabriela Mistral*, Santiago, Publicaciones del Instituto de Segunda Enseñanza, 1957.

Chacón y Calvo, José María, «Gabriela Mistral en una asamblea franciscana», *Boletín de la Academia Cubana de la Lengua*, VI, 14 (1957), 111-118.

Chile, Ministerio de Educación, «Gabriela Mistral», *Revista de Educación*, n.os 69, 70, 71 (marzo-diciembre 1957).

——, Ministerio de Instrucción Pública, *Gabriela Mistral: Homenaje de la educación primaria y normal*, Santiago, Escuela Nacional de Artes Gráficas, 1954.

Clavería, Carlos, «El americanismo de Gabriela Mistral», *Bulletin of Spanish Studies*, XXIII (1946), 116-127.

Cofre Silva, Margarita, «Gabriela Mistral, pensador americano», *Revista de Educación*, VI, 34 (1946), 32-38, 42.

Colín, Eduardo, «Gabriela Mistral», *Nosotros*, XIX, 195 (1925), 481-484.

Collantes de Terán, Juan, «Gabriela Mistral», *Estudios Americanos* (Sevilla), XIII, 69-70 (1957), 367-370.

Concha Arenas, Rubén Enrique, «Escenario de Gabriela Mistral», *Cuadernos del Guayas*, IV, 7 (1953), 3, 9, 12.

Conde, Carmen, «De mi recuerdo de Gabriela Mistral en España», *El Universal*, 12 marzo 1957, índ. lit., p. 2.

Contreras, Pedro, y Albertina Contreras, «Estudio sobre la obra poética de Gabriela Mistral», *Revista de Educación*, VI, 36 (1946), 161-168.

Cord, William O., «Major Themes in the Poetry of Gabriela Mistral», Tesis sin publicar M.A., Washington University, St. Louis, 1948.

Córdoba, Diego, «Gabriela Mistral, poeta evangelista», *El Universal*, 12 febrero 1957, índ. lit., p. 2.

Correa, Carlos René, *Poetas chilenos*, Santiago, La Salle, 1944, pp. 170-179.

——, *Quince poetas de Chile*, Santiago, «Orbe», 1941, pp. 5-8.

Croes, Guillermo, «Gabriela Mistral», *El Universal*, 29 enero 1957, índ. lit., p. 4.

Cruchaga Santa María, Ángel, «Resplandor de Gabriela Mistral», *Antártica*, n.os 15-16 (noviembre-diciembre 1945), pp. 96-99.

——, «Un sencillo recuerdo de Gabriela Mistral», *ibid.*, n.º 14 (octubre 1945), p. 1.

Cruz, Pedro Nolasco, *Estudios de la literatura chilena*, Vol. III, Santiago, Nascimento, 1940, pp. 317-327.

Cuadra, Pedro Antonio, «Gabriela Mistral», *Cuadernos Israelíes*, n.º 4 (1960), pp. 55-57.

De los Ríos de Lampérez, Blanca, «Gabriela Mistral entre nosotros», *Raza Española*, VI (noviembre-diciembre 1924), 47-55.

Díaz Arrieta, Hernán [*pseud.* Alone]. *Las cien mejores poesías chilenas*, Santiago, Zig-Zag, 1949, pp. 64-81.

——, *Los cuatro grandes de la literatura chilena durante el siglo XX*, Santiago, Zig-Zag, 1963, pp. 119-151.

——, *Gabriela Mistral*, Santiago, Nascimento, 1946.

——, «Interpretación de Gabriela Mistral», *Anales*, CXV, 106 (1957), 15-18.

——, *Panorama de la literatura chilena durante el siglo XX*, Santiago, Nascimento, 1931, pp. 68-71.

——, «Recuerdos de infancia y juventud de Gabriela Mistral», *Revista Nacional de Cultura* (Caracas), XIX, 121-122 (1957), 78-84.

——, «Los últimos libros de Gabriela Mistral y Pablo Neruda», *ibid.*, XVII, 110 (1955), 102-109.

Diego, Gerardo, «La nueva poesía de Gabriela Mistral, Premio Nobel de Literatura 1945», *Revista de Indias* (Madrid), VI (1945), 811-820.

Dinamarca, Salvador, «Gabriela Mistral y su obra poética», *Hispania*, XLI (1958), 48-50.

Domínguez, Ramiro, «Gabriela Mistral como ausencia», *Cuadernos Israelíes*, n.º 4 (1960), pp. 63-66.

Donoso, Armando, *La otra América*, Madrid, Calpe [1925], pp. 37-65.

Donoso, Francisco G., *Al margen de la poesía*, París, Agencia Mundial de Librería, 1927, pp. 101-104.

Donoso Torres, Vicente, «El alma de Gabriela Mistral a través de sus poemas», *Cuadernos Israelíes*, n.º 4 (1960), pp. 11-18.

Doyle, Henry Grattan, «Gabriela Mistral: Nobel Prize-Winner», *Hispania*, XXIX (1946), 69.

Dussuel, Francisco, «Carta inédita de Gabriela Mistral», *Mensaje* (Santiago), n.º 86 (enero-febrero 1960), pp. 19-21.

——, «El Cristo de Gabriela Mistral», *ibid.*, n.º 11 (agosto 1952), pp. 382-392.

——, «El panteísmo de Gabriela Mistral», *El Diario Ilustrado* (Santiago), 2 mayo 1954, p. 3.

«Edición en homenaje a Gabriela Mistral, Premio Nobel de la Literatura», *Pro Arte* (Santiago), 31 agosto 1951, pp. 1-5.

Elliott, Jorge, *Antología crítica de la nueva poesía chilena*, Santiago, Nascimento, 1957, pp. 53-58.

«En homenaje a Gabriela Mistral», *Cuadernos Israelíes*, n.º 4 (1960).

Entwistle, William J., «A Visit to Gabriela Mistral», *Latin American World* (London), XXVI, 1 (1945), 28-29.

Escudero, Carlos, «Sacerdote chileno impartió Bendición Apostólica a poetisa Gabriela Mistral», *El Mercurio*, 9 enero 1957, pp. 1, 16.

Espinosa, Aurelio Macedonio, «Gabriela Mistral», *The Americas*, VIII (1951), 3-40.

Espinoza, Enrique, «Gabriela Mistral y el espíritu de la Biblia», *Anales*, CXV, 106 (1957), 99-101.

Estay Barraza, María Sonia, «Vida y obra de Gabriela Mistral», *Climax* (La Serena), 10 enero 1960, pp. 17-24.

Fergusson, Erna, *Chile*, New York, Knopf, 1943, pp. 17-28.

——, «Gabriela Mistral: Impression of a Noted Chilean Poet, Consul in Brazil, by a United States Authoress», *Inter-American Monthly* (Washington), I, 4 (1942), 26-27.

Fernández-Cuervo, Luis, «Gabriela Mistral en la tierra de su infancia», *Mundo Hispánico*, XIII, 150 (1960), 13-15.

Ferrer Canales, José, «Gabriela Mistral», *Humanismo* (México), n.º 42 (1957), pp. 77-80.

Figueira, Gastón, *De la vida y la obra de Gabriela Mistral*, Montevideo, 1959.

——, «La depuración estilística en Gabriela Mistral», *Cuadernos Israelíes*, n.º 4 (1960), pp. 69-79.

——, «Evocación de Gabriela Mistral», *La Nueva Democracia*, XXXVII, 3 (1957), 16-24.

——, «Gabriela Mistral», *Revista Iberoamericana*, XVI (1951), 233-244.

——, «Recordemos a Gabriela Mistral», *Cuadernos del Guayas*, VIII, 15 (1957), 1, 3, 19.

Figueroa, Virgilio, *La divina Gabriela*, Santiago, «El Esfuerzo», 1933.

Fihman, Pablo Rubén, «Lo Bíblico en Gabriela Mistral», *Davar*, n.º 72 (septiembre-octubre 1957), pp. 13-35.

Finlayson, Clarence, «Amor y paisaje en Gabriela Mistral», *Revista Universitaria* (Univ. Católica de Chile, Santiago), XXIII, 3 (1938), 65-71.

——, «Panorama al vuelo: Algunos poetas chilenos», *ibid.*, número especial (1938), pp. 166-189.

——, «Spanish American Poet: The Life and Ideas of Gabriela Mistral», *Commonweal*, diciembre 5, 1941, pp. 160-163.

Flasche, Hans, «Gabriela Mistral und ihre Sprachkunst (Der Hymnus 'Sol del Trópico')», en *Studia romanica: Gedenkschrift für Eugen Lerch*, Ed. Charles Bruneau y Peter M. Schon, Stuttgart, 1955, pp. 187-219.

Florit, Eugenio, «Paisaje y poesía en Gabriela Mistral», *Miscelânea de Estudos a Joaquim de Carvalho* (Figueira da Foz, Portugal), n.º 7 (1961), pp. 712-718.

Frank, Waldo, «Gabriela Mistral», *Cuadernos Israelíes*, n.º 4 (1960), pp. 47-48.

——, «Gabriela Mistral», *Nation*, enero 26, 1957, p. 84.

——, «La poesía de las madres, de los niños ...», *Novedades*, 3 marzo 1957, «México en la Cultura», p. 3.

Franulic, Lenka, *Cien autores contemporáneos*, 3.ª ed., Vol. II, Santiago, Empresa Ercilla, 1952, pp. 665-674.

——, «Recado sobre Gabriela Mistral», *Ercilla*, 27 mayo 1952, pp. 16-18.

Fuenzalida, Héctor, «Gabriela Mistral en la última vuelta», *Anales*, CXV, 106 (1957), 84-90.

Furness, Edna Lue, «The Divine Gabriela», *Western Humanities Review*, X (1955-1956), 75-77.

«Gabriela Mistral en Norteamérica», *La Nueva Democracia*, V, 7 (1924), 20-31.

«Gabriela Mistral y los principales acontecimientos en su vida», *Antártica*, n.ᵒˢ 15-16 (noviembre-diciembre 1945), p. 113.

«Gabriela Mistral y 'Selva Lírica'», *ibid.*, p. 112.

Gallegos, Rómulo, «Ejemplo de dignidad espiritual», *Cuadernos*, n.º 23 (marzo-abril 1957), pp. 24-25.

Gazarian, Marie-Lise, «La naturaleza en la obra de Gabriela Mistral», Tesis sin publicar M.A., Columbia University, New York, 1957.

Gerchunoff, Alberto, «Gabriela Mistral», *Repertorio Americano*, 6 julio 1925, pp. 265-267.

Goić, Cedomil, «Cadenillas en la poesía de Gabriela Mistral», *Atenea*, XXXIV, 374 (1957), 44-50.

González, Manuel Pedro, «Conocimiento de Gabriela Mistral», *El Nacional* (C), 14 febrero 1957, sec. lit., p. 8.

——, «'La huella': Poesía inédita [y comento] por Gabriela Mistral...», *Modern Language Forum*, XXXII, 3-4 (1947), 49-58.

——, «Profile of a Great Woman», *Hispania*, XLI (1958), 427-430.

González, María Rosa, «Recado de Gabriela Mistral a la América Hispana», *La Nación* (B.A.), 7 abril 1957, 2.ª sec., p. 2.

González Lanuza, Eduardo, «Detrás de Gabriela», *El Hogar* (Buenos Aires), 18 enero 1957, p. 52.

González Vera, José Santos, *Algunos*, Santiago, Nascimento, 1959, pp. 125-150.

——, «Comienzos de Gabriela Mistral», *Anales*, CXV, 106 (1957), 22-25.

——, «Gabriela Mistral», *Babel* (Santiago), IX, 31 (1946), 5-16.

——, «Gabriela Mistral», *Cuadernos Israelíes*, n.º 4 (1960), pp. 41-42.

Gullón, Ricardo, «Sobre Margot Arce de Vázquez y *Gabriela Mistral: Persona y poesía*», *La Torre*, VIII, 25 (1959), 230-234.

Gumucio, Alejandro, *Gabriela Mistral y el Premio Nobel*, Santiago, Nascimento, 1946.

Habana, La, Departamento de Cultura, *Homenaje de la ciudad a Gabriela Mistral*, La Habana, Molina y Cía., 1938.

Hamilton, Carlos D., «Gabriela de Hispanoamérica», *Revista Iberoamericana*, XXIII (1958), 83-92.

——, «Raíces bíblicas de la poesía de Gabriela Mistral», *Cuadernos Americanos*, XX, 5 (1961), 201-210.

Heliodoro Valle, Rafael, «Alabanza de Gabriela Mistral», en *Gabriela Mistral*, Washington, Pan American Union, 1958, pp. 31-41.

——, «Gabriela Mistral en mis recuerdos», *Anales*, CXV, 106 (1957), 68-69.

Henríquez Ureña, Max, «Vida y angustia de Gabriela Mistral», *Revista Cubana*, XXXI, 2 (1957), 47-69.

«Homenaje a Gabriela Mistral», *Atenea*, XXVIII, 312 (1951), 524-525.

«Homenaje a Gabriela Mistral», *Bohemia Poblana*, n.º 160 (1957), pp. 4-13, 21-23.

Homenaje de Colombia a Gabriela Mistral, Bogotá, Empresa Nacional de Publicaciones, 1957.

Homsy, Gwendolene, «The Poems of Gabriela Mistral», Tesis sin publicar M.A., University of Southern California, Los Ángeles, 1953.

Hübner, Manuel Eduardo, «En torno a la prosa de Gabriela Mistral», *La Nación* (S), 9 noviembre 1957, p. 4.

——, «México, Gabriela y los escritores mexicanos», *ibid.*, 15 noviembre 1957, p. 4.

——, «El secreto de Gabriela», *ibid.*, 18 enero 1957, p. 4.

Ibáñez, Sara de, «A Gabriela Mistral», *Revista Nacional*, VIII, 90 (1945), 337-338.

Iduarte, Andrés, «En torno a Gabriela Mistral», *Cuadernos Americanos*, V, 2 (1946), 240-256.

——, *Pláticas hispanoamericanas*, México, Tezontle, 1951, pp. 73-89.

Iglesias, Augusto, *Gabriela Mistral y el modernismo en Chile: Ensayo de crítica subjetiva*, Santiago, Editorial Universitaria, 1949 [1950].

Illanes Adaro, Graciela, «Elqui en la obra de Gabriela Mistral», *Atenea*, XXIII, 248 (1946), 171-180.

Inostroza, Jorge, «96 horas con Gabriela Mistral», *Vea* (Santiago), 15 septiembre 1954, pp. 16-17.

Insúa, Alberto, «Gabriela Mistral, una imitadora de Cristo», *Repertorio Americano*, 2 febrero 1925, pp. 328-334.

Izquierdo Ríos, Francisco, «Gabriela Mistral ha muerto», *Cultura Peruana* (Lima), XVII, 103 (1957), sin páginas.

Jan, Eduard von, «Die Selbstdarstellung im Werke Mistrals», en *Formen der Selbstdarstellung: Festgabe für Fritz Neubert*, Ed. Günter Reichenkron, Berlin, Duncker & Humboldt, 1956, pp. 175-186.

Jonckheere, Karel, «Gabriela Mistral», *Niew Vlaams tijdschrift* (Antwerpen) (abril 1946), pp. 109-112.

Kiew, Dimas, «Gabriela Mistral», *El Universal,* 22 enero 1957, índ. lit., p. 4.

Labarca, Eugenio, «Literatura femenina chilena», *Atenea,* I, 10 (1924), 357-361.

Labarthe, Pedro Juan, «Gabriela como te recuerdo», *Repertorio Americano,* 20 enero 1957, pp. 185-187.

——, *Gabriela Mistral: Cómo la conocí yo, y cinco poemas,* San Juan, Puerto Rico, Campos, 1963.

Ladrón de Guevara, Matilde, *Rebelde magnífica,* Santiago, Imprenta de la Central de Talleres, 1957.

Lago, Tomás, «Gabriela y el nardo de Las Parábolas», *Anales,* CXV, 106 (1957), 95-98.

Lagos Carmona, Guillermo, *Gabriela Mistral en México: Biografía y antología,* Biblioteca Enciclopédica Popular, n.º 87, México, Secretaría de Educación Pública, 1945.

Lamothe, Luis, «Gabriela Mistral en la poesía hispanoamericana», *El Nacional* (M), 2 junio 1957, Suplemento Semanario, p. 2.

Landínez, Vicente, *Almas de dos mundos,* Tunja, Colombia, Imprenta Departamental, 1958, pp. 73-78.

Latcham, Ricardo A., «El sentimiento americano de Gabriela Mistral», *El Nacional* (C), 31 enero 1957, sec. lit., p. 1.

Latorre, Mariano, *La literatura de Chile,* Buenos Aires, Facultad de Filosofía y Letras de la Universidad de Buenos Aires, 1941, pp. 171-172.

Lefebvre, Alfredo, «Nuevo libro de Gabriela Mistral: *Motivos de San Francisco*», *La Nación* (S), 1 mayo 1966, p. 5.

——, *Poesía española y chilena: Análisis e interpretación de textos,* Santiago, Editorial del Pacífico, 1958, pp. 130-147.

Leguizamón, María Luisa C., «América y Gabriela Mistral», *Revista de Humanidades* (Córdoba, Argentina), II (1959), 129-139.

Leo, Ulrich, «La literatura hispanoamericana y los alemanes», en *Interpretaciones hispanoamericanas: Ensayos de teoría y práctica es-*

tilísticas, 1939-1958, Santiago, Cuba, Universidad de Oriente, 1960, pp. 189-207.

Lida, Raimundo, «Palabras de Gabriela», *Cuadernos Americanos,* XVI, 3 (1957), 234-237.

Lindo, Hugo, *Cuatro grandes poetas de América,* Buenos Aires, Librería Perlado, 1959.

Lira Urquieta, Pedro, «Gabriela Mistral y la Universidad Católica», *Finisterrae,* n.º 12 (1956), pp. 60-61.

Livacic Gazzano, E., y A. Roa, *Literatura chilena; manual y antología,* Santiago, Editorial Salesiana de Textos Escolares, 1955.

Llach, Leonor, «Gabriela Mistral», *Tribuna Israelita* (México), XII, 147 (1957), 16-17.

Lobo, Fernando, «Tribute to the memory of Gabriela Mistral», *Annals of the Organization of American States* (Washington), IX (1957), 106-109.

Loynaz, Dulce María, «Gabriela y Lucila», en *Poesías completas de Gabriela Mistral,* 2.ª ed. rev., Madrid, Aguilar, 1962, pp. cxv-cxxxix.

Luby, Barry Jay, «La naturaleza en la poesía de Gabriela Mistral», Tesis sin publicar M.A., New York University, New York, 1961.

Luigi, Juan de, «Gabriela Mistral en su primera época», *Anales,* CXV, 106 (1957), 39-43.

Machado de Arnao, Luz, «Yo conocí a Gabriela Mistral», *ibid.,* pp. 81-83.

Madariaga, Salvador de, *Homenaje a Gabriela Mistral,* London, Hispanic and Luso-Brazilian Councils, 1958.

Mañach, Jorge, «Gabriela: Alma y tierra», *Revista Hispánica Moderna,* III (1937), 106-110.

——, «Gabriela y Juan Ramón: La poesía 'nobelable'», *Cuadernos,* n.º 40 (enero-febrero 1960), pp. 57-61.

Marín, Juan, «Recuerdos de Gabriela Mistral», en *Gabriela Mistral,* Washington, Pan American Union, 1958, pp. 7-13.

Mauro, Walter, «Ricordi di Gabriela Mistral», *Fiera Letteraria,* 26 abril 1959, p. 5.

Mayo, Margarita de, «Gabriela Mistral, maestra», *Cuadernos Hispanoamericanos* (Madrid), XCIX (marzo 1958), 360-366.

Mediano Flores, Eugenio, «Ha venido el cansancio infinito», *Mundo Hispánico,* X, 107 (1957), 17.

Medina, José Ramón, «La humana figura de Gabriela Mistral», *El Universal,* 19 febrero 1957, índ. lit., p. 1.

Meirelles, Cecília, «Um pouco de Gabriela Mistral», *Cuadernos Is-raelíes*, n.º 4 (1960), pp. 19-21.

Mengod, Vicente, «Gabriela Mistral en mi recuerdo», *Atenea*, XXXI, 351-352 (1954), 57-60.

——, «Matices en la obra de Gabriela Mistral», *ibid.*, XXXIV, 374 (1957), 13-21.

Molina Müller, Julio, «Naturaleza americana y estilo en Gabriela Mistral», *Anales*, CXV, 106 (1957), 109-124.

Moncada, Julio, «Un testimonio sobre Gabriela Mistral», *Marcha*, 22 febrero 1957, p. 21.

Monsalve, Josué, *Gabriela Mistral: La errante solitaria*, Santiago, 1958.

Montenegro, Pedro Paulo, «Gabriela Mistral: Vida e obra», *Clã* (Fortaleza, Brasil), VIII, 17 (1958), 110-118.

Monterde, Francisco, «Gabriela Mistral (1889-1957)», *Revista Iberoamericana*, XXII (1957), 333-337.

Montes, Hugo, *Poesía actual de Chile y España: Presencia de Gabriela Mistral, Pablo Neruda y Vicente Huidobro en la poesía española de hoy*, Barcelona, Sayma, 1963, pp. 59-102.

Montes, Hugo, y J. Orlandi, *Historia de la literatura chilena*, Santiago, Editorial del Pacífico, 1955.

Montes I. Bradley, R.-E. «En torno del epistolario de Gabriela Mistral», *El Nacional* (M), 10 marzo 1957, Suplemento Semanario, p. 10.

Montserrat, Andrés, «Gabriela Mistral sur la pente ...», *Revue de l'Amérique Latine*, X (septiembre 1925), 270.

Mora, José A., «Las ideas americanistas de Gabriela Mistral», en *Gabriela Mistral*, Washington, Pan American Union, 1958, pp. 43-48.

Moreno Mora, Vicente, «Tres poetas chilenos», *El Tres de Noviembre* (Cuenca, Ecuador), n.ᵒˢ 80-81 (agosto-septiembre 1942), pp. 349-365.

Moreno Villa, José, «Con Gabriela Mistral y Germán Arciniegas», *Repertorio Americano*, 1 enero 1951, p. 24.

Mota del Campillo, María R., *La poesía humana de Gabriela Mistral*, Buenos Aires, Asociación Cultural «Clorinda Matto de Turner», 1948.

Müller, Heinz, «Gabriela Mistral», *Ruperto-Carola Mitteilungen der Vereinigung der Freunde der Studentenschaft der Universität Heidelberg*, IX (1957), xxi, 21-25.

Mujica, Eduardo, «Gabriela Mistral, Premio Nobel de la Literatura», *Revista de Educación*, VI, 34 (1946), 28-31, 42.

Mujica, Juan, «Aventura y gloria de Gabriela Mistral», *Mundo Hispánico*, X, 107 (1957), 13-17.

Nieto Caballero, Luis, «Gabriela Mistral», *Repertorio Americano*, 11 enero 1930, p. 17.

La nostalgia de vida, de hogar, en la obra literaria de Gabriela Mistral, Concurso promovido por la Academia Literaria «Teresa de Jesús», Panamá, Colegio de las R. R. Esclavas del Sagrado Corazón de Jesús, 1960.

Ocampo, Victoria, «El credo de Gabriela», *Ibérica*, 15 abril 1957, pp. 7-8.

——, «Gabriela Mistral y el Premio Nobel», *Sur*, XIV, 134 (1945), 7-15.

——, «Y Lucila que hablaba a río. Gabriela Mistral: 1889-1957», *La Nación* (B.A.), 3 marzo 1957, 2.ª sec., p. 1.

Onís, Federico de, *España en América*, Madrid, Ediciones de la Universidad de Puerto Rico, 1955, pp. 665-666.

——, «Gabriela Mistral», *Anales*, CXV, 106 (1957), 19-20.

Oroz, Rodolfo, «Nota al poema 'Ceras eternas' de Gabriela Mistral», *Romanistisches Jahrbuch* (Hamburg), V (1952), 289-292.

Ortiz Vargas, A., «Gabriela Mistral», *Hispanic American Historical Review*, XI, 1 (1931), 99-102.

——, «Gabriela Mistral, Chile's Teacher-Poet», *Poet Lore*, XLVI (1940), 339-352.

Osses, Mario, «Casticismo de Gabriela Mistral», *Atenea*, XXVI, 286 (1949), 121-156.

——, «Gabriela Mistral: Poetisa de la pasión», *Conferencia*, II, 6-9 (1947), 24-41.

——, «La poesía», *Antártica*, n.os 15-16 (noviembre-diciembre 1945), p. 111.

Oyarzún, Luis, «Gabriela Mistral», *Atenea*, XXXIV, 374 (1957), 34-39.

——, «Gabriela Mistral en su poesía», *Anales*, CXV, 106 (1957), 11-14.

——, «El mundo poético de Gabriela Mistral», *Histonium* (Buenos Aires), XI, 124 (1949), 53-54.

——, «El sentimiento americano en Gabriela Mistral», *Antártica*, n.os 15-16 (noviembre-diciembre 1945), pp. 100-102.

Oyarzún, Mila, «Gabriela Mistral», *Atenea*, XX, 218 (1943), 173-183.

Paz Paredes, Margarita, «Gabriela Mistral», *Cultura*, n.º 17 (octubre-diciembre 1959), pp. 162-168.

Peers, E. Allison, «Gabriela Mistral: A Tentative Evaluation», *Bulletin of Spanish Studies*, XXIII (1946), 101-116.

Peña, Concha, «Recordando a la Inmortal Cantora de América, Gabriela Mistral», *Cuadernos Israelíes*, n.º 4 (1960), pp. 58-62.

Peralta Peralta, Jaime, «El paisaje original de Gabriela Mistral», *Los ángeles burladores: Cuentos y ensayos*, Madrid, 1961, pp. 61-78.

Pérez, Galo René, «La poesía de Gabriela Mistral», *Anales* (Univ. Central del Ecuador, Quito), XC, 345 (1961), 241-265.

Peri, Hiram, «Gabriela Mistral», *Cuadernos Israelíes*, n.º 4 (1960), p. 1.

Petit, Magdalena, *Biografía de Gabriela Mistral*, Santiago, Editorial La Salle, 1946.

Picón Salas, Mariano, «En homenaje a Gabriela Mistral», *Asomante*, II, 2 (1946), 14-16.

——, «Gabriela Mistral», *Atenea*, XXXIV, 374 (1957), 40-43.

——, «Homenaje a Gabriela Mistral», *El Nacional* (C), 17 enero 1957, sec. lit., p. 8.

Pillement, Georges, «In memoriam», *Larousse Mensuel Illustré* (Paris), XIV, 511 (1957), 234.

Pinilla, Norberto, *Biografía de Gabriela Mistral*, Santiago, Tegualda, 1946.

——, «Boceto crítico sobre Gabriela Mistral», *Revista Iberoamericana*, XI (1946), 55-62.

——, «Obra de Gabriela Mistral», *Conferencia*, I, 3 (1946), 28-39.

——, «Perfil de Gabriela Mistral», *Antártica*, n.º 14 (octubre 1945), pp. 3-7.

Piontek, Heinz, «Gabriela Mistral», *Welt und Wort*, XIV (1959), 104-105.

Plá y Beltrán, Pascual, «Gabriela Mistral: Humanidad y poesía», *Cultura Universitaria* (Caracas), n.º 59 (1957), pp. 27-37.

Porter, Katherine Anne, «Latin America's Mystic Poet», *Literary Digest International Book Review*, IV, 5 (1926), 307-308.

Portes, Grace Marie, «Gabriela Mistral: A Study of Motherhood in Her Prose and Poetry», Tesis sin publicar M.A., Columbia University, New York, 1947.

Posada, Germán, «Recuerdo a Gabriela Mistral», *Cuadernos Americanos*, XXXI, 88 (1957), 102-104.

Prado, Pedro, «Al pueblo de México», prólogo a *Desolación*, 2.ª ed., Santiago, Editorial del Pacífico, 1957, pp. 11-24. También publicado en *Mundo Hispánico*, X, 107 (1957), 13.

«El Premio Nobel de la Literatura se adjudica a Gabriela Mistral», *Revista Nacional*, VIII, 89 (1946), 306-307.

Preston, Sister Mary Charles Ann, S.S.N.D., *A Study of Variants in the Poetry of Gabriela Mistral*, Studies in Romance Languages and Literatures, Vol. LXX, Washington, Catholic University of America Press, 1964.

«Puntos de vista», *Atenea*, XXXIV, 374 (1957), 2-7.

P. V. F., «Gabriela Mistral», *El Universal*, 15 enero 1957, índ. lit., p. 4.

Rabanales, Ambrosio, «Tendencias métricas en los sonetos de Gabriela Mistral», en *Studia Philologica: Homenaje ofrecido a Dámaso Alonso*, Vol. III, Madrid, Gredos, 1963, pp. 13-51.

Ramírez Rausseo, J. A., «Gabriela Mistral», *El Universal*, 14 mayo 1957, índ. lit., p. 3.

República Dominicana. Secretaría de Educación y Bellas Artes, *Homenaje a Gabriela Mistral*, Ciudad Trujillo, 1946.

Reyes, Alfonso, «Himno a Gabriela», *Anales*, CXV, 106 (1957), 19.

——, «El Premio a Gabriela», *Tiras de Colores* (México), II (diciembre 1945 - enero 1946), 1-2.

——, «Sobre Gabriela Mistral», *Cuadernos Israelíes*, n.º 4 (1960), pp. 52-54.

Rheinfelder, Hans, «Gabriela Mistral», *Anales*, CXV, 106 (1957), 44-57.

——, *Gabriela Mistral: Motive ihrer Lyrik*, München, Verlag der Bayerischen Akademie der Wissenschaften, 1955.

Riestra, Gloria, «La influencia de Tagore en Gabriela Mistral», *Sembradores de Amistad* (Monterrey, Méx.) (mayo 1965), pp. 5-9.

Rincón, César David, «Gabriela Mistral, mística del futuro», *Ciencia y Cultura* (Maracaibo), II, 7 (1957), 135-148.

Ríos Espejo, Rebeca, «La sintaxis en la expresión poética de Gabriela Mistral», *Boletín de Filología* (Santiago), IX (1956-57), 121-176.

Rodig, Laura, «Presencia de Gabriela Mistral», *Anales*, CXV, 106 (1957), 282-292.

Rodríguez Luis, Julio, «Relaciones entre Gabriela Mistral y Juan Ramón Jiménez», *La Torre*, VIII, 32 (1960), 93-95.

Rodríguez Monegal, Emir, «La gruta de aire acondicionado», *Marcha*, 22 febrero 1957, p. 21.

——, «Valor poético y valor humano en Gabriela Mistral», *ibid.*, 18 enero 1957, pp. 21-22.

Rojas Molina, Armando, *Semblanza de Gabriela Mistral*, Santiago, 1959.

Romero, Elvio, «Sobre Gabriela Mistral», *Alcor* (Asunción), II, 107 (1957), 13.

Rosenbaum, Sidonia Carmen, «Criollismo y casticismo en Gabriela Mistral», *Cuadernos Americanos*, XII, 1 (1953), 296-300.

——, *Modern Women Poets of Spanish America*, Nueva York, Hispanic Institute, 1945, pp. 171-203.

Rouillon, Guillermo, «La voz universal de Gabriela Mistral», *Cuadernos Israelíes*, n.º 4 (1960), pp. 67-68.

Saavedra Molina, Julio, «Gabriela Mistral: Su vida y su obra», en *Poesías completas de Gabriela Mistral*, 2.ª ed. rev., Madrid, Aguilar, 1962, pp. xv-cxi.

——, «Gabriela Mistral: Vida y obra», *Anales*, CIV, 63, 64 (1946), 23-104.

——, «Gabriela Mistral: Vida y obra», *Revista Hispánica Moderna*, III (1937), 110-135.

——, «La patética historia de Lucila Godoy», *Antártica*, n.os 15-16 (noviembre-diciembre 1945), pp. 106-110.

Sabat Ercasty, Carlos, «La Gabriela que yo vi», *Cuadernos Israelíes*, n.º 4 (1960), pp. 80-87.

——, «Homenaje de la Universidad de Montevideo a Gabriela Mistral», *Repertorio Americano*, 14 (abril-mayo 1957), pp. 209-213.

Sabella, Andrés, «Curso y discurso de una vida», *Atenea*, XXXIV, 374 (1957), 22-33.

——, «El hijo desconocido de Gabriela Mistral», *ibid.*, XXII, 246 (1945), 228-236.

Salinas, Pedro, «Vindicación de la distraída (Gabriela Mistral)», *Revista de América*, VII, 19 (1946), 65-70.

Sánchez, Luis Alberto, «Ahora los 'recados' de Gabriela», *El Nacional* (C), 5 junio 1958, sec. lit., p. 6.

——, «Gabriela Mistral», *Asomante*, XII, 2 (1956), 39-47.

——, «Un ser y una voz inconfundibles», *Cuadernos*, n.º 23 (marzo-abril 1957), pp. 20-24.

Sánchez, Luis Amador, «El existencialismo cristiano de Gabriela», *La Nueva Democracia*, XXXVII, 3 (1957), 42-49.

Santandreu, Cora, *Aspectos del estilo en la poesía de Gabriela Mistral*, Serie Roja, n.º 15, Santiago, Universidad de Chile, 1958. También publicado en *Anales*, CXV, 106 (1957), 125-175.

Savoia, Alicia Raquel, «El mundo infantil de Gabriela Mistral», *Universidad* (Santa Fe, Argentina), n.º 46 (octubre-diciembre 1960), pp. 215-240.

Schultz de Mantovani, Fryda, «Imagen de Gabriela Mistral», *Revista de la Universidad de Buenos Aires*, II, 1 (1957), 26-40.

——, «Presencia del niño en la poesía de Gabriela Mistral», *Nueva Era* (Quito), XIX (1950), 266-277.

Sedgwick, Ruth, «Gabriela Mistral's Elqui Valley», *Hispania*, XXXV (1952), 310-314.

Silva Castro, Raúl, «Algunos aspectos de la poesía de Gabriela Mistral», *La Nueva Democracia*, V, 9 (1923), 8-9, 30.

——, *Estudios sobre Gabriela Mistral*, Santiago, Zig-Zag, 1935.

——, *Producción de Gabriela Mistral de 1912 a 1918*, Serie Roja, n.º 11, Santiago, Universidad de Chile, 1957. También publicado como artículo en *Anales*, CXV, 106 (1957), 195-247.

——, *Retratos literarios*, Santiago, Ercilla, 1932, pp. 151-162.

Silva Castro, Raúl, ed., *Epistolario: Cartas a Eugenio Labarca (1915-16)*, Serie Roja, n.º 13, Santiago, Universidad de Chile, 1957. También publicado como artículo en *Anales*, CXV, 106 (1957), 266-281.

Singerman, Berta, «Recuerdos de Gabriela Mistral», *Cuadernos Israelíes*, n.º 4 (1960), pp. 5-7.

Sobrino Pôrto, Leônidas, *Dios en la poesía de Gabriela Mistral*, Río de Janeiro, 1957.

Suárez de Artieda, Matilde, *Gabriela Mistral: Ensayo*, Quito, Surcos, 1957.

Szmulewicz, Efraím, *Gabriela Mistral: Biografía emotiva*, Santiago, Atacama, 1958.

Taracena, Alfonso, «Epistolario de Gabriela Mistral», *Vida Universitaria* (México), 3 enero 1957, p. 5.

Taylor, Martin C., *Gabriela Mistral's Religious Sensibility*, Vol. 87, Series in Modern Philology, Berkeley, University of California Press, 1968.

——, «Parálisis y progreso en la crítica mistraliana», en *El ensayo y la crítica literaria en Iberoamérica*, Memoria del XIV Congreso Internacional de Literatura Iberoamericana, Toronto, Universidad de Toronto, 1970, pp. 185-190.

Tellería Solari, María, «Postrera visita de Gabriela Mistral a Lima», *Mercurio Peruano*, XXXVIII, 358 (1957), 111-114.

Tilliette, X., «Deuil de Gabriela Mistral», *Etudes* (Paris), XC, 5 (1957), 242-253.

Tomic, Radomiro, «Homenaje a Gabriela Mistral», *Política y Espíritu*, XIII, 173 (1957), 10-11.

Torre, Guillermo de, «Aproximaciones de 'Tala'», *Sur*, VIII, 45 (1938), 70-75.

——, «Benjamín Carrión: San Miguel de Unamuno y Santa Gabriela Mistral», *Cuadernos*, n.º 27 (noviembre-diciembre 1957), pp. 99-100.

——, «Evocación de Gabriela Mistral», *El Nacional* (C), 7 febrero 1957, sec. lit., p. 4.

Torres Bodet, Jaime, «Homenaje a Gabriela Mistral», *Cuadernos*, n.º 23 (marzo-abril 1957), p. 16.

Torres Rioseco, Arturo, *Gabriela Mistral*, Valencia, Editorial Castalia, 1962.

——, «Gabriela Mistral», *Anales*, CXX, 125 (1962), 65-73.

——, «Gabriela Mistral, Nobel Prize Winner, at Home», *Hispania*, XXIX (1946), 72-73.

Trigueros de León, Ricardo, «Recuerdo de Gabriela Mistral», *Cuadernos Israelíes*, n.º 4 (1960), pp. 45-46.

Uribe Echeverría, Juan, «Gabriela Mistral: Aspectos de su vida y su obra», en *Gabriela Mistral*, Washington, Pan American Union, 1958, pp. 15-30.

Uruguay, Asamblea General, *Homenaje de la Cámara de Representantes a Gabriela Mistral*, Sesión extraordinaria celebrada el 15 de enero de 1957, Montevideo, 1957.

Valerín A., Celina, «Homenaje a Chile en Gabriela Mistral», *Repertorio Americano* (febrero-marzo 1957), pp. 207-208.

Valéry, Paul, «Gabriela Mistral», *Atenea*, XXIV, 269-270 (1947), 313-322.

Valle, Carmen, «Gabriela y su palabra del dolor», *Política y Espíritu*, XIII, 173 (1957), 12-13.

Vandercammen, Edmond, «Pasión y espiritualidad de Gabriela Mistral», *Les Langues Néolatines*, LIII (1959), 1-8.

Vargas Saavedra, Luis, Recensión de *Motivos de San Francisco*, en *Mapocho* (Santiago), XIII, 1 (1966), 256-260.

——, «Obra inédita de Gabriela Mistral: 'Lagar', II», Tesis doctoral sin publicar, Universidad de Madrid, 1966.

Vázquez, Pura, «En la muerte de Gabriela Mistral», *El Universal*, 15 enero 1957, índ. lit., p. 4.

Velázquez, Alberto, «Salutación a Gabriela Mistral bajo el cielo de Cuba», *Cuadernos Israelíes*, n.º 4 (1960), pp. 49-51.

Veloso, Agostinho, «Da poesia de hoje, à poesia de sempre», *Brotéria* (Lisboa), LXIV, 6 (1957), 626-642.

Vitier, Cintio, *La voz de Gabriela Mistral*, Santa Clara, Cuba, Universidad Central de las Villas, 1957.

V. M., «Jean Michel Godoy», *Tribuna de Petrópolis*, 15 agosto 1943, p. 2.

Wais, Kurt Karl Theodor, *Zwei Dichter Südamerikas: Gabriela Mistral, Rómulo Gallegos*, Berlin, H. Luchterhand, 1955.

Yankas, Lautaro, «Responso a Gabriela Mistral: Pedagogía y diplomacia», *Atenea*, XXXIV, 374 (1957), 51-59.

Yépez, Luis, «Gabriela Mistral», *El Universal*, 22 enero 1957, índ. lit., p. 4.

——, «El hombre y la piedra», *ibid.*, 15 enero 1957, índ. lit., p. 4.

Zamorano Baier, Antonio, «Gabriela Mistral y la crítica», *Atenea*, XXIII, 248 (1946), 183-199.

Zardoya, Concha, «Desde 'Desolación' a 'Lagar'», *Revista Hispánica Moderna*, XXII (1956), 137-138.

——, «La poesía de Gabriela Mistral», *Índice de Artes y Letras* (Madrid), n.º 113 (junio 1958), pp. 9-11.

Zum Felde, Alberto, «Gabriela Mistral, Premio Nobel», *Revista Nacional*, VIII, 90 (1945), 338-343.

Zurita, Carlos, «La Biblia de Gabriela Mistral», *La Nueva Democracia*, XXXVII, 2 (1957), 23-25.

——, «La Biblia fue fuente de sabiduría y permanente inspiración para Gabriela», *La Nación* (S), 13 enero 1957, p. 16.

ESTUDIOS SELECTOS SOBRE POESÍA, RELIGIÓN Y CRÍTICA LITERARIA

Alonso, Amado, *Materia y forma en poesía*, Madrid, Gredos, 1955.

Alonso, Dámaso, *La poesía de San Juan de la Cruz (Desde esta ladera)*, Madrid, Aguilar, 1946.

——, *Poesía española: Ensayo de métodos y límites estilísticos*, 3.ª ed., Madrid, Gredos, 1957.

Battenhouse, Henry M., *Poets of Christian Thought: Evaluations from Dante to T. S. Eliot*, Nueva York, Ronald Press, 1947.

Bergson, Henri, *Les Deux Sources de la morale et de la religion*, 13.ª ed., Paris, Librairie Félix Alcan, 1933.

Besant, Annie, *Esoteric Christianity or The Lesser Mysteries*, Adyar y Los Ángeles, Theosophical Publishing House, 1913.

——, «Theosophical Society», *Encyclopedia of Religion and Ethics*, Ed. James Hastings, Nueva York, T. & T. Clark, Scribner's, 1935.

Bishop, James A., *The Day Christ Died*, Nueva York, Harper, 1957.

Blavatsky, Helene P., *The Key to Theosophy*, London, Theosophical Publishing Society, 1889, 3.ª ed. rev., 1893.

Blavatsky, Helene P., trad., *The Voice of the Silence*, Nueva York, Elliott Page, 1899.

Bodkin, Maud, *Archetypal Patterns in Poetry: Psychological Studies of Imagination*, Nueva York, Vintage Books, 1958.

Bonaventure, St., *The Little Flowers of St. Francis. The Mirror of Perfection. The Life of St. Francis*, Nueva York, E. P. Dutton, 1951.

Bose, Abinash Chandra, *Three Mystic Poets: A Study of W. B. Yeats, A. E., and Rabindranath Tagore*, Kolhapur, School and College Bookstall, 1945.

Brooks, Cleanth, *The Well Wrought Urn: Studies in the Structure of Poetry*, Nueva York, Harcourt, Brace, 1947.

Carpenter, William B., *The Religious Spirit in the Poets*, Londres, Isbister, 1900.

Chase, Mary Ellen, *Life and Language in the Old Testament*, Londres, Collins, 1956.

Crow, John A., *The Epic of Latin America*, Nueva York, Doubleday, 1952.

Doornik, N. G. M. van, *et al.*, *A Handbook of the Catholic Faith: The Triptych of the Kingdom*, Garden City, Image Books, 1962.

Drew, Elizabeth, *Poetry: A Modern Guide to Its Understanding and Enjoyment*, Nueva York, Dell, 1959.

Enciclopedia Italiana di Scienze, Lettere ed Arti, Milán, Instituto Giovanni Treccani, 1930, 36 vols.

Ferguson, George, *Signs and Symbols in Christian Art*, Nueva York, Oxford University Press, 1961.

Fowlie, Wallace, *A Guide to Contemporary French Literature: From Valéry to Sartre*, Nueva York, Meridian Books, 1957.

Francesco de Assisi, St., *The Writings of Saint Francis of Assisi*, Philadelphia, Dolphin Press, 1906.

Francis de Sales, St., *Introduction to a Devout Life*, trad. John K. Ryan, Nueva York, Harper, 1950.

Frye, Roland Mushat, *God, Man and Satan: Patterns of Christian Thought and Life in «Paradise Lost», «Pilgrim's Progress», and the Great Theologians*, Princeton, Princeton University Press, 1960.

Gaer, Joseph, *The Lore of the New Testament*, Boston, Little, Brown, 1952.

Graeff, Hilda, *Mary: A History of Doctrine and Devotion*, Vol. 1, Nueva York, Sheed and Ward, 1963.

Granada, Fray Luis de, *Obras*, en *Biblioteca de Autores Españoles*, Vol. II, Madrid, 1848.

Halverson, Marvin, ed., *A Handbook of Christian Theology*, Nueva York, Meridian Books, 1958.

Hamilton, Edith, *Mythology*, Nueva York, New American Library, 1956.

Hastings, James, ed., *Dictionary of the Bible*, ed. rev., Nueva York, Scribner's, 1963.

Hatzfeld, Helmut, *Trends and Styles in Twentieth Century French Literature*, Washington, Catholic University of America Press, 1957.

Hawkes, Jacquetta, *Man and the Sun*, Nueva York, Random House, 1962.

Holroyd, Stuart, *Emergence from Chaos*, Boston, Houghton Mifflin, 1957.

Hopper, Stanley Romaine, ed., *Spiritual Problems in Contemporary Literature*, Nueva York, Harper, 1957.

Humphreys, Christmas, *Buddhism*, Baltimore, Penguin, 1958.

The Interpreter's Dictionary of the Bible, Nueva York, Abingdon Press, 1962, 4 vols.

James, E[dwin] O., *The Cult of the Mother-Goddess: An Archaeological and Documentary Study*, Nueva York, Praeger, 1959.

Kaufmann, Walter, *Critique of Religion and Philosophy*, Nueva York, Doubleday, 1961.

——, *The Faith of a Heretic*, Nueva York, Doubleday, 1961.

Kayser, Wolfgang, *Interpretación y análisis de la obra literaria*, 2.ª ed. rev., Madrid, Gredos, 1958.

Kepler, Thomas S., *A Journey with the Saints*, Cleveland y Nueva York, World Publishing Company, 1951.

Kuhn, Alvin Boyd, *Theosophy: A Modern Revival of Ancient Wisdom*, Nueva York, Henry Holt, 1930.

Lewis, C. Day, *The Poetic Image*, London, Jonathan Cape, 1958.

Lida, María Rosa, «Transmisión y recreación de temas grecolatinos», *Revista de Filología Hispánica*, I (1939), 20-63.

McCann, Eleanor, «Oxymora in Spanish Mystics and English Metaphysical Writers», *Comparative Literature*, XIII (1961), 16-25.

MacNeice, Louis, *The Poetry of W. B. Yeats*, Londres, Oxford University Press, 1941.

Maritain, Jacques, *Creative Intuition in Art and Poetry*, Nueva York, Meridian Books, 1955.

Martz, Louis, *The Poetry of Meditation: A Study in English Religious Literature of the Seventeenth Century*, New Haven, Yale University Press, 1954.

Mathison, Richard, *Faiths, Cults and Sects of America: From Atheism to Zen*, Nueva York, Bobbs-Merrill, 1960.

Meléndez, Concha, *Amado Nervo*, Nueva York, Instituto de las Españas en los Estados Unidos, 1926.

Meyer, Sister Mary Edgar, O.S.F., *The Sources of Hojeda's «La Cristiada»*, Ann Arbor, University of Michigan Press, 1953.

Montero, Lázaro, ed., *Poesía religiosa española*, Madrid, Ebro, 1950.

Muller, Herbert J., *The Uses of the Past: Profiles of Former Societies*, Nueva York, New American Library, 1954.

Nelson, Lowry, Jr., «The Rhetoric of Ineffability: Toward a Definition of Mystical Poetry», *Comparative Literature*, VIII (1956), 323-336.

Nervo, Amado, *Poesías completas*, México, Latino Americana, 1957.

Otto, Rudolph, *The Original Gītā: The Song of the Supreme Exalted One*, London, G. Allen und Unwin, 1939.

Parkes, James, *Judaism and Christianity*, Chicago, University of Chicago Press, 1948.

Powers, Perry J., «Lope de Vega and *Las lágrimas de la Madalena*», *Comparative Literature*, VIII (1956), 273-290.

Richards, I. A., *Practical Criticism: A Study of Literary Judgment*, Nueva York, Harcourt, Brace, 1955.

Rideau, Emile, *Le Dieu de Bergson: Essai de critique religieuse*, Paris, Librairie Félix Alcan, 1932.

Rukeyser, Muriel, *The Life of Poetry*, Nueva York, A. A. Winn, 1949.

Sáinz Rodríguez, Pedro, *Espiritualidad española*, Madrid, Ediciones Rialp, 1961.

Santa Biblia, La, Versión de Casiodoro de Reina (1569), revisada por Cipriano Valera (1602), Santiago, Sociedades Bíblicas en América Latina.

Sinnett, Alfred Percy, *Esoteric Buddhism*, Boston, Houghton Mifflin, 1895.

Stace, Walter T., *The Teachings of the Mystics*, Nueva York, New American Library, 1960.

Stallman, Robert Wooster, ed., *Critiques and Essays in Criticism, 1920-1948*, Nueva York, Ronald Press, 1949.

Sundén, Hjalmar, *La Théorie bergsonienne de la religion*, Paris, Presses Universitaires de France, 1947.

Tagore, Rabindranath, *Collected Poems and Plays*, Nueva York, Macmillan, 1951.

Tate, Allen, ed., *The Language of Poetry*, Princeton, Princeton University Press, 1942.

Terlingen, Juan, «Cara de Dios», en *Studia Philologica: Homenaje ofrecido a Dámaso Alonso*, Vol. III, Madrid, Gredos, 1963, pp. 463-478.

Thompson, Edward, *Rabindranath Tagore: Poet and Dramatist*, 2.ª ed., London, Oxford University Press, 1948.

Warren, Austin, *A Rage for Order: Essays in Criticism*, Ann Arbor, University of Michigan Press, 1948.

——, *Richard Crashaw: A Study in Baroque Sensibility*, Ann Arbor, University of Michigan Press, 1957.

Wellek, René, y Austin Warren, *Teoría literaria*, trad. José María Gimeno Capella, Madrid, Gredos, 1953.

Wellman, Esther Turner, *Amado Nervo: Mexico's Religious Poet*, Nueva York, Instituto de las Españas en los Estados Unidos, 1936.

Whittick, Arnold, *Symbols, Signs and Their Meaning*, Newton, Mass., Branford, 1960.

Wolfson, Harry Austryn, *The Philosophy of the Church Fathers: Faith, Trinity, Incarnation*, Vol. I, Cambridge, Harvard University Press, 1956.

ÍNDICE DE NOMBRES PROPIOS Y CONCEPTOS

ÍNDICE DE OBRAS CITADAS DE GABRIELA MISTRAL

ÍNDICE GENERAL

BIBLIOTECA ROMÁNICA HISPÁNICA

Dirigida por: DÁMASO ALONSO

I. TRATADOS Y MONOGRAFIAS

II. ESTUDIOS Y ENSAYOS

126. Otis H. Green: *España y la tradición occidental (El espíritu castellano en la literatura desde «El Cid» hasta Calderón)*, 4 vols.
127. Ivan A. Schulman y Manuel Pedro González: *Martí, Darío y el modernismo*. Reimpresión. 268 págs.
128. Alma de Zubizarreta: *Pedro Salinas: el diálogo creador*. Con un prólogo de Jorge Guillén. 424 págs.
129. Guillermo Fernández-Shaw: *Un poeta de transición. Vida y obra de Carlos Fernández Shaw (1865-1911)*. X + 330 págs. 1 lámina.
130. Eduardo Camacho Guizado: *La elegía funeral en la poesía española*. 424 págs.
131. Antonio Sánchez Romeralo: *El villancico (Estudios sobre la lírica popular en los siglos XV y XVI)*. 624 págs.
132. L. Rosales: *Pasión y muerte del Conde de Villamediana*. 252 págs.
133. Othón Arróniz: *La influencia italiana en el nacimiento de la comedia española*. 340 págs.
134. Diego Catalán: *Siete siglos de romancero (Historia y poesía)*. 224 páginas.
135. Noam Chomsky: *Lingüística cartesiana (Un capítulo de la historia del pensamiento racionalista)*. Reimpresión. 160 págs.
136. Charles E. Kany: *Sintaxis hispanoamericana*. 552 págs.
137. Manuel Alvar: *Estructuralismo, geografía lingüística y dialectología actual*. Segunda edición ampliada. 266 págs.
138. Erich von Richthofen: *Nuevos estudios épicos medievales*. 294 páginas.
139. Ricardo Gullón: *Una poética para Antonio Machado*. 270 págs.
140. Jean Cohen: *Estructura del lenguaje poético*. Reimpresión. 228 páginas.
141. Leon Livingstone: *Tema y forma en las novelas de Azorín*. 242 páginas.
142. Diego Catalán: *Por campos del romancero (Estudios sobre la tradición oral moderna)*. 310 págs.
143. María Luisa López: *Problemas y métodos en el análisis de preposiciones*. Reimpresión. 224 págs.
144. Gustavo Correa: *La poesía mítica de Federico García Lorca*. Segunda edición. 250 págs.
145. Robert B. Tate: *Ensayos sobre la historiografía peninsular del siglo XV*. 360 págs.
146. Carlos García Barrón: *La obra crítica y literaria de Don Antonio Alcalá Galiano*. 250 págs.
147. Emilio Alarcos Llorach: *Estudios de gramática funcional del español*. Reimpresión. 260 págs.
148. Rubén Benítez: *Bécquer tradicionalista*. 354 págs.
149. Guillermo Araya: *Claves filológicas para la comprensión de Ortega*. 250 págs.
150. André Martinet: *El lenguaje desde el punto de vista funcional*. 218 págs.

173. Carlos Martín: *América en Rubén Darío (Aproximación al concepto de la literatura hispanoamericana)*. 276 págs.
174. José Manuel García de la Torre: *Análisis temático de «El Ruedo Ibérico»*. 362 págs.
175. Julio Rodríguez-Puértolas: *De la Edad Media a la edad conflictiva (Estudios de literatura española)*. 406 págs.
176. Francisco López Estrada: *Poética para un poeta (Las «Cartas literarias a una mujer» de Bécquer)*. 246 págs.
177. Louis Hjelmslev: *Ensayos lingüísticos*. 362 págs.
178. Dámaso Alonso: *En torno a Lope (Marino, Cervantes, Benavente, Góngora, los Cardenios)*. 212 págs.
179. Walter Pabst: *La novela corta en la teoría y en la creación literaria (Notas para la historia de su antinomia en las literaturas románicas)*. 510 págs.
180. Antonio Rumeu de Armas: *Alfonso de Ulloa, introductor de la cultura española en Italia*. 192 págs. 2 láminas.
181. Pedro R. León: *Algunas observaciones sobre Pedro de Cieza de León y la Crónica del Perú*. 278 págs.
182. Gemma Roberts: *Temas existenciales en la novela española de postguerra*. 286 págs.
183. Gustav Siebenmann: *Los estilos poéticos en España desde 1900*. 582 págs.
184. Armando Durán: *Estructura y técnicas de la novela sentimental y caballeresca*. 182 págs.
185. Werner Beinhauer: *El humorismo en el español hablado (Improvisadas creaciones espontáneas)*. Con un prólogo de Rafael Lapesa. 270 págs.
186. Michael P. Predmore: *La poesía hermética de Juan Ramón Jiménez (El «Diario» como centro de su mundo poético)*. 234 págs.
187. A. Manent: *Tres escritores catalanes: Carner, Riba, Pla*. 338 págs.
188. Nicolás A. S. Bratosevich: *El estilo de Horacio Quiroga en sus cuentos*. 204 págs.
189. Ignacio Soldevila Durante: *La obra narrativa de Max Aub (1929-1969)*. 472 págs.
190. Leo Pollmann: *Sartre y Camus (Literatura de la existencia)*. 286 páginas.
191. María del Carmen Bobes Naves: *La semiótica como teoría lingüística*. 238 págs.
192. Emilio Carilla: *La creación del «Martín Fierro»*. 308 págs.
193. Eugenio Coseriu: *Sincronía, diacronía e historia (El problema del cambio lingüístico)*. Segunda edición revisada y corregida. 290 págs.
194. Óscar Tacca: *Las voces de la novela*. 206 págs.
195. J. L. Fortea: *La obra de Andrés Carranque de Ríos*. 240 págs.
196. Emilio Náñez Fernández: *El diminutivo (Historia y funciones en el español clásico y moderno)*. 458 págs.

III. MANUALES

VI. ANTOLOGÍA HISPÁNICA

2. Julio Camba: *Mis páginas mejores.* Reimpresión. 254 págs.

3. Dámaso Alonso y José M. Blecua: *Antología de la poesía española. Lírica de tipo tradicional.* Segunda edición. Reimpresión. LXXXVI + 266 págs.

7. Ramón Menéndez Pidal: *Mis páginas preferidas (Temas literarios).* Reimpresión. 372 págs.

8. Ramón Menéndez Pidal: *Mis páginas preferidas (Temas lingüísticos e históricos).* Reimpresión. 328 págs.

9. José M. Blecua: *Floresta de lírica española.* Tercera edición aumentada. 2 vols.

11. Pedro Laín Entralgo: *Mis páginas preferidas.* 338 págs.

12. José Luis Cano: *Antología de la nueva poesía española.* Tercera edición. Reimpresión. 438 págs.

13. Juan Ramón Jiménez: *Pájinas escojidas (Prosa).* Reimpresión. 264 págs.

14. Juan Ramón Jiménez: *Pájinas escojidas (Verso).* Reimpresión. 238 págs.

15. Juan Antonio de Zunzunegui: *Mis páginas preferidas.* 354 págs.

16. Francisco García Pavón: *Antología de cuentistas españoles contemporáneos.* Segunda edición renovada. Reimpresión. 454 págs.

17. Dámaso Alonso: *Góngora y el «Polifemo».* Sexta edición ampliada. 3 vols.

21. Juan Bautista Avalle-Arce: *El inca Garcilaso en sus «Comentarios» (Antología vivida).* Reimpresión. 282 págs.

22. Francisco Ayala: *Mis páginas mejores.* 310 págs.

23. Jorge Guillén: *Selección de poemas.* Segunda edición aumentada. 354 págs.

24. Max Aub: *Mis páginas mejores.* 278 págs.

25. Julio Rodríguez-Puértolas: *Poesía de protesta en la Edad Media castellana (Historia y antología).* 348 págs.

26. César Fernández Moreno y Horacio Jorge Becco: *Antología lineal de la poesía argentina.* 384 págs.

27. Roque Esteban Scarpa y Hugo Montes: *Antología de la poesía chilena contemporánea.* 372 págs.

28. Dámaso Alonso: *Poemas escogidos.* 212 págs.

29. Gerardo Diego: *Versos escogidos.* 394 págs.

30. Ricardo Arias y Arias: *La poesía de los goliardos.* 316 págs.

31. Ramón J. Sender: *Páginas escogidas.* Selección y notas introductorias por Marcelino C. Peñuelas. 344 págs.

32. Manuel Mantero: *Los derechos del hombre en la poesía hispánica contemporánea.* 536 págs.

33. Germán Arciniegas: *Páginas escogidas (1932-1973).* 318 págs.

OBRAS DE OTRAS COLECCIONES

Homenaje a Antonio Tovar. 470 págs.

Studia Hispanica in Honorem R. Lapesa. Vol. 1: 622 págs. Vol. II: 634 págs. Vol. III. 542 págs. Vol. III. 16 láminas.

Juan Luis Alborg: *Historia de la literatura española.*
Tomo I: *Edad Media y Renacimiento.* 2.ª edición. Reimpresión. 1.082 págs.
Tomo II: *Época Barroca.* 2.ª edición. Reimpresión. 996 págs.
Tomo III: *El siglo XVIII.* Reimpresión. 980 págs.

José Luis Martín: *Crítica estilística.* 410 págs.

Vicente García de Diego: *Gramática histórica española.* 3.ª edición revisada y aumentada con un índice completo de palabras. 624 págs.

Graciela Illanes: *La novelística de Carmen Laforet.* 202 págs.

François Meyer: *La ontología de Miguel de Unamuno.* 196 págs.

Beatrice Petriz Ramos: *Introducción crítico-biográfica a José María Salaverría (1873-1940).* 356 págs.

Los «Lucidarios» españoles. Estudio y edición de Richard P. Kinkade. 346 págs.

Vittore Bocchetta: *Horacio en Villegas y en Fray Luis de León.* 182 páginas.

Elsie Alvarado de Ricord: *La obra poética de Dámaso Alonso.* Prólogo de Ricardo J. Alfaro. 180 págs.

José Ramón Cortina: *El arte dramático de Antonio Buero Vallejo.* 130 págs.

Mireya Jaimes-Freyre: *Modernismo y 98 a través de Ricardo Jaimes Freyre.* 208 páginas.

Emilio Sosa López: *La novela y el hombre.* 142 págs.

Gloria Guardia de Alfaro: *Estudios sobre el pensamiento poético de Pablo Antonio Cuadra.* 260 págs.

Ruth Wold: *El Diario de México, primer cotidiano de Nueva España.* 294 págs.

Marina Mayoral: *Poesía española contemporánea. Análisis de textos.* 254 págs.

Gonzague Truc: *Historia de la literatura católica contemporánea (de lengua francesa).* 430 págs.

Wilhelm Grenzmann: *Problemas y figuras de la literatura contemporánea.* 388 págs.

Antonio Medrano Morales: *Lingüística inglesa.* 408 págs.

Veikko Väänänen: *Introducción al latín vulgar.* Reimpresión. 414 págs.

Luis Díez del Corral: *La función del mito clásico en la literatura contemporánea.* 2.ª edición. 268 págs.

Miguel J. Flys: *Tres poemas de Dámaso Alonso (Comentario estilístico).* 154 págs.

Irmengard Rauch y Charles T. Scott (eds.): *Estudios de metodología lingüística.* 252 págs.

Étienne M. Gilson: *Lingüística y filosofía (Ensayos sobre las constantes filosóficas del lenguaje).* 334 págs.